中國學術思想 研究輯刊

七 編

林 慶 彰 主編

第 19 冊

錢大昕之生平及其經學（上）

司 仲 敖 著

花木蘭文化出版社

國家圖書館出版品預行編目資料

錢大昕之生平及其經學（上）／司仲敖 著—初版—台北縣
永和市：花木蘭文化出版社，2010〔民99〕
目 4+236 面：19×26 公分
（中國學術思想研究輯刊 七編：第 19 冊）
ISBN：978-986-254-178-4（精裝）
1.（清）錢大昕　2.傳記　3.學術思想　4.經學
127.4　　　　　　　　　　　　　　　　　99002296

中國學術思想研究輯刊
七 編　第十九冊　　　　　　　ISBN：978-986-254-178-4

錢大昕之生平及其經學（上）

作　　者　司仲敖
主　　編　林慶彰
總 編 輯　杜潔祥
出　　版　花木蘭文化出版社
發 行 所　花木蘭文化出版社
發 行 人　高小娟
聯絡地址　台北縣永和市中正路五九五號七樓之三
　　　　　電話：02-2923-1455／傳眞：02-2923-1452
網　　址　http://www.huamulan.tw 信箱 sut81518@ms59.hinet.net
印　　刷　普羅文化出版廣告事業
封面設計　劉開工作室
初　　版　2010 年 3 月
定　　價　七編 24 冊（精裝）新台幣 40,000 元

錢大昕之生平及其經學（上）

司仲敖　著

作者簡介

司仲敖，文學博士，指導教授為林尹教授、陳新雄教授。教育部公費博士後留學日本國立京都大學，民國九十三年獲日本交流協會訪問學者，赴日本研究。曾任國立臺北大學人文學院院長、教務長、副校長等職，現任中國文學系教授。著有張曲江詩集校注、袁枚及其詩學、袁枚及其性靈論之探究、隨園及其其性靈詩說之研究、旅日臺籍詩人葉榮鐘之古典詩歌研究、葉榮鐘先生〈少奇吟草〉的比興諷諭試探、葉榮鐘先生《早年文集》析探：葉氏之文學觀、由〈中國新文學概觀〉及〈第三文學提倡〉以探葉氏之文學觀等。

提　　要

　　自來論清學者，每以節節復古為其精神，實則清學非徒復前代之古而已，乃以前人之舊瓶，裝清學之新酒。亦即以徵實之精神，結算周秦以來之學術而開拓新局面，有遠非漢所能及者。其傳家法、守專門，固襲漢人之舊，而領域更大，方法更密。最能代表有清一代學術而成學箸系統者則乾嘉之世也。其時以經學為中心，以考證為主流，學者為經學而致力，為考証而盡心。實事求是，無徵不信，義取實訓，事取實証，為經學隆盛之時也。大昕為乾嘉之鉅子，其學浩博無涯涘，名重今昔，於經、史、音韻，既多發明，而天文、地理、金石、詩、文，亦能兼擅。其所以致之者，歸因於嚴謹之治學方法，不苟之治學態度，繼之以矻矻之治學精神。大昕以先聖之蘊具於六經，而道在六經，舍經以談道，非道也。離經以求道，非學也。惟經之義難明，而通經又為明道唯一途徑。其方法則「以小學疏通經義」故能洞徹原委，語多精諦。益以「多方歸納，小心求證」，凡所辨證，確當可依。進而「講求義例，建立系統」，開示後人治經史之途徑。其為學也「隨時劄記，存儲資料」，故能以勤勉之精神，矯空疏之流弊。大昕由好古進而為精核，由信古而為創造，發皇考據之精神，開創出有效之治學方法，建立完密之學術系統，予有清一代治學，另闢一新途徑，其影響可謂巨矣。

目

次

錢大昕先生畫像

取自葉恭綽編《清代學者像傳》，頁 207。

手跡遺墨

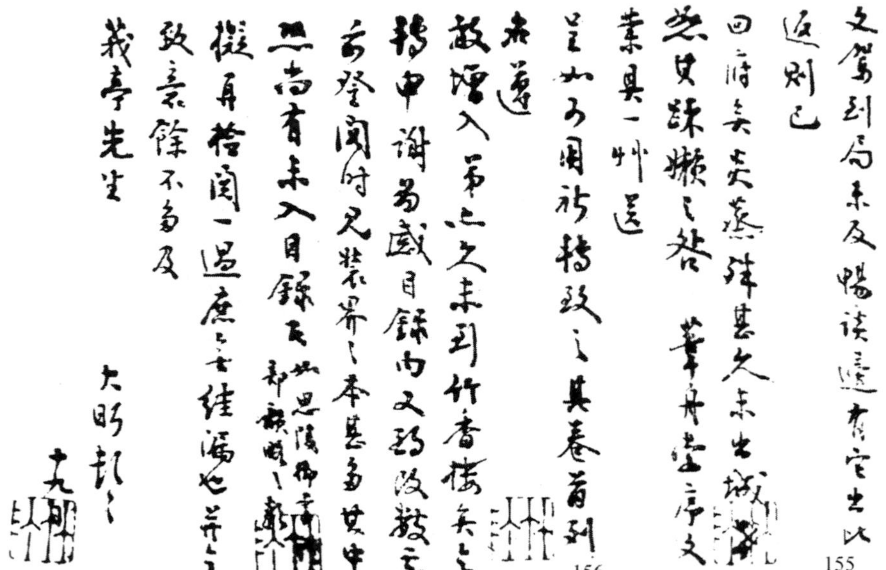

155 156 157 158

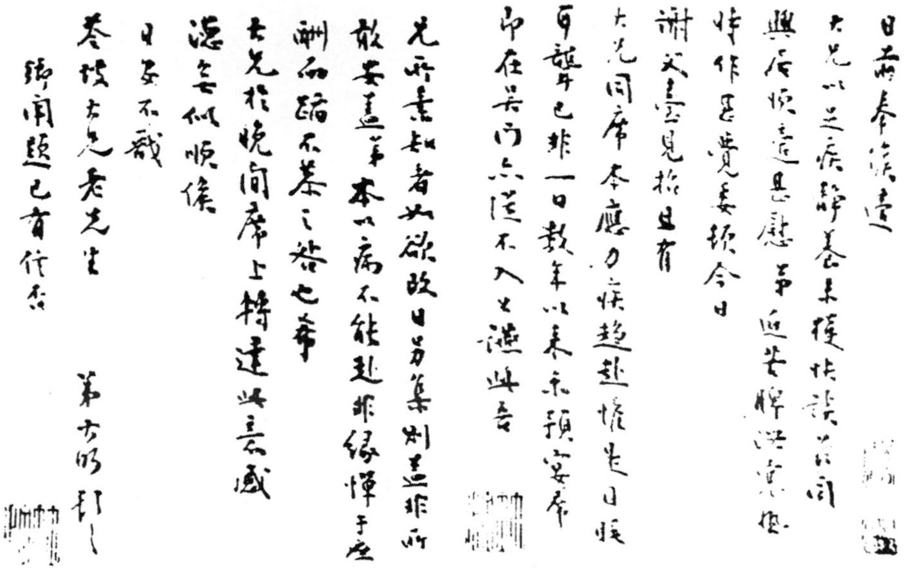

159 160

取自近代名人手札，頁155～160

緒 論

　　夫學術之演進，貴在推陳出新，如是方能日進不已，憂憂獨造也，梁啓超《清代學術概論》云：「綜觀二百餘年之學史，其影響及於全思想界者，一言蔽之，曰：以復古爲解放。第一步，復宋之古，對於王學而得解放。第二步，復漢唐之古，對於程、朱而得解放。第三步，復西漢之古，對於許、鄭而得解放。第四，復先秦之古，對於一切傳注而得解放。夫既以復先秦之古，則非至對於孔孟而得解放焉不止矣」。〔註1〕又於《中國學術思想變遷之大勢》云：「本朝二百年之學術，實取前此二千年之學術，倒捲而繰演之，如剝春筍，愈剝而愈近裏，如啖甘蔗，愈啖而愈有味，不可謂非一奇異之現象也」。〔註2〕其言殊足代表清代學術之發展及其特色。蓋自宋兢兢於致良知，下焉者廢書不觀，而空疏之弊出，故乾嘉諸大家，以復古振之，雖云復古，而新機寓焉。故自來論清學者，每以節節復古爲其精神，實則清學非徒復前代之古而已，乃以前人之舊瓶，裝清學之新酒，亦即以徵實之精神，結算周秦以來之學術而開拓新局面，故清儒之學有遠非漢人所能及者，其傳家法、守專門、固襲漢人之舊，而領域更大，方法更密，故劉師培云：「然治漢學者，未盡用漢儒之說，即用漢儒之說，亦未必用以治漢儒所治之書，是則所謂漢學者，不過用漢儒之訓故以說經，及用漢儒注書之條例，以治群書耳」。〔註3〕然所以有此奇異現象，林師景伊〈清代學術思想史〉引言云：「推厥原因，蓋有三端：一則對於宋明理學之反動，二則受政治勢力之影響，三則歐西文化之輸入也。

〔註1〕《清代學術概論》二，頁12。
〔註2〕《中國學術思想變遷之大勢》第三節，頁102。
〔註3〕〈近代漢學變遷論〉。

對於宋明理學反動，故以實事求是爲鵠的，而以復古爲職志，受政治勢力之影響，言多忌諱，故考証之學，遂盛極一時，歐西文化之輸入，故天算之學興，而治學方法，亦因而細密，若就時代言之，清初康雍，爲清學醞釀期，乾嘉爲清學成長期，嘉道以降爲清學轉變期」。〔註4〕

　　蓋清學之初，因屬草創，未能精博，時糅雜宋明讕言，而抉擇未精，故最能代表有清一代學術而成學箸系統者，則乾嘉之世也。其時，實事求是，無徵不信，義取實訓，事取實証，而不重虛浮之議論，故有樸學之稱，而爲經學隆盛之時也。乾嘉諸大師更互相師友，不喜各立門戶，殊無嚴密之界限可分，惟就諸人之治學而言，有吳、皖二派。吳派始自惠棟，其學好博而尊聞，三世傳經，以博聞強記爲入門，以尊古守家法爲究竟，〔註5〕弟子有江聲，余蕭客，而嘉定王鳴盛，錢大昕亦被其風，益有所發舒。〔註6〕皖派始自戴震，其學綜形名而任裁斷，〔註7〕別擇是非，深刻斷制，而立說一以徵驗爲主，其治學方法重精審，其治學精神貴創造，〔註8〕二派略有不同，然其治學範圍，則均以經學爲根柢，以漸及於小學、音韻、天算、地理、金石、樂律、典章、制度、校勘、輯佚……等等，其成績燦然可觀。清學既以乾嘉爲中心，大昕則爲乾嘉之鉅子，林師景伊《中國學術思想大綱》云：

　　　　大昕之學，無所不通，博而且精，尤爲難能，大昕之治經，雖篤守
　　　　家法，然其大旨，實在取古說以證後人附會之非，而期合於精理……
　　　　於經史音韻，既多發明，而天文、地理、金石、詩文，亦能兼擅，
　　　　雖以乾嘉學術之盛，然能與大昕並肩齊美者，蓋罕有焉」。〔註9〕

誠哉斯言，大昕由好古進而爲精核，由信古而爲創造，發皇考據之精神，建立治學之方法，清代考証之由細密而臻實，乃確立矣。

〔註4〕　〈清代思想變遷之原因〉，《華岡文科學報》第十一期。
〔註5〕　《清代學術概論》，頁23。
〔註6〕　《中國學術思想大綱・清代之徵實學經學派》，頁246。
〔註7〕　同上註，頁249。
〔註8〕　〈經學隆盛時之清代學術〉，《清代通史》卷中，第三篇，頁589。
〔註9〕　《中國學術思想大綱》，經學派，頁247。

第一章　生平事蹟

　　錢氏先世，俱隱德弗曜，因失其譜牒，其先祖已不可考，疑出於武肅王之後，今據《吳縣志》、《嘉定縣志》、〈竹汀府君行述〉、大昕之〈先大父奉政大夫府君家傳〉、〈先考中憲大夫府君家傳〉、〈先考小山府君行述〉、〈亡妻王恭人行述〉、王念孫〈錢先生神道碑〉、王昶〈錢君大昕墓誌銘〉、阮元〈錢大昕傳〉、江藩〈錢大昕記〉、大昕〈自訂年譜〉及慶曾〈續編年譜〉等，綜合編次其生平事蹟。分家世、貢舉、仕履、講學，並詳爲考之。每項每條頂格書寫之，所據考證，於每條之下，低二格書之，期使錢氏生平事蹟展卷了然。

壹、家　世

錢氏先世，俱隱德弗曜，而傳至大昕父祖時代，則博學篤行，有聲庠序，大昕有〈盛涇先塋之碣〉一文，自述其家世：

> 盛涇先塋者，錢氏始遷祖之所藏也……吾始祖自常熟之雙鳳里，來贅於盛涇之管氏，貧不能歸，且樂其俗之朴而淳也，有田五畝，有屋兩間，夫耕婦，足以自給，既沒而葬於涇之陽，江渭錢氏，多稱吳越武肅王之裔，吾始祖之遷，失其譜系，其出於吳越與否，不敢知也。〔註 1〕

〈竹汀府君行述〉亦云：「先世諱鎰公，自常熟雙鳳里，徙居嘉定之盛涇，是爲始遷祖……俱潛德弗曜。」〔註 2〕

先世有鎰明者，自常徙居嘉定，曾高祖炳，移居望仙橋，高祖珠、曾祖岐、祖王炯、祖妣朱氏，考桂發、妣沈氏。

〔註 1〕　《潛研堂文集》（以下簡稱《文集》）卷四十九，頁 757。
〔註 2〕　〈錢竹汀、汪孟慈二先生行述〉，《復廬叢書》。

先世諱鎡公，自常熟雙鳳里，徙居嘉定之盛涇，生北郊公，諱浦。北郊公生順郊公，諱炳，移居望仙橋，府君高祖也。曾祖侍郊公，諱珠。祖公瞻公，諱岐，俱隱德弗曜。父，青文公，諱王炯，博學篤行，有聲庠序。〔註3〕

王昶〈詹事府少詹事錢君大昕墓誌銘〉云：「君先世自常熟徙居嘉定，曾祖岐，祖王炯，父桂發，皆邑諸生，兩世耆年篤學，鄉里稱善，人以君貴，贈祖奉政大夫翰林院侍讀，父中憲大夫詹事府少詹事，祖妣朱贈宜人，妣沈封太恭人。」〔註4〕

江藩〈錢詹事大昕記〉：「先世自常熟徙居嘉定，遂為嘉定人。」〔註5〕

〈竹汀居士手編年譜〉：「先世鳳里公諱鎡明，正德間自常熟雙鳳里贅嘉定之盛涇管氏，遂世居嘉定，先世譜系所自，遷嘉時已失，不可攷。鳳里公生北郊公，諱浦。北郊公生順郊公，諱炳。順郊公生侍郊公，諱珠，侍郊公生公瞻公，諱岐，是為公曾祖。」〔註6〕

《年譜》慶曾案：「吾家自鳳里公始居盛涇，再傳而析二支，一居外岡，一居望仙橋。望仙橋鎮在縣城西十八里，大昕有詩詠之：傍水低低屋，穿橋小小舲，潮來從顧浦，煙細認安亭，種豆青攢筴，收棉白拆鈴，邨邨歌歲稔，樂矣返柴扃。」〔註7〕

〈錢氏祠堂記〉云：「吾始祖自常熟雙鳳里，徙居邑之盛涇，以力耕起家，再傳析而二支，一居外岡，一居望仙橋。」〔註8〕祖王炯，字青文，號陳人，年三十有三始補學官弟子，家貧，以課徒自給，謂「讀書必先識字，故於四聲清濁，辨別精審，不為方音所囿，其教子弟五經句讀，字之偏旁，音之平仄，無少譌溷」，於四部書，靡不研究，旁及卜筮祿命之術，輒有奇驗，唯不喜二氏學，〈先大父贈奉政大夫府君家傳〉云：「嘗云仙言長生，佛言不滅，二者皆未可信，夫神依形以在，未有形去而神存者，今學仙學佛之徒徧天下，卒無一人能見古仙古佛者，則長生非生不滅，仍滅也。」〔註9〕

〔註3〕 〈先考小山府君行述〉，《文集》卷五十，頁766。
〔註4〕 《碑傳集》卷四十九。
〔註5〕 《漢學師承記》記之三，頁202。
〔註6〕 〈錢辛楣先生年譜〉，頁13。
〔註7〕 同上註。
〔註8〕 同註3，卷廿一，頁304。
〔註9〕 〈先大父贈奉政大夫府君家傳〉，同註3，卷五十，頁761。

刱修宗譜，斷自遷嘉定之祖爲始，而不附會貴胄，卒年九十二。」〔註 10〕

《年譜》乾隆二十四年己卯條：「是多先大父奉政公終里第，年九十二。〔註 11〕以大昕貴，誥贈奉政大夫，翰林院侍讀，加一級，著有《字學海珠》三卷、《星命瑣言》一卷。

府君諱桂發，字方五，號小山，陳人公之子，年近四十始補學官弟子，以讀書立品爲務，好讀先正舉業文，恥流俗腐濫之習。府君少讀書，不屑屑記問章句，習舉子業滌煩去濫，壹以先正爲師。〔註 12〕授徒二十年，遇少年質美者，必教以兼通古學，勿蹈科舉空疎之陋，嘗語大昕：「科名得失有命，無其實而暴得名者不祥，汝但務實學，何汲於科第爲。」〔註 13〕性耿介，不妄與人交，好遊山水，〈中憲大夫府君家傳〉：「好遊山水，三吳兩浙名勝之區，足跡靡不到，芒鞋竹杖，旬日忘返，登陟嶮巖，如履坦途，雖少年不能及，嘗謂子弟曰：家貧不能爲園，名山水近在數百里，扁舟可達者皆吾園也，但苦屐齒不盡到耳。」〔註 14〕〈先考小山府君行述〉：「獨喜登臨山水，自謂有濟勝之具，中歲衣食奔走，足跡不能及遠，比婚嫁畢，乃賦近遊，常以春秋佳日、扁舟遨遊蘇杭間，訪尋名勝，率旬日或涉月乃返。」〔註 15〕於族人，敦睦無間，倡議立宗祠於外岡之西，又增修族譜、前有表，後有小傳。晚歲於城中買屋數椽，鑿池蒔花，不喜巫鬼禱禳，易簀之日，遺誡勿作佛事，卒年七十有九，以子官誥奉政大夫，翰林院侍讀加一級，晉贈中憲大夫，詹事府少詹事，著有《小山吟稿》。

乾隆四十年，在廣東學政任，五月，大昕試韶廊畢，將抵南雄，途中，忽得訃，其父以四月二十四日下世，而星夜北歸。大昕奉命督學廣東，寓書迎養其父，而大昕之父，亦夙聞嶺南山水奇秀，又學使廨中有九曜石遺蹟，而欣然規往，故命大昭偕王鳴韶，周墨厓先赴粵，而其率諸孫以仲夏啓行，然四月中旬感疾，旬有餘日，即逝。〈先考小山府君行述〉：「在韶州試畢，與大昭私計府君南行有日，方遣人詣前途迓侍起居，乃舟行未一舍，急足

〔註 10〕〈程晉芳撰墓表〉，《太倉州誌》。
〔註 11〕《錢辛楣先生年譜》，頁 24。
〔註 12〕〈先考小山府君行述〉，《文集》卷五十，頁 767。
〔註 13〕同上。
〔註 14〕同上，〈先考贈中憲大夫府君家傳〉，頁 763。
〔註 15〕同上，〈先考小山府君行述〉，頁 768。

至，得凶聞。」〔註16〕

〈竹汀府君行述〉：「府君念先大夫腰腳尚健，夙有登臨之奧，嶺南山水奇秀，寓書迎大父就養，冀得從容遊覽，大父聞之，欣然規往，乃命叔父偕舅氏鶴谿公鳴韶，周墨厓先生南先，於是春赴粵東，俾佐校閱，而自率不孝等以仲夏啓行，會府君試韶州畢，將抵南雄，私計大父南行有日，遣人詣前途迓侍，忽急足持訃至。」〔註17〕

〈先考府君行述〉：「府君生於康熙卅六年丁丑三月二日，卒於乾隆四十年乙未四月二十三日，享年七十有九，誥封奉政大夫、日講起居注官，翰林院侍讀加一級。」〔註18〕大昕居憂，悲慟於中，未幾，髭鬢盡白，丁酉八月服闋，以其母年高，不復入都供職。

妣沈氏，青浦黃渡鎮沈時俊女，習禮明詩，長勤婦功，育子二、女一。乾隆四十六年辛丑九月十四日，終於嘉定里第，享年八十有二，誥封宜人，

〈先考小山府君行述〉：「吾母沈恭人、處士諱時俊公女，誥封宜人……子二女一。」〔註19〕

袁枚〈錢太恭人墓誌銘〉：「錢太恭人，黃渡沈姓……習禮明詩……長勤婦功……歸我封公小山中憲。」〔註20〕

兄弟二人，大昕居長，妹一，適邑庠生陳濂子曦。弟大昭，幼大昕十六歲。

《年譜》乾隆九年甲子十七歲條注云：「十月、可廬先生生。」〔註21〕「大昭字晦之，一字竹廬，宏嗣，名其讀書之所曰可廬……嘉慶元年，以孝廉方正徵賜六品頂戴，十八年卒，年七十，著《詩古訓》，《廣雅疏義》……等。」〔註22〕

年廿三娶王氏，贈恭人，以年近四旬尚無子，爰納浦氏，子二，長曰東壁，次曰東塾。女三，長適同縣諸生瞿中溶，次適青浦諸生許蔭堂。第三女殤於乾隆五十六年，皆側室浦氏出。

〔註16〕同上，頁766。
〔註17〕同上，頁766。
〔註18〕同上，頁769。
〔註19〕同上，頁767。
〔註20〕《文集》卷卅六，又參見溉亭撰〈行略〉。
〔註21〕《錢辛楣先生年譜》，頁17。
〔註22〕〈潛研學案〉，《清儒學案》（以下簡稱《學案》）卷八十四。

《年譜》乾隆十五年庚午條：「其冬娶先妻王恭人」。〔註23〕〈王恭人行述〉：「恭人姓王氏，諱順英，字正仲，世居崑山，後遷嘉定丹徒縣。新陽縣學生，通議大夫虛亭先生爾達之女也。」〔註24〕即鳳喈妹，善記誦，有婦德，先大昕三十七年卒。又「生於雍正六年七月十九日戌時，卒於乾隆三十二年六月二十九日酉時，得年四十。」〔註25〕

〈竹汀府君行述〉：「配先姚王氏，新陽縣學生誥封中議大夫光祿寺卿虛亭公爾達女，誥封恭人」。又：「恭人諱順媖，幼嫻姆訓，婉娩有容德，年廿三歸府君，操家儉約，內外戚屬，無長幼，咸待之以禮。」〔註26〕王恭人溫婉有婦德，以大昕年近四十尚未有子，而屢勸大昕置簉，〈竹汀府君行述〉：「府君年近四十，尚未有子，王恭人屢勸府君置簉，久之始納我母」。〔註27〕又：「我母浦氏，處士雲巖公女，例封太孺人。」〔註28〕恪守恭人遺訓〔註29〕善事高年，操持益謹，大昕數十年無內顧憂者，皆浦氏之力也。

長子東壁字星伯，號飲食，又號夢漁，諸生，銳於學問，有小錢之目，著有《夢漁隨筆》、《三休亭長遺詩》等。〔註30〕

娶汪持齋女，〈竹汀府君行述〉：「東壁附監生，娶汪氏戊辰探花誥授榮祿大夫工部侍郎崇祀鄉賢持齋公廷瑮女。」〔註31〕次子東塾，字學仲，一字子稟，號石橋，又號嘐田，廩貢生，試用訓導，能詩善畫，著有石橋偶存稿、月波樓詩稿等。〔註32〕〈竹汀府君行述〉：「東塾，廩貢生試用訓導，娶朱氏，國學生寄園公淮女。」〔註33〕

長女適碭山縣教諭瞿涉齋公塘子，附貢生候選布政司理問中溶。

〔註23〕《錢辛楣先生年譜》，頁19。
〔註24〕《文集》卷五十，頁770。
〔註25〕〈王恭人行述〉，《文集》卷五十，頁7711。
〔註26〕〈錢竹汀、汪孟慈二先生行述〉，《復廬叢書》。
〔註27〕同上。
〔註28〕同上。
〔註29〕〈竹汀府君行述〉：「及恭人臨沒時，執我母手泣而言曰：我未拜尊嫜即隨任北來有缺甘旨之奉，生平常以為憾，汝能繼我志，以善事高年，則我心慰矣。」
〔註30〕〈潛研學案〉，《清儒學案》卷八十四。
〔註31〕〈錢竹汀、汪孟慈二先生行述〉。
〔註32〕〈潛研學案〉，《學案》卷八十四。
〔註33〕同上。

次女適庚辰進士浙江道監察御史許穆堂公寶善子，青浦縣學生蔭堂。中溶學有淵源，藏書藏弆均富，大昕著作之刊行，頗得力於瞿氏。

孫男三、長孫阿同、仲孫阿詒、叔孫阿閏、從孫師徵、曾孫慶曾，一門群從，皆治古學，能文章，蔚為東南之望焉。

《年譜》乾隆五十三年戊申年六十一歲條：「十二月九日，東壁舉一子，居士第一孫也。大父生於康熙戊申，居士生於雍正戊申，今舉長孫，亦以戊申，因命之曰阿同，取康成小同之意。」〔註34〕〈竹汀府君行述〉：「師慎，不孝東壁出，聘陳氏丙辰進士工部額外主事稽亭公鶴女。」又「師康、師光，不孝東塾出。師康聘陸氏附貢生候選同豫齋公肇域女，師光幼未聘。」〔註35〕

《年譜》乾隆五十四年己酉，年六十二歲條：「十月七日，東塾舉一子，居士第二孫也，名之曰阿詒。」〔註36〕

《年譜》乾隆五十七年壬子，年六十五歲條：「閏四月八日，東塾舉一子，名之曰阿閏。」〔註37〕

王念孫〈錢先生神道碑銘〉：「子二，東壁附監生，東塾廩貢生，孫三，師慎監生，師康拔貢生，任祁門縣教諭，師光業儒，曾孫四人。」〔註38〕

大昕生於雍正六年戊申正月初七日戌時，歿於嘉慶九年甲子十月二十日申時，享年七十七歲。其學得力於庭訓者頗多，蓋其父桂發，以讀書立品為務，其詔大昕，惟務實學，勿亟亟於科名，母沈氏習禮明詩，長勤婦功，大昕當受薰染於無形也。

貳、貢　舉

自隋唐開科取士，士鮮有不習舉業者，大昕亦不能例外，以生而穎悟，讀書十行俱下，年十五已為諸生。

〈錢君大昕墓誌銘〉：「幼慧善讀書，生十五補博士弟子，有神童之目，及院長常熟王次山侍御，詢嘉定人才，鳳喈則以君對，侍御轉告巡撫雅公蔚，

〔註34〕　《錢辛楣先生年譜》，頁42。
〔註35〕　《學案》卷八十四。
〔註36〕　《錢辛楣先生年譜》，頁43。
〔註37〕　同上，頁44。
〔註38〕　《羅雪堂全集・簡集》卷四，頁8213。

文檄召至院，試以周禮文獻通考兩論，君下筆千餘言，悉中典要。」〔註39〕

江藩〈錢詹事大昕記〉：「生而穎悟，讀書十行俱下，年十五為諸生，有神童之目。」〔註40〕

〈竹汀府君行述〉：「府君生而穎異，周歲能言」。〔註41〕

〈亡妻王恭人行述〉：「予歲十五，應童子試，甫出場，先生（虛亭）見其文，賞歎以為必售，已而果然。」〔註42〕

乾隆十六年，年二十四，高宗純皇帝，召試賜舉人，並授中書舍人。

《年譜》乾隆十六年辛未，年廿四歲條：「是歲大駕始南巡，大昕進賦一篇，有詔召試江寧行在，欽命題蠶月條桑賦，指佞草詩，理學真偽論，閱卷官擬定一等二名，特賜舉人。」〔註43〕

王念孫〈錢先生神道碑銘〉：「乾隆十六年，召試賜舉人，授內閣中書。」〔註44〕

〈亡妻王恭人行述〉：「歲庚午，予始贅外家，明年（十六年）以獻賦召試行在，特賜舉人。」〔註45〕

〈錢君大昕墓誌銘〉及江藩〈錢詹事大昕記〉：「高宗純皇帝南巡，獻賦行在召試舉人。」〔註46〕

〈錢竹汀先生事略〉：「乾隆十六年，高宗南巡獻賦，召試舉人。」〔註47〕

〈山東鄉試錄序〉：「乾隆十六年，恭遇大駕南巡，以諸生獻賦，召試行在，特賜舉人，授中書舍人之職。」〔註48〕

《詩集》卷三，有〈奉旨特賜舉人，授中書舍人紀恩二首〉，以述其心情。

俳優薄枝擬枚皋，給札金門異數叨。五色霏微承紫誥，

十年蕉萃媿青袍。登科仍許陪先進，通籍何須謁選曹。

小艸自來無遠志，也蒙搜采到蓬蒿。

〔註39〕《碑傳集》卷四十九，頁 2449。
〔註40〕《漢學師承記》記之三，頁 202。
〔註41〕〈錢竹汀、汪孟慈二先生行述〉，《復廬叢書》。
〔註42〕《文集》卷五十，頁 770。
〔註43〕《錢辛楣先生年譜》，頁 2。
〔註44〕《羅雪堂全集‧簡集》卷四，頁 8213。
〔註45〕《文集》卷五十，頁 770。
〔註46〕《碑傳集》卷四十九，及《漢學師承記》記之三，頁 202。
〔註47〕《國朝先正事略》卷卅四，頁 1592。
〔註48〕《文集》卷二十三，頁 325。

趨承行殿謝恩齊，冰樣頭銜紙尾題。葵藿忽回初日照，

鶯鳩何分上林棲。青綾被暖中宵擁，紅藥花翻入戶低。

卻笑杜陵誇獻賦，五年纔得尉河西。〔註49〕

乾隆十九年，年二十七，成進士，保加殿御試，特改翰林院庶吉士。

王念孫〈錢先生神道碑銘〉：「十九年會試中式，賜進士出身，改翰林院庶
吉士。」〔註50〕

〈山東鄉試錄序〉：「十九年成進士，叨與館選。」〔註51〕

〈中書舍人吳君墓誌銘〉：「乾隆十又六年春，車駕巡幸江浙，……士大夫
作為歌頌，獻之行在，天子命江浙學政，選其優者召試，而親甲乙之，於
浙得士三人……於江南得士六人……，而予以謭劣，亦與數中，有詔之九
人者，皆授以內閣中書舍人之職……諸人既受命，以是歲先後入京……獨
予與撝升沁可，以明歲始至……又二年予與穀原同登進士，予承乏詞館。」
〔註52〕是其成進士於十九年也。

登進士第以後，依有清朝考用慣例，上第選入翰林院庶吉士，翰林乃清代
人才之儲訓所，清華之府，眾望所歸，前途似錦，中下等者，亦多分派為
縣長，司牧民之責，大昕以會試中式第十九名，保和殿御試欽取一名，入
翰林院，選庶吉士，而踏入仕途。

參、仕　履

大昕科名既早，英年入仕，乾隆十六年辛未，年二十四，試中舉人後，授
內閣中書學習行走，壬申入都供職票籤房，經歷吏事。

〈竹汀府君行述〉：「辛未春，高宗純皇帝，聖駕巡幸江浙，士子各獻詩賦，
府君進賦一篇，學使莊滋圃先生有恭，選列一等，有詔召試江寧行在，欽
定一等二名，特賜舉人，授內閣中書學習行走……壬申三月束裝入都，進
內閣票籤房辦事。」〔註53〕

時大昕年廿四，閱卷官高文定公、汪文端公、錢文端公，擬定一等二名，

〔註49〕《潛研堂詩集》，（以下簡稱《詩集》）上冊，卷三，頁50。
〔註50〕《羅雪堂全集·簡集》卷四。
〔註51〕《文集》卷廿三，頁325。
〔註52〕《文集》卷四十三，頁676～677。
〔註53〕〈錢竹汀、汪孟慈二先生行述〉。

高文定公招至清江浦公署，十七年束裝入都始入內閣票籤房辦事，〈中書舍人吳君墓誌銘〉：「乾隆十有六年春……有詔之九人，皆授以內閣中書舍人之職……諸人既受命，以是歲先後入京……獨予與揩升沁可，以明歲始至。」〔註54〕

《年譜》乾隆十七年壬申條云：「三月，束裝入都，過清江浦，文定公復留住公署兩月，乃買舟送居士與讓谷北行，到都，僦舍繩匠衚衕，與褚鶴侶同年同寓，始入內閣票籤房辦事，每三日一入直，十日一直宿。」〔註55〕

《歷代職官簡釋》：「清代於內閣中設置中書一官，掌撰擬、紀載、繙譯、繕寫之事。」〔註56〕又「康熙乾隆時南巡，舉人生員獻文求試者亦多，予以內閣中書任用。」〔註57〕

乾隆十九年甲戌，年二十七成進士，選庶吉士，進入世人所艷羨之翰林院，乃清華之府、富貴之門。

《歷代職官簡釋》：「庶吉士介於官與非官之間，等於候補之翰林官，每屆會試之年，殿試傳臚後，再於保和殿舉行朝考……取其年齡未甚老而名次較高者，不授他職而改為翰林院庶吉士，三年期滿，再行考試（名為散館），則分別授以編修。」〔註58〕「大昕於十九年成進士，三月會試，中式第十九名，殿試第二甲四十名，保和殿御試，欽取一名，圓明園引見，特改翰林院庶吉士。」〔註59〕

王念孫〈錢先生神道碑銘〉：「乾隆十九年會試中式，賜進士出身，改翰林院庶吉士。」〔註60〕

〈竹汀府君行述〉：「甲戌正月，補中書額缺，三月會試，中式第十九名……殿試第二甲四十名，賜進士出身，朝考欽取第一名引見，改翰林院庶吉士。」〔註61〕是科西莊舅氏，亦賜進士及第，郎舅同年，均與館選，鄉黨稱為盛事。

〔註54〕《文集》卷四十三，頁676。
〔註55〕《錢辛楣先生年譜》，頁21。
〔註56〕黃編本《歷代職官表》，〈歷代職官簡釋〉，頁21。
〔註57〕同上，頁22。
〔註58〕同上，頁187。
〔註59〕《錢辛楣先生年譜》，頁22。
〔註60〕《羅雪堂全集・簡集》卷四。
〔註61〕〈錢竹汀、汪孟慈二先生行述〉。

乾隆二十二年丁丑，年三十，散館時，以高第授翰林院編修，次年擢贊善，
充武英殿纂修官，又充功臣館纂修官。

〈竹汀府君行述〉：「丁丑五月，散館欽取一等一名，授翰林院編修。」
〔註62〕又「三月御試翰詹諸臣，欽取二等一名，擢右春坊右贊善，充武
英殿纂修官，又充功臣館纂修官。」〔註63〕

《年譜》乾隆二十二年丁丑條：「五月，散館御試正大光明殿，欽取一等
一名，授翰林院編修。」又二十三年戊寅條：「三月御試翰詹諸臣於正大
光明殿，欽取二等一名，擢右春坊右贊善，充武英殿纂修官，又充功臣館
纂修官。」〔註64〕

〈山東鄉試錄序〉：「（乾隆）廿二年散館，御試一等一名，授職編修，廿
三年御試翰詹諸臣，臣名在二等，特擢右春坊右贊善，充武英殿纂修官。」
〔註65〕

乾隆二十四年己卯，年三十二，在贊善任，充山東鄉試正考官。

〈竹汀府君行述〉：「己卯秋，奉命典山東鄉試。」

是年七月奉命充山東鄉試正考官，〈山東鄉試錄序〉云：「皇上御宇二十有
四年，歲在己卯，直省大比貢士，臣大昕奉命，偕戶部郎中臣葉宏，往典
山東試事」。〔註66〕〈湖南鄉試錄序〉云：「臣於己卯歲，承命典試山東。」
〔註67〕

〈李南澗墓誌銘〉云：「己卯之秋，予奉命主山東鄉試，得益都李子南澗，
天下方也。」〔註68〕

《詩集》卷四，有〈奉命典試山左出都述懷詩〉：

> 容臺宣詔出明光，相馬真慚比九方。濟上定多名下士，
> 岱宗況是聖人鄉。沙平冀北停行騎，月落盧溝趁急裝。
> 卻憶十年前此日，寒驢席帽大功坊。

乾隆二十五年庚辰，年三十三，充會試同考官，尋充續文獻通考館纂修官，

〔註62〕同上。
〔註63〕同上。
〔註64〕《錢辛楣先生年譜》，頁24。
〔註65〕《文集》卷二十三，頁325。
〔註66〕同上。
〔註67〕同上。
〔註68〕《文集》卷四十三，頁683。

秋，**遷翰林院侍讀，署日講起居注官。**

　　〈竹汀府君行述〉：「庚辰春，充會試同考官，尋充續文獻通考館纂修官，協修起居注，其秋，遷翰林院侍讀。」〔註69〕

　　乾隆廿八年，起居注書成詣乾清門入奏〈恭記六首〉注云：「卷末跋語，起居注官例得列名，歲庚辰，辛巳，大昕以署起居注官……皆得綴姓名卷末。」據此大昕以此年署日講起居注官。

　　《年譜》卅三歲條：三月充會試同考官，尋充續文獻通攷館纂修官，分修田賦、戶口、王禮三攷，協修起居注。〔註70〕

　　〈浙江鄉試錄後序〉：「及成進士，叨列詞館，初授編修，繼擢贊善，載遷侍讀。〔註71〕

乾隆二十六年辛巳，年卅四，在侍讀任，以記注官特派扈從大駕恭謁泰陵。

　　《年譜》三十四歲條：「三月，大駕恭謁泰陵，即幸五台山，以記注官特派扈從。」〔註72〕

　　奉命典試湖南出都宿良鄉縣有作詩，其自注云：「己卯七月典試山東，二月及今年五月恭迎大駕，辛巳二月，扈蹕至五台山。」……〔註73〕

　　大昕以記注官特派扈從，詩集有賡和之作以記其事。〔註74〕

乾隆二十七年壬午，年三十五，充湖南鄉試正考官。

　　〈竹汀府君行述〉：「壬午五月奉命典湖南鄉試」。〔註75〕

　　〈湖南鄉試錄序〉：「上御極之二十有七年，歲在壬午，當賓興之期，閏五月有旨命臣大昕，偕修撰臣王杰，典試湖南。」〔註76〕

　　《年譜》三十五歲條：「五月，奉命充湖南鄉試正考官，修撰王公杰為副。」〔註77〕

乾隆二十八年癸未，年三十六，擢侍講學士，尋充日講起居注官轉侍讀學

〔註69〕　〈錢竹汀、汪孟慈二先生行述〉。
〔註70〕　《錢辛楣先生年譜》，頁26。
〔註71〕　《文集》卷二十三，頁328。
〔註72〕　《錢辛楣先生年譜》，頁26。
〔註73〕　《詩集》卷六，頁87。
〔註74〕　《詩集》卷五，頁68～82。
〔註75〕　〈錢竹汀、汪孟慈二先生行述〉。
〔註76〕　《文集》卷廿三，頁327。
〔註77〕　《錢辛楣先生年譜》，頁26。

士。

> 王念孫〈錢先生神道碑銘〉：「尋以兩次大考高等，擢官至侍講學士。」
> 〔註78〕

> 〈竹汀府君行述〉：「癸未夏，以磨勘會試卷議敘記錄一次，五月御試翰詹
> 諸臣，欽取一等三名，擢侍講學士，充日講起居注官。」〔註79〕

> 《年譜》癸未條：「五月御試於正大光明殿，題江漢朝宗賦，結網求魚詩，
> 欽取一等三名，擢侍講學士。」〔註80〕

> 乾隆廿八年，起居注書成，詣乾清門人奏恭記六首注云：「卷末跋語，起
> 居注官例得列名，癸未以充起居注官，得綴姓名卷末。」〔註81〕大昕於
> 此年充起居注官。

乾隆三十年乙酉，年三十八，充浙江鄉試副考官，丙戌充會試同考官。

> 〈浙江鄉試錄後序〉：「歲乙酉之秋……臣大昕承命貳祭酒，臣曹秀先主浙
> 江試事……茲復有浙江副考官之命。」〔註82〕

> 〈中憲大夫府君家傳〉：「乙酉歲，大昕奉命典試浙江。」〔註83〕按乙酉
> 歲，大昕年三十八。

> 《年譜》卅八歲條：「六月奉命充浙江鄉試副考官，正考官則祭酒曹公秀
> 先也。」〔註84〕到浙江入闈後，曹公忽病痁，臥病一月，校閱之事，皆
> 大昕任之。

> 《詩集》卷八，有〈奉命典試浙江作三首〉：

> > 頻年奉使單車出，手種齊松與楚茳。三度承恩今較渥，此邦文獻甲
> > 它邦。

> > 鍾陵制義穆堂文，浙榜從前說兩君。眼力縱輸前輩好，得人猶望張
> > 吾軍。

> > 聲名標榜久相忘，不愛腴田陸氏莊。但願它時到台蕩，有人為我具

〔註78〕《羅雪堂全集・簡集》卷四。

〔註79〕〈錢竹汀、汪孟慈二先生行述〉。

〔註80〕《錢辛楣先生年譜》，頁27。

〔註81〕〈乾隆二十八年起居注書成詣乾清門入奏恭紀六首〉，《詩集》卷七，頁
 114。

〔註82〕《文集》卷二十三，頁328。

〔註83〕《文集》卷五十，頁763。

〔註84〕《錢辛楣先生年譜》，頁29。

春糧。

《年譜》三十九歲條：「三月充會試同考官」。〔註85〕

〈竹汀府君行述〉：「丙戌充會試同考官」。〔註86〕

大昕充浙江鄉試副考官，以曹公病痁逾月，校閱之事皆大昕一人任之，而丙戌年，充會試同考官，仍分閱書經卷。

乾隆三十四年己丑，再入都，辛卯，充《一統志》纂修官。

乾隆三十二年丁亥，大昕年四十，妻王恭人歿，大昕以病乞假。〈亡妻王恭人行述〉：「恭人生于雍正六年七月十九日戌時，卒於乾隆三十二年六月二十九日酉時。」〔註87〕其妻卒，繼以念兩親年高，大昕有歸田之志。秋，遂以病乞假歸里，居二載，其父促之出，曰：「吾夫婦精力尚健，且有汝弟在家侍養，明歲國家大慶，汝叨列侍從，可不隨班行禮乎。」〔註88〕乃於是秋（己丑），再入都，充《一統志》纂修官。

《年譜》慶曾注：「《大清一統志》於康熙間敕修，乾隆八年，始纂輯成書，二十年，皇師平定伊犁，拓地二萬餘里，而府、州、縣之分併改隸，與職官之增減移駐，亦多與舊制有異同，乃特詔重修。」

乾隆三十七年壬辰，補翰林院侍讀學士，會試充磨勘官，殿試官執事官，尋充三通館纂修官。次年奉旨入直上書房，授皇十二子書，其年冬擢詹事府少詹事。

〈竹汀府君行述〉：「壬辰春，補翰林院侍讀學士，會試充磨勘官，殿試充執事官，尋充三通館纂修官，……癸巳正月奉旨入直上書房，授皇十二子書……十一月擢詹事府少詹事。」〔註89〕

《年譜》四十五歲條：「是春，補翰林院侍讀學士，會試充磨勘官，殿試充執事官，尋充三通館纂修官。」〔註90〕

〈先考小山府君行述〉：「再補官，承命入直內廷，侍皇子講讀。」〔註91〕

〈錢詹事大昕記〉云：「純皇帝深知爲績學之士官侍讀學士時，即命入直

〔註85〕同上。
〔註86〕〈錢竹汀、汪孟慈二先生行述〉。
〔註87〕《文集》卷五十，頁771。
〔註88〕〈先考小山府君行述〉，《文集》卷五十，頁767。
〔註89〕〈錢竹汀、汪孟慈二先生行述〉。
〔註90〕《錢辛楣先生年譜》，頁37。
〔註91〕《文集》卷五十，頁769。

上書房，授皇十二子書。」〔註92〕

《漢學師承記》：「三十七年改補侍讀學士，其年冬擢詹事府少詹事。」
〔註93〕

乾隆三十九年甲午，年四十七，充河南鄉試正考官，復督學廣東。踰年丁
父憂，歸，引疾，不復入都供職。自以內閣中書用，迄奉諱歸里後，引疾
不出，於宦海已二十餘載矣。

《年譜》甲午條：「七月奉命充河南鄉試正考官，侍讀白公麟爲副……撤
棘後，束裝將北行，復奉提督廣東學政之命。」〔註94〕

〈河南鄉試錄序〉：「皇上御極之三十有九年，……各省舉行鄉試，臣大昕
奉命，偕翰林院侍講臣白麟，典河南試事。」〔註95〕

大昕於七月典試河南，即命督學廣東。〈先考小山府君行述〉：「去秋（甲
午年）大昕奉命督學廣東，將迎府君就養……。」〔註96〕

忽得訃，其父以乙未年四月二十三日下逝，大昕奉諱歸里後，即引疾不出，

〈錢竹汀先生事略〉：「上深知其學行，將大用，而先生淡於榮利，以識分
知足爲懷，慕邴曼容之爲人，謂官至四品可休，奉諱歸里後，引疾不出。」
〔註97〕

王昶〈錢君大昕墓誌銘〉：「蓋上深知其學行兼優，將次簡畀顧，君淡於榮
利，益以識分知足爲懷，嘗慕邴曼容之爲人，謂官至四品可休，故於奉諱
歸里，即引疾不復出。」〔註98〕

大昕自以內閣中書用，迄奉諱歸里後，引疾不出，於宦海已二十餘載矣。

肆、講　學

大昕既絕意仕途，然以文章學術，出爲山長，經其作育陶鎔，學風士習
爲之一變。

〔註92〕《漢學師承記》記之三，頁203。
〔註93〕同上。
〔註94〕《錢辛楣先生年譜》，頁34。
〔註95〕《文集》卷二十三，頁330。
〔註96〕《文集》卷五十，頁766。
〔註97〕《國朝先正事略》卷三十四。
〔註98〕《國朝耆獻類徵初編》卷百二十八。

乾隆四十三年戊戌，年五十一，長鍾山書院。

大昕於乾隆四十年夏，丁父憂歸里，繼以太恭人年屆八旬為由，而不復入都供職，「戊戌夏，制府高文端公奏延大昕，為鍾山書院院長。」〔註99〕《二十二史攷異・序》：「戊戌設教鍾山」。〔註100〕《年譜》戊戌年云：「居士雅不喜為人師，而家居貧約，不無藉束脩以供甘旨，江寧去家不遠，歲時便於定省，乃勉應之。」〔註101〕大昕雅不喜為人師，其〈與友人論師說〉：「頃遇某舍人云：足下欲以僕為師，僕弗敢聞也……如以僕粗通經史，可備芻蕘之詢，他日以平交往返足矣。」〔註102〕然以家居貧約，又以江寧去家不遠，故而應允，其長院，與諸生講論古學，以「通經讀史」為先，其〈漢書正誤序〉云：「予年二十有二，來學紫陽書院，受業於虞山王艮齋先生，先生晦以讀書當自經史始，謂予尚可與道古，所以期望策勵之者甚厚。」〔註103〕大昕少受家學之濡染。〈府君家傳〉：「遇少年質美者，必教以兼通古學。」及長，因艮齋先生之影響，故大昕一生提倡古學，不遺餘力，而以通經讀史為先，故大昕在鍾山四載，經指授成名者甚眾。

乾隆二十年乙巳，年五十八，主婁東書院。

辛丑夏，大昕歸省母，以母春秋八十有二，遂不赴館日侍，其母九月十四日，終於嘉定里第。居憂，足跡不出戶，乙巳年巡道章公延主婁東書院，〈竹汀府君行述〉：「乙巳春，巡道章公攀桂，延府君主婁東書院，府君留三載。」〔註104〕

大昕主婁東書院三年，戊申春移主紫陽書院。

乾隆五十四年己酉，年六十二主紫陽書院。

〈竹汀府君行述〉：「戊申春，移主紫陽書院，舊院長為兵部侍郎蔣公元益於去冬謝世，中丞閔公鶚元，博訪輿論，唯府君能副斯席……入奏奉硃批覽欽此。」大昕因閔公之請而主紫陽書院十六年，《國朝先正事略》：「在紫陽至十有六年，門下士積二千人，其為台閣侍從發名成業者，不可勝計，

〔註99〕　〈錢竹汀、汪孟慈二先生行述〉。
〔註100〕　《文集》卷二十四，頁361。
〔註101〕　《錢辛楣先生年譜》，頁36。
〔註102〕　《文集》卷三十三，頁517～518。
〔註103〕　《文集》卷二十四，頁353。
〔註104〕　〈錢竹汀、汪孟慈二先生行述〉。

嘉慶九年十月卒於紫陽，年七十有七。」〔註105〕

《年譜續編》：「公在紫陽最久，自己酉至甲子，凡十有六年，一時賢士受業於門下者，不下二千人，悉皆精研古學。」〔註106〕

慶曾云：「公追憶四十年前，賴名師益友，得闚古人堂奧，乃奮然以振興文教爲己任。」故大昕於己酉年正月至紫陽書院，即諭諸生以「無慕虛名，勤修實學。」〔註107〕由是吳中士習爲之一變。

大昕歿於嘉慶九年十月二十日，綜其一生，無顯赫之事功，蓋其所職，不過文學侍從，又值乾嘉太平之時，天下無事，故得盡其心力於文章學術，以成一代之奇。

〔註105〕《國朝先正事略》卷三十四。

〔註106〕《竹汀年譜續編》，頁 47。

〔註107〕〈錢辛楣先生年譜〉慶曾注，頁 43。

第二章　師友門生

　　夫子有言：獨學而無友，則孤陋而寡聞，大昕一生。交游廣，著述豐，凡所交游，率多積學之士；或時相過從、或音書往返，幾以學術討論相互切磋爲事，其相互影響自可斷言。嘗爲友者，直、諒、多聞謂之三益，又擬師說，孟子曰：人之患在好爲人師。古之好爲師也以名，今之好爲師也以利，好名之心，僕少時不免，迄今方以爲戒，而惟利是視，則僕弗敢出也。蓋特以自勉自勵，兼以示人。

　　今考得其交游，或長輩、或師友、或弟子，今分：師承、學侶、弟子三類述之；其中學侶尤多，故以求學、仕官、講學三期分列。所考各人，依其出生之先後而次第之，年代有不可考者，則列該類之末。先列字號、隸籍、仕途、著述及享年，次考其交往事蹟，所論皆明其出處，以期信而有徵，益見大昕一生學殖，日益精進，殆得師友之助耳。至其偶爾提及，或過從較疏者，或相知雖深然未謀面者，則略而不論。

壹、師　承

1. 黃叔琳

　　黃氏字宏猷，號崑圃，順天大興人，官至刑部侍郎，著有《史通訓故補》二十卷、《文心雕龍輯註》、《硯北易鈔》、《崑圃文集》、卒年八十五（1672～1756）。〔註1〕

〔註 1〕　《碑傳集》卷六九，《清儒學案》（以下簡稱《學案》）卷六二，〈健餘學案〉、《國朝先正事略》。

乾隆十七年壬申，大昕入都，拜公於里第，大昕序《崑圃先生文集》：

> 憶壬申歲入都，曾拜公於里第，公所以獎而期之者甚厚，及備官詞
> 林，得執後進之禮，尚書官太常時，予在注記右史，恆以公事追隨
> 殿廷，公之孫符綵，又予分校禮闈所得士也。〔註2〕

大昕蒙崑圃之提攜獎掖，尤以崑圃之言論風采，予大昕深厚影響。故大昕序
其文集中云：

> 今距公沒十五、六年，承公之言論風采漸少，而思慕歎美，如出一
> 口，蓋公之文行，如元氣入人肝脾，久而不能忘也。〔註3〕

2. 錢王炯

錢氏字青文，號陳人，江蘇嘉定人，年三十三始補學官弟子，著有《字
學海珠》三卷、《星命瑣言》一卷。卒年九十二（1667～1759），以大昕貴，
誥贈奉政大夫翰林院侍讀加一級。〔註4〕

王炯，乃大昕之祖，夙精小學，大昕亦受業焉，從學為八股。炯並授大
昕以訓詁音韻，大昕謂其祖「於四聲濁，辨別精審，不為方音所囿，其教子
弟五經句讀，字之偏旁，音之平仄，無少譌溷。」〔註5〕大昕年少，得承其祖
父之教，故文字音韻根底穩實，王炯嘗謂：「此子入許鄭之室無難也」。大昕
雖以音韻文字之基礎而為實事求是考據之學，但亦能詩能文，皆得力於其祖
嚴格之教誨也。

3. 沈德潛

沈氏字確士，號歸愚，江蘇長州人，乾隆間成進士，年已將七十，高宗
稱為老名士，曾官禮部尚書，著有《五朝詩別裁》、《歸愚詩文鈔》、《西湖志
纂》等書。享年九十七（1673～1769）。〔註6〕

乾隆十五年庚午，紫陽書院院長艮齋先生以疾辭去，代之者沈歸愚，大
昕於此時游其門，在院與王光祿、王述庵、吳竹嶼、趙損之、曹習庵、黃芳
亭等人相賦詩，歸愚錄刊成七子詩選。乾隆十六年辛未大駕南巡，大昕進賦
一篇，時未揭曉，沈文慤公許云：「灼灼，狀桃花之鮮，依依，盡楊柳之態，

〔註2〕 《潛研堂文集》（以下簡稱《文集》）卷廿六，頁382。

〔註3〕 同上。

〔註4〕 〈奉政大夫府君家傳〉，《文集》卷五十卷。

〔註5〕 同上。

〔註6〕 《國朝先正事略》卷十八、《碑傳集》卷三二、《歷代人物年里碑傳綜表》（以
下簡稱《人物綜表》）、袁枚〈沈文慤公神道碑〉、《清代七百名人傳》。

尋條赴節，情韻環固。」〔註7〕讚譽其詩格大方，於唐人律賦中亦稱高手。

　　沈氏恬淡不矜驕，不干進，不趨風，年至九十七方薨，可知其醇古淡泊。詩專主唐音，以溫柔爲教，大昕有詩呈沈歸愚先生，可窺其一二。

> 通籍清華紫籥深，乞身歸老解朝簪。文章巨手唐燕許，山水前盟漢
> 向禽。綸閣容臺譚故事，赤城黃海入新吟。年開九秩身猶健，獨樂
> 依然戀闕心。
>
> 舊宅靈巖十笏安，天留耆碩領詩壇。高承沆瀣中霄露。獨挈鯨魚大
> 海瀾。供奉拾遺先燄在，椒園竹里嘯歌寬。集成不用求元晏，帝製
> 鴻文在簡端。
>
> 絲竹東山閱歲時，白頭重話主見私。遂初久已辭中禁，清俸猶煩給
> 度支。層閣靜聽松籟遠，平泉細譜樂苗滋。五湖煙水明于鏡，好鑑
> 蒼蒼海鶴姿。〔註8〕

「文章巨手唐燕許」，詩主唐音，以溫柔爲教，性淡泊，故能「年開九秩身猶健」也。

4. 陳世倌

　　陳氏字秉之，號蓮宇，浙江海甯人，康熙癸未進士，授編修，乾隆間官至工部尚書，文淵閣大學士，卒諡文勤，年七十八（1680～1758）。〔註9〕

　　陳文勤，爲大昕乾隆甲戌年會試座主，文勤公歸里有留別大昕詩，大昕次其韻云：

> 裁成桃李已經年，得御龍門喜欲顛。雪夜每參洛下座，菱谿常預醉
> 翁筵。清銜漫竊同冰冷，學道無能媿火傳。遙望台星滄海上，從游
> 何日重殷然。〔註10〕

「遙望台星滄海上，從游何日重殷然」，予文勤公仰慕之情於焉可見。文勤公絳帳論文，大昕從其問學，文勤公立誠主敬之大儒心，更爲大昕所宗，文勤公之逝，大昕有詩輓之：

> 赤舄三朝望，蒼松百鍊姿。獨能扶直道，眞不愧台司。寂寞遠鄉夢，
> 淒涼墮淚碑。它時言行錄，應與富文垂。〔註11〕

〔註7〕　〈錢辛楣先生年譜〉，慶曾注，頁21。
〔註8〕　〈呈沈歸愚先生〉，《潛研堂詩集》（以下簡稱《詩集》）卷三，頁32。
〔註9〕　《國朝先正事略》卷十、《清代七百名人傳》、《人物綜表》。
〔註10〕　〈送座主海寧相公予告歸里即次留別元韻〉，《詩集》卷四，頁58。
〔註11〕　〈海寧陳文勤公輓詩〉，《詩集》卷四，頁59。

5. 錢陳群

錢氏字主敬，號香樹，又號柘南居士，浙江嘉興人，康熙辛丑二十年進士，官至刑部左侍郎，卒年八十九（1686～1774）。諡文端。〔註12〕

錢文端公係大昕乾隆十六年鄉試閱卷官，是年錢公擬定一等二名，特賜舉人，陳群學問淵醇，尤深於詩，後大昕宿武峽關，於驛舍壁間見其山行詩，有詩追次其韻：

> 好山如良朋，不速亦既覯。洪厓與浮邱，拱楫列左右。初從南奬入，
> 平遠一波皺。漸進乃益佳，繚曲往而復。一峰閒一峰，青翠若相鬥。
> 水邊俔啄鶴，雲外孤飛鶩。石骨藏不露，自矜肥勝瘦。密樹覆肩胛，
> 清泉任膚腠。邨居儼桃源，水竹繞前後。中通南北郵，旁置雙隻堠。
> 舍館得我所，此樂敢多又。前途聞更奇，靈祕不予囿。諷詠文端詩，
> 名與斯山壽。繼聲病未能，孤負東南秀。〔註13〕

大昕謙稱「繼聲病未能，孤負東南秀」而諷詠文端詩，希望文端公之名與斯山壽。文端公之詩，諒予大昕有一定影響。

6. 尹會一

尹氏字元孚，號健餘，直隸博野人，雍正二年（1724）進士，曾官吏部侍郎，江蘇學使者，著有《近思錄集解》、《賢母年譜》、《健餘先生全集》、《尹氏家譜》等，卒於松江試院，年五八（1691～1784）。〔註14〕

大昕初識尹氏於乾隆十三年，大昕《自編年譜》：「乾隆十三年戊辰四月，學使尹公會一歲試，取一等第六名」，《清尹健餘先生會一年譜》：「乾隆十三年三月歲試常州府」，尹氏教人以篤行為先，平生忠信勤勤懇懇，大昕：「立言之先，必以學行為本」。深受尹氏之影響。

7. 王爾達

王氏字通侯，號盧亭，昆山人，歲貢生，卒年七十六歲（1693～1786）。〔註15〕

〔註12〕《國朝先正事略》卷十五、《碑傳集》卷卅四、《人物綜表》、袁枚〈錢文端公神道碑〉、錢儀吉撰《錢文端年譜》、姚鼐〈錢文端公墓誌銘〉。

〔註13〕〈宿武峽關驛舍壁閒見香樹先生山行詩追次其韻〉，《詩續集》卷二，頁18。

〔註14〕《國朝先正事略》卷十五，《清代七百名人傳》，《學案》卷六十二，《人物綜表》。

〔註15〕錢大昕〈盧亭先生墓誌銘〉、《人物綜表》。

　　大昕〈盧亭先生墓誌銘〉云：「大昕年十五，應童子試，先生亟賞其文，西莊亦謂子可與共學，因許以愛女，招爲館甥。」〔註16〕大昕《自編年譜》乾隆七年壬戌條亦云：「其夏復應童子試，……外舅盧亭，先生見居士文亦以爲子凡，明年始有婚姻之約」，大昕於壬戌年得識盧亭，繼之第二年，即以季女妻之，並贅居盧亭宅。盧亭以爲文章者不朽之盛事，科舉之學，非可以傳後也，故導之以詩古文。又以詞章之學可以潤身，未可以言道，故進之以經學，大昕深受其影響，〈祭外舅盧亭先生〉文云：「三載就婿，東床坦眠，食之教之……」，〔註17〕「不獨譽兒兼譽婿，只宜稱舅又稱師」，〔註18〕足見其情深，爲師爲舅，故盧亭先生之逝，大昕泫然出涕爲墓誌銘，並爲輓詩二首：

　　　　華屋山邱瞥眼殊，江鄉太息失潛夫。伐檀詩格先雙井，嘉佑文心啓二蘇。身健幾曾扶即栗，心安偶喜坐團蒲。十年八座郎君貴，雛誦依然稷下儒。

　　　　清贏碧鶴鈍無知，一見偏將國士奇。不獨譽兒兼譽婿，只宜稱舅又稱師。三年寂寞鰥魚泣，七日倉皇梁木萎。地下若逢靈照女，爲言蒜髮已如絲。〔註19〕

由詩更可見盧亭予大昕期許之殷也。

8. 曹桂芳

　　曹氏字丹五，號檀湑，江蘇嘉定人，歲貢生。與大昕之父王炯、王鳴盛之父盧亭公，年齒相上下，親串款洽，文酒唱和無虛日，時稱三封翁。大昕年十五負笈入城，從其問學，同筆硯者陸昌雅、李斗祥、韓萬原、徐毓洲及先生之子習庵。〔註20〕〈蓉鏡堂記〉云：「大昕方十五、六歲，從先生受經義，與同學十數人，下榻先生所。」〔註21〕乾隆三十三年，大昕乞假里居，數造先生之堂，先生曰：「子蓋爲我記之，大昕不敢當，因請名堂之義，先生告之。」大昕退，述還先生之語以爲〈蓉鏡堂記〉。大昕另有〈題曹檀湑先生柳汀觀稼圖〉云：「廿年前侍春風座」、「從游應許老門生」，〔註22〕雖時隔二十餘年，

〔註16〕　《文集》卷四十三。
〔註17〕　《文集》卷五十。
〔註18〕　〈外舅盧亭先生輓詩〉，《詩集》卷九，頁152。
〔註19〕　同上。
〔註20〕　《錢辛楣先生年譜》，頁16。
〔註21〕　《文集》卷廿一。
〔註22〕　《詩集》卷七，頁116。

大昕仍念茲不忘曹氏啓蒙之功也。

9. 王　峻

王氏字次山，號艮齋，江蘇常熟人，雍正二年進士，官至監察御史，著有《水經廣注》，《艮齋詩文集》，《漢書辨誤》，《崑山新陽合志》，卒年五八（1964～1751）。〔註23〕

艮齋先後主安定、雲龍、紫陽書院，而於紫陽書院尤久，以古學提倡後進，所賞識後多知名，大昕年二十二，艮齋薦之，使學於紫陽書院，大昕〈王先生墓誌銘〉云：

> 大昕少而鈍拙，無鄉曲譽，先生聞其可與道古也，薦之，使學於紫陽書院，〔註24〕又予年二十有二，來學紫陽書院，受業於虞山王艮齋先生」。〔註25〕

艮齋閱大昕課義詩賦論策，歎賞不置曰：「此天下才也」。〔註26〕大昕〈王先生墓誌銘〉中亦云：「先生於諸生中最賞者僅三數人，顧獨稱大昕不去口。」〔註27〕是艮齋於大昕有知遇之恩。並誨大昕讀書自經史始，大昕云：「先生誨以讀書當自經史始，謂予尚可與道古，所以期望策勵之者甚厚，予之從事史學，由先生進之也。」〔註28〕

乾隆十五年，艮齋以疾辭院長，大昕與院中同學聯句送艮齋先生歸海虞：

> 朔雪凍差差，懍懍寒氣重。王鳴盛先生懷故園，浩然歸計勇。
> 冷雪武邱凝，秀峯虞山聳。大昕……叩鐘聆嚕哢，帶經鉏敲壠。大昕……覃思幹元造，購籍損官奉。大昕……默默噬寒蟬，啾啾嘲群蚣。大昕……乃知一士愕，足令千夫悚。大昕……執經紆矩步，解惑快曲踊。大昕……情愴驪駒歌，令紀鳥獸氄。〔註29〕

艮齋執經講席，院生叩鐘問學，足見於當時學風之影響。乾隆十六年二月十七日，艮齋終於里第，大昕作詩輓之云：

> 西台眞御史，東觀舊詞臣。賦艸凌雲筆，車埋當道輪。

〔註23〕〈江西道監察御史王先生墓誌銘〉，《文集》卷四十三，頁671～672。

〔註24〕同上，頁672。

〔註25〕〈漢書正誤序〉，《文集》卷廿四，頁353。

〔註26〕《錢辛楣先生年譜》，頁19。

〔註27〕同上，頁672。

〔註28〕〈漢書正誤序〉，《文集》卷廿四，頁353。

〔註29〕〈用昌黎會合聯句韻送王艮齋先生歸海虞〉，《詩集》卷二，頁23～24。

　　平生尚風義，傲骨獨嶙峋。辛苦遺孤在，誰爲分宅人。

　　掌夢巫陽杳，催人鬼伯侵。訃來猶恐誤，悲極不成吟。

　　寥亮山陽笛，摧殘爨下琴。半生知己感，凄斷竟難禁。〔註30〕

「悲極不成吟」、「凄斷竟難禁」，悲戚之情可見。

10. 惠　棟

　　惠氏，字定于，一字松崖，初籍吳縣，後改歸元和。生清康熙三十六年，卒乾隆二十三年（1697～1758），年六十二。〔註31〕父惠天牧（士奇）祖惠研溪（惕），並邃經學，先生承其家學而益光大之。著有《周易述》，專宗虞氏，參以荀、鄭諸家之義，約其旨爲注，演其說爲疏，書垂成而疾革，遂闕後十五卦及序卦、雜卦傳二篇。其他著作尚有《明堂大道錄》八卷、《禘說》二卷、《易漢學》七卷、《易例》二卷、《周易本義經》五卷、《古文尚書考》二卷、《左傳補注》六卷、《九經古義》十六卷、《後漢書補注十五卷》、《惠氏讀說文記》十五卷、《山海經訓纂》十八卷、《漁洋山人精華錄訓纂》二十四卷、《太上感應篇注》二卷、《曜齋筆記》二卷、《松崖筆記》二卷等。

　　惠氏之學，以博聞彊記爲初基，以尊古守家法爲準則，其治經要旨，純宗漢學，謂漢經師之說，當與經並行，五十以後，專心經術，撰《古文尚書考》，辨晚出之廿五篇之僞，後得之逸十六篇爲眞古文，其論與閻百詩多合，而精簡過之。大昕稱惠氏精約，「此千四百餘年未決之疑，而惠松崖先生獨一一證成之，其有功於壁經甚大，先是太原閻徵士百詩，著書數十萬言，其義多與先生闇合……未若先生之精而約也。」〔註32〕

　　大昕以師禮事之，江藩云：「如王光祿鳴盛、錢少詹大昕、戴編修震、王侍郎蘭泉先生，皆執經問難，以師禮事之。」〔註33〕並作傳論之曰：「宋元以來，說經之書，盈屋充棟，高者蔑棄古訓，自誇心得，下者勦襲人言，以爲己有，儒林之名，徒爲空疎藏拙之地，獨惠氏世守古學，而先生所得尤深，擬諸漢儒，當在何邵公、服子愼之間，馬融、趙岐輩不能及也。」〔註34〕

　　大昕早年治學，深受惠氏之影響，其序古文尚書：「予弱冠時，謁先生於泮

〔註30〕〈王次山先生輓詩〉，《詩集》卷三，頁 32。
〔註31〕〈惠先生棟傳〉，《學案》卷四十三，《人物綜表》、《漢學師承記》記之二、《清史稿》卷四百八十一、《清代通史》卷中，。
〔註32〕〈古文尚書考序〉，《文集》卷廿四，頁 341。
〔註33〕《漢學師承記》記之二，頁 148。
〔註34〕〈惠先生棟傳〉，《文集》卷三九，頁 609。

環巷宅，與論易義，更僕不勌，蓋謬以予為可與道古者。」〔註35〕據大昕《自
訂年譜》云：「乾隆七年，夏，始與禮堂訂交，次年有婚姻之約，至十四年，又
同肄業紫陽書院，時時「以古學相策勵」，院中名宿如惠定宇等，亦引為忘年交。」
江藩《漢學師承記・錢大昕傳》云：「先是在吳門，時與元和惠定宇、吳江沈冠
雲兩徵君游，乃精研古經義、聲音、訓詁之學。」可見大昕與惠學之淵源。

松厓先生之為經也，欲學者事於漢經師之故訓，以博稽上古典章制度，
由是推求義理，確有據依」，〔註36〕大昕〈題惠松厓徵君授經圖〉云：

> 漢儒說經重詁訓，授受專門先後印。三代遺文近可推，大義微言
> 絛不窠。後人鑿空誇心得，一筆欲將鄭服擯。虛譚名埋訶玩物，
> 陳義甚高詞已遁。我朝經術方昌明，天遣者儒破迷悶。紅豆風流
> 手澤貽，三世大師清望峻。正誼常睎董仲舒，識古共推劉子駿。
> 尤長義易泝九師，輔嗣說行存亦僅。郢書燕說一例芟，墜簡逸象
> 盡日捃。畫吞仲翔洵已足，論持趙賓兼冑仞。苦心孤詣識者誰，
> 後有子雲或能信。禮堂寫定不得傳，令千趨庭萬人俊。群書暗誦
> 才翩翩，家法相承語諄諄。青紫拾芥何足云，樸學千秋宜自奮。
> 吾生亦有好古癖，問奇曾許摳衣進。廿年聚散等浮漚，宿艸青青
> 老淚抆。展圖彷彿見平生，苦井長智幾時濬。黃門精熟繼長翁，
> 試聽他年石渠論。〔註37〕

惠氏由漢經師故訓以推求理義之治經方法，而大昕所倡導者聲韻、文字、訓
詁，二者雖有差別，然方法之運用，皆由六經中所載之三代典章制度以推求
義理。故可謂大昕之經學源出於惠棟。江藩《漢學師承記・惠棟傳》云：「如
王光祿鳴盛、錢少詹大昕、戴編修震，王侍郎蘭泉先生，皆執經問難，以師
禮事之」，惠氏之學在「博聞強記」，「尊古守家法」，以為「古訓不可改，經
師不可廢」，〔註38〕而大昕論學亦以博學為先，大昕云：

> 易書詩禮春秋，聖人所以經緯天地者也，上之可以淑世，次之可
> 以治身，於道無所不通，於義無所不該，而守殘專己者，輒奉一
> 先生之言，以為依歸，雖心知其不然，而必強為之辭。又有甚者

〔註35〕〈古文尚書考序〉，《文集》卷廿四，。
〔註36〕〈題惠定宇先生授經圖〉，《戴東原集》卷十一，頁70。
〔註37〕〈題惠松厓徵君授經圖〉，《詩集》卷十，頁170。
〔註38〕梁啓超《清代學術概論》十，頁50。

吐棄一切，自誇心得，笑訓詁爲俗儒，訶博聞爲玩物，於是有不讀書而號爲治經者，并有不讀經而號爲講學者，宣尼之言曰：君子博學於文，顏子述夫子之善誘，則曰：博我以文。子思子作中庸曰：博學之，審問之。孟子之書曰：博學而詳説之。夫聖人刪定六經，以垂教萬世，未嘗不慮學者之雜而多歧也，而必以博學爲先。〔註39〕

故爲惠棟作傳譽之云：

有博通經史，學有淵源之稱。〔註40〕

大昕治經亦尊古宗漢儒：

漢儒説經，遵守家法，訓詁傳箋，不失先民之旨，自晉代尚空虛，宋賢喜頓悟，笑問學爲支離，棄注疏爲糟粕，談經之家，師心自用，乃以俚俗之言，詮説經典。〔註41〕

於〈左氏傳古注輯存序〉云：

漢之經師，其訓詁皆有家法，以其去聖人未遠。〔註42〕

由是觀之，錢氏與惠氏治經見解前後如出一轍，故大昕爲惠氏作傳云：

宋元以來，説經之書，盈屋充棟，高者蔑棄古訓，自誇心得，下者勦襲人言，以爲己有，儒林之名，徒爲空疏藏拙之地，徒惠氏世守古學，先生所得尤深，擬諸漢儒，當在何邵公服子慎之間，馬融、趙岐輩，不能及也。〔註43〕

可知大昕對惠氏之服膺，其經學受惠氏之影響，蓋確然無可疑也。

11. 劉　藻

劉氏原名玉麟，字素序，山東荷澤人。丙辰博學宏詞，卒年六十六（1701～1766）。〔註44〕

大昕年十五初識先生於童子試，時劉氏爲學使，大昕《年譜》嘗記其事：「雍正七年壬戌夏，應童子試，受知於學使內閣學士劉公，次日……復特招覆試，以『焉知來者之不如今也』爲題，試畢，獎勵甚至，贈以筆墨數事。

〔註39〕　〈抱經樓記〉，《文集》卷二一，頁310。
〔註40〕　〈惠先生棟傳〉，《文集》卷卅九，頁609。
〔註41〕　〈經籍纂詁序〉，《文集》卷廿四，頁349。
〔註42〕　〈左氏傳古注輯存序〉，《文集》卷廿四，頁344。
〔註43〕　〈惠先生棟傳〉，《文集》卷卅九，頁615。
〔註44〕　《清史列傳》卷廿三、《國朝耆獻類徵初編》卷一七七。

公嘗語人曰：『吾視學一載，所得惟王生鳴盛，錢生大昕兩人耳』」。〔註45〕予大昕勉勵尤甚。

12. 秦蕙田

秦氏字樹峯，號味經，無錫人。乾隆元年進士，官至刑部尚書，加太子太保，著有《味經窩類稿》、《周易象義日箋》、《五禮通考》等，卒年六十三，諡文恭（1702～1764）。〔註46〕

秦氏以經術篤行知名海內，立朝三十年，剛介自守，不曲意徇物，其學以窮經爲主，而不居講學之名，大昕於墓誌銘云：

> （秦蕙田）以經術爲後學宗，嘗言儒者舍經以談道，非道也，離經
> 以求學，非學也，故以窮經爲主，而不居講學之名。〔註47〕

又嘗曰：

> 先聖之蘊，具於六經，舍六經安有學哉。〔註48〕

夙精三禮之學，及佐秩宗，考古今禮制因革，撰爲《五禮通考》，曾邀大昕商訂，《年譜》乾隆十九年甲戌條：「無錫秦文恭公邀予商訂五禮通考」。大昕自官京師即從公游，〈味經窩類藁序〉：

> 予自官京師，以年家子從公游，公以其不爲世俗之學也，而亟稱之，
> 丁丑戊寅之間，館公邸第，因得稍窺公得力所自」。〔註49〕

大昕教人不能「舍經以談道」，當係受秦氏之影響。

13. 錢維城

錢氏字幼安，一字宗磐，又字茶山，號紉庵，又號稼軒，江蘇武進人，乾隆進士第一，由修撰累官刑部左侍郎，卒年五十三歲，諡文敏（1720～1772），著茶山集。〔註50〕

錢氏爲大昕會試座主，親撰策問條目，揭曉之次日，午門謝恩，文敏公謂諸公曰：「此科元魁十八人，俱以八股取中，錢生乃古學第一人。」大昕〈祭座主錢文敏公文〉云：「昔閼逢之紀歲，忝策名于天衢，公實爲座主兮，獨五

〔註45〕《錢辛楣先生年譜》，頁4。
〔註46〕錢大昕〈秦文恭公墓誌銘〉，《文集》卷四十二，頁655。
〔註47〕《文集》卷四十二，頁658。
〔註48〕《文集》卷廿六，〈味經窩類稿序〉，頁384。
〔註49〕同上。
〔註50〕《碑傳集》卷卅三、《國朝先正事略》卷十五、《清代七百名人傳》。

策之賞予，謂予可與道古兮，暇長侍夫履絢。」〔註51〕大昕於〈題文敏公書並序〉云：

> 此先師武進尚書文敏公所書以當座右銘者，大昕在京師，晨夕造謁，諷誦略皆上口。公歸道山，十有五年，門下士亦落落如晨星，每憶槐蔭書屋從游之樂，杳如隔世。今夏過竹初丈小林棲，忽復見之，則已裝界成冊矣。泫然感愴情見乎辭。〔註52〕

可見文敏與大昕關係之不凡。故大昕題詩云：

> 十年不見老僊翁，筆力依然玉局同，誰續晦庵言行錄，平生心迹數行中。
>
> 盧棠猶記鶴翔名，回首西州淚暗傾，萬斛原泉文格壯，瓣香一縷在樂城。〔註53〕

於〈題座主文敏公仿元四家長卷〉詩：

> 茶山本天人，游戲爲畫師。胸中磊落有五嶽，天機活潑出怪奇。蓬山侍直廿餘載，絕藝不許人寰知……〔註54〕

文敏公工詩畫，天機絕藝，不欲人知，大昕在京師晨夕造謁，從游槐蔭書屋，文敏之不驕矜，尚實學，予大昕影響甚鉅。

14. 曾　佳

曾氏字獻若，縣庠生，中憲公（小山，大昕之父）業師，大昕年五歲，始從問字，《年譜》雍正十年壬子條：「始從塾師曾獻若先生問字」。〈奉政大夫府君家傳〉云：「年踰六十，始得孫──大昕，甫晬，即教以識字。比五歲，觀授以經書。稍暇，即與講論前代故事，詳悉指示，俾記憶勿忘，如是者殆十年。」〔註55〕爲大昕啓蒙之師。

15. 林上梓

永嘉人，係大昕童子試師，《年譜》乾隆五年庚申條云：「年十三歲夏，復應童子試，邑尊永嘉林公諱上梓，面試，大加獎賞，揭案名在第六。」〔註56〕

〔註51〕　《文集》卷五十，頁772。

〔註52〕　〈題文敏公書并序〉，《詩續集》卷五，頁71。

〔註53〕　〈題文敏公書〉，《詩續集》卷五，頁71。

〔註54〕　〈題座主文公仿元四家長卷〉，《詩續集》卷五，頁71。

〔註55〕　《文集》卷五十，頁762。

〔註56〕　《錢辛楣先生年譜》庚申條，頁3。

大昕父攜大昕謁謝，林公告以：「令子遠大之器，不必欲其速售也。」〔註57〕

貳、學　侶

（一）求學時期

1. 翁　照

翁氏字朗夫，號霅堂，江蘇江陰人，卒年七十九（1677～1755）。〔註58〕

大昕和翁氏訂交于乾隆十五年。《年譜》云：「江寧翁朗夫到吳門，特來訂交」。〔註59〕

其後又同在幕府，意甚相得。大昕有詩贈朗夫，述二人相從論交問字。

> 緯蕭抱犢白家風，薦牘頻看達紫宮。東國人倫歸郭泰，西京儒術數中公。江湖載酒風流在，耆舊論交意氣桐。擬向君山來問字，相從踏徧碧玲瓏。〔註60〕

並爲霅堂作〈卅三山草堂圖歌〉：

> 前峰後峰石巉岏，千重萬重雲往還。秋林滿眼楓葉丹，草堂突兀當其閒。主人乃是湖海客，著作終年樂泉石。方瞳皓首冰雪顏，恐是列僊天上謫。暨陽城邊嵐氣濃，五畝之宅一畝宮。說經勝匡鼎，鑿穴師臺佟。三詔六聘笑不應，芒鞵竹杖踏徧三十三青峰。煙蒼蒼兮乍合，水澹澹兮生漪。喬松蔽天以磊砢，野卉裛露以華滋。遙岑出汶望不極，惟見長江東下，奔赴大海一氣磅礴無端倪，使人目眩色動而嗟咨。蓬萊在何所，五嶽不可期。四壁臥游太癡絕，撫琴動操徒爾爲。何如草堂卜築好，日餐蛾綠可娛老，窗前皓月來如期。階下蒼苔間不掃，青山便是耐久朋。息壤盟言悔不早，我披草堂圖，爲君試作草堂歌，安得誅茅開徑來傍山之阿，從君草堂晨夕時相過。〔註61〕

並有〈題翁霅堂秋林覓句圖〉：

> 四序天平分，最好惟三秋，秋高氣迥望不極，滿林清籟鳴颼颼，遙岑明滅碧無數，楓柏經霜點紅樹，仿彿江南黃葉時，煙邨漁舍斜陽

〔註57〕 同上。
〔註58〕 《人物綜表》、沈德潛撰〈翁照傳〉。
〔註59〕 《錢辛楣先生年譜》，頁7。
〔註60〕 〈贈翁朗夫徵君〉，《詩集》卷二，頁26。
〔註61〕 《詩集》卷二，頁29。

暮，中有詩翁矓而清，扶藜散步探雲局，山空人靜參真悟，無心得
句如天成，劃然蘇門鸞鳳嘯，千巖萬壑音泠泠，君不見柴桑陶徵士，
采菊東籬插縏蕊，地偏心遠日夕佳，吟向南山蒼翠裏……憶昨相逢
吳會間，問奇載酒每忘還。疏鐘夜訪楓橋寺，蠟屐朝看林屋山。甘
羅城邊同作客，話雨西窗樂晨夕……。〔註62〕

「憶昨相逢吳會間，問奇載酒每忘還」，「話雨西窗樂晨夕」，皆可見二人之交
情矣。

2. 沈　彤

沈氏字冠雲，號果堂，吳江人，著有《周官祿田考》三卷、《儀禮小疏》
一卷、《果堂集》十二卷，卒年六十五（1688～1752）。〔註63〕

大昕和沈氏為忘年交，《年譜》乾隆己巳年條：

吳中老宿李客山，沈冠县……亦引為忘年友。〔註64〕

沈氏湛深經術，取周官祿田儀禮冠昏等禮疏之，凡所發正，咸有義據，大昕
疏証三禮，當受其影響。

3. 錢　載

錢氏字坤一，號籜石，又號瓠尊，晚號萬松居士，浙江秀水人，壬申成
進士，由編修累官禮部左侍郎，有《籜石齋詩文集》，卒年八十六（1708～
1793）。〔註65〕

其為學漁獵百家，尤工詩，晚罷歸，鬻畫以自給，大昕和籜石情似兄弟，
於輓籜石詩云：「憶昔瀛洲步，追隨老弟兄，得書常互借，置酒則同傾。」
〔註66〕同飲分韻賦詩，文酒之樂，於詩集中可見：

三百有六旬，赴壑蛇行疾。吾儕耽文酒，為樂時勿失。

朝聞折簡招，快若癢去蝨。隆冬相暖熱，作會慕真率。

後至不我拒，密座可促膝。酒行蕉葉三，客偕竹林七。

捫腹方便便，舉觴尚逸逸。主人顧妩客，言啓畫禪室。

橫斜萬玉圖，煮石山農筆。一一皆生動，疑有暗香出。

〔註62〕《詩集》卷三，頁33～34。
〔註63〕《學案》卷六十一、《人物綜表》、惠棟撰〈墓誌〉。
〔註64〕《錢辛楣先生年譜》，頁6。
〔註65〕《碑傳集》卷卅六、《學案》卷四十六。
〔註66〕〈籜石侍郎輓詩〉，《詩集》卷七，頁99。

－31－

華光與補之，誰能漫甲乙。勿憶香雪海，玉梅萬株密。

此時踏雪尋，清逸與無匹。見彈思炙鴞，欲語失笑哑。

近游天所許，懷歸我已必。銷寒判今宵，友梅願異日。〔註67〕

小庭才半畝，點綴頗不俗。春華詎非佳，獨愛秋英菊。

黃白閒緋紫，淺深各有族。不用瓦作盆，不用架縛竹。

所貴全其天，自然無拘束。主人供寫生，不寫形寫神。

淋漓潑墨汁，下筆清而淳。百四十餘朵，朵朵皆鮮新。

裝堂風牡丹，凡品何足珍。真花元入畫，畫花直偪真。

相清圖主客，洗盡京洛塵。幾日不相見，坐失此良會。

卷後許題詩，附庸收自鄶。迫冬花事歇，掩關且塞兌。

日首畫圖看，已勝雅集再。〔註68〕

籜石亦有詩集新刻見貽大昕，大昕並次集中寄懷之韻以報之：

誰能八座更抽簪，況有鄉園近墨林。沈率郊居初願遂，

杜公詩律晚年深。谿山眼底皆殊相，花艸豪端見素心。

清望高丈兼第一，許量合向古人尋。〔註69〕

讚譽籜石詩才，自媿忝為末座。

如公斯稱文章伯，媿我曾陪著作林，蠹食青編身恨弱，

鯨游碧海力方深，廿年以長常低首，千載相期可證心，

記否宣南坊裏住，雞棲車小數追尋。〔註70〕

九秩地行僊，揮毫妙自然，竹含太古節，花悟見前緣，

運腕青松勁，銘心白石傳，區區工設色，冷笑老黃筌。〔註71〕

籜石逝，大昕有詩輓之，而檢點篋中長短札，尤更傷情，大昕輓詩二首云：

一道還鄉水，清兮鑒白髭，童知迂叟字，客誦醉翁詩，

慘澹文星墜，連蜷古木萎，虎闈曾侍直，惘悵失人師。

憶昔瀛洲步，追隨老弟兄，得書常互借，置酒輒同傾，

〔註67〕〈冬至後六日，錢籜石少詹招同查儉堂太守紀心齋侍御、程魚門舍人、畢秋颿侍講，曹竹虛編修小飲分韻得日字〉，《詩集》卷八，頁130。

〔註68〕〈籜石宮庶庭前叢菊盛開招諸公同飲賦詩竝作墨菊長卷出以見示并屬題〉，《詩集》卷七，頁110。

〔註69〕〈籜石侍郎以新刻詩集見貽，即次集中寄懷之韻報之〉，《詩續集》卷五，頁73。

〔註70〕同上。

〔註71〕〈題籜石宗伯仿沈石田花卉冊〉，《詩續集》卷六，頁88。

一別分榮悴，千秋隔死生，篋中常短札，檢點獨傷情。〔註72〕

4. 楊履基

楊氏初名開基，字履德，後更名履基而仍其字，鐵齋其自號也。先世居平湖，後徙婁縣之張堰。雍正初，析婁之南境為金山縣，今為金山人，著有《鐵齋偶筆》、《律呂指掌圖》、《觀理編》等，卒年六十三。（1713〜1775）〔註73〕

大昕交游甚廣，除治古學者外，尚有專治朱子學之學者，〈楊君墓誌銘〉云：

> 以予所見，名實允副者，其惟吾友楊君鐵齋乎。蓋自平湖陸清獻公講學東南，恪守考亭，不為它說所搖動，論者推為本朝儒宗第一。君私淑清獻，尊而信之，又嘗從陸聚緱編修遊，與上下其議論，故博涉群書，得其要領。〔註74〕

楊鐵齋尊信朱子，大昕一生對朱子亦極為推服，故於〈楊君墓誌銘〉稱楊氏「得其要領」。

5. 褚寅亮

褚氏字搢升，一字宗鄭，號鶴侶，江蘇長州人，官至刑部員外郎，著有《儀禮管見》、《公羊傳釋例》十卷、《周禮公羊異義》、《句服三角術圖解》、《句股廣問》、《周易一得》、《十三經筆記》、《諸史筆記》、《諸子筆記》、《名家文集筆記》、《宗鄭山房詩文集》、《雜記》等，卒年七十六（1715〜1790）。〔註75〕

《年譜》乾隆十四年，大昕肄業紫陽書院，與鶴侶同舍，以古學相策勵，十七年入都，又與鶴侶同寓，移寓詩云：

> 褚生季野吾執友（其自注：褚鶴侶舍人與予同寓）論文說賦相磨礪，
> 同心竝命蟹負蠯，容膝共此一畝宮……〔註76〕

十八年在中書任，暇，與之講習算術，二人乃論學益友，切磋琢磨，增益綦多，大昕序其《儀禮管見》云：

> 鶴侶沒後，仲子鳴喍，始出其儀禮管見稿本，將付諸梓，而屬予序之。披讀再四，乃知鶴侶用心之細密……。斅書今雖未大行，

〔註72〕 〈撣石侍郎軑詩〉，《詩續集》卷七，頁99。
〔註73〕 《清史列傳》卷六十七、《國朝耆獻類徵》卷四一一、錢大昕〈楊君墓誌銘〉。
〔註74〕 《文集》卷四十六，頁713。
〔註75〕 《碑傳集》卷六十、《清史稿》卷四八一、《學案》卷八四、《國朝先正事略》卷三六、《清史列傳》卷六、《人物綜表》。
〔註76〕 〈移寓〉，《詩集》卷三，頁39。

然實事求是之儒少，而喜新趨便之士多，不亟辭而闢之，恐有視鄭學爲可取而代者，而成周制作之精意，益以茫昧，則是編洵中流之砥柱矣夫。〔註77〕

二人除論學外，行則同遊，止則連蓆，翦燭共話。大昕有詩記之云：

行廚眞訝咄嗟忙，翦燭西窗話不忘。但願同心常聚首，何妨異縣更他鄉。吟堪度日頻敲鉢，熱不因人自造湯。門外飛沙寒刮面，欲從質庫檢衣囊。〔註78〕

乾隆十五年庚戌卒，大昕有詩哭之：

六經家法溯東京，鄉壁紛紛笑俗生。禮有專師宗北海，傳尋九旨演任城。品高便覺官常冷，學邃多應老更成。屈指中吳耆舊少，靈光何意又先傾。

給札當時到鳳池，青綾襆被數追隨。僦居恰佔東西屋，布算同拈黑白棊。幾輩升沈萍各散，卅年邂逅鬢成絲。只期二老長來往，忍聽寒風楚些詞。〔註79〕

期盼老來長相往，惜鶴侶已先往矣。

6. 王鳴盛

王氏字鳳喈，一字禮堂，號西莊，晚更號西沚，江蘇嘉定人，乾隆十九年（1754），一甲二名進士，官至官祿寺卿，著有《尚書後案》、《十七史商榷》一百卷、《蛾術編》一百卷、《西沚詩文集》等，卒年七十六（1722～1797）。〔註80〕

乾隆七年，大昕與禮堂定交，辛楣《年譜》乾隆七年壬戌條云：

其夏，復應童子試，受知於學使內閣學士劉公諱藻……公嘗語人曰，吾視學一載，所得惟王生鳴盛，錢生大昕兩人耳。

是時始與禮堂定交。

乾隆十四年己巳，巡撫宗室雅爾哈善，課所屬州縣諸生，能文者取入紫陽書院肄業，時王次山爲院長，大昕與禮堂皆在同舍，以經術詩古文互相砥礪。乾隆十五年庚午，沈文慤公德潛以禮部侍郎致仕。大昕、禮堂皆游其門

〔註77〕 〈儀禮管見序〉，《文集》卷廿四，頁346～347。
〔註78〕 〈二十二日吳杉亭舍人招同褚鶴侶刑部、蔣漁邨編脩、陳寶所給諫小飲疊前韻〉，《詩集》卷十，頁159。
〔註79〕 〈哭褚宗鄭同年〉，《詩續集》卷六，頁81。
〔註80〕 《學案》卷七十七、《漢學師承記》記之三、《清史稿》卷四八一、《人物綜表》。

相唱和，與吳企晉、曹仁虎、趙文哲、黃文蓮、王昶爲吳中七子詩選，沈德潛錄刊之。

二人自壬戌年定交，達六十二年之久，其情其景由下二詩以見，〈席上贈王鳳岡顧培穎兼懷王鳳喈在都下詩〉：

> 相逢意氣重相期，剪燭更闌話雨時。檣酒三餅傾宿醞，旗亭七字睹新詩。清譚只許王平子，癡絕終輸顧愷之。更憶薊門風雪裏，騎驢應起故園思。〔註81〕
>
> 殘氈斷帙舊柴車，畫裏邨夫子不如。僂指桑根幾度宿，五年光景七移居。
>
> 積潦晴餘聚白沙，新蒲雨後迸清芽。荊高酒伴如相訪，白紙坊南第一家。
>
> 刻燭論心水乳投，廿年親串意綢繆。前身兄弟機雲似，仍佔東西屋兩頭。
>
> 圍爐鐙火夜團圞，丈室居然夏屋寬。爨婢奚奴無彼此，兩家原當一家看。
>
> 圍焦小小類吳艖，茶竈藤牀蠟屐雙。先算安排筆硯地，棗花陰裏讀書窗。〔註82〕

而王爾達爲大昕之岳父，故二人除同學之誼，更有親戚之實，大昕撰〈西沚先生墓志銘〉可見，大昕云：

> 予與西沚總角交，予妻又其女弟，幼同學、長同官……（鳴盛），性儉素，無玩好之儲，無聲色之奉。宴坐一室，左右圖書，咿唔如寒士……撰十七史商榷百卷，主於校勘本文，補正譌脫，審事迹之虛實，辨紀傳之異同，於輿地職官，典章名物，每致詳焉。……又撰蛾術篇百卷……〔註83〕

故西沚於嘉慶二年下世，大昕以詩輓之云：

> 海內知心有幾人，垂髫直到白頭新。經傳馬鄭專門古，文溯歐曾客氣馴。勇退較予先十載，立言垂世已千鈞。蛇年難輓名賢厄，腸斷新春只兩旬。

〔註81〕　〈席上贈王鳳岡顧培穎兼懷王鳳喈在都下〉，《詩集》卷一，頁10。

〔註82〕　〈移寓珠曹街與禮堂夜話〉，《詩集》卷四，頁50。

〔註83〕　〈西沚先生墓志銘〉，《文集》卷四十八，頁733～734。

館閣才名第一流，再遷已到鳳麟洲。未登人爵公孤列，自愛儒林姓
氏留。文社廉夫許甲乙，史編孫盛續陽秋。孝先溫飽知非願，卅載
煙波汗漫游。

四座高譚瞻太篆，東方玩世住人間。蚤年說佛希摩詰，晚歲譚詩重
義山。天借金篦完老眼，人誇玉骨尚童顏。誰知蛾術編鈔畢，不得
深宵手自刪。

肩隨游釣夙齊名，秦贅相依倍有情。已慟人琴亡子敬，何堪桑海失
方平。潘楊密戚無同輩，嵇阮偕游付隔生。重到艸元亭上住，懸河
那制淚珠傾。〔註84〕

肩隨游釣，煙波漫游，此情此景已不復再，五年後大昕重游泮宮，追懷西沚
亦賦詩。〔註85〕足見二人之情深。

惟王氏《十七史商榷》與大昕《廿二史考異》，性質頗相似，然大昕《考異》，
曾引諸家之說，而竟隻字不及鳴盛，而王氏《商榷》亦罕有提及大昕，故羅炳
綿先生疑其論學頗有牴牾，大昕於〈西沚先生墓誌銘〉字裏行間，似有此意：

西莊之名滿海內，頃歲忽更號西沚，予愕焉諷使易之。不肯，私謂
兒輩曰：沚者，止也，汝舅其不久乎！〔註86〕

以余觀之，乃晚歲方有此語也。

7. 王　昶

王氏字德甫，號述庵，一字蘭泉，又字琴德，江蘇青浦人，乾隆十九年
（1754）進士，官至刑部右侍郎，著有《金石萃編》、《春融堂詩文集》、《青
浦詩傳》、《湖海詩傳》、《湖海文傳》、《明詞綜》等書，卒年八十三（1725～
1806）。〔註87〕

大昕年十七便與王氏定交，《年譜》乾隆九年甲子年十七歲條：「是秋鄉
試，始與王蘭泉定交」。〔註88〕二人交情深厚，〈王公神道碑〉云：

大昕弱冠，即從當代賢士大夫游，竊取其緒論，得粗知古人立言之

〔註84〕 〈西沚光祿輓詩〉，《詩續集》卷八，頁107。
〔註85〕 〈四月廿有六日，重游泮宮賦贈新先輩因追懷西莊光祿〉，《詩續集》卷十，
　　　　頁135。
〔註86〕 〈西沚先生墓誌銘〉，《文集》卷四十八，頁733。
〔註87〕 《碑傳集》卷三七〈神道碑〉、《學案》卷八一、《漢學師承記》記之四、〈王
　　　　西莊先生年譜〉、《研經室二集》卷三、《人物綜表》。
〔註88〕 《錢辛楣先生年譜》，頁5。

旨，其交最久而莫逆於心者，則今大理寺卿王公昶也。所居相距不百里……。公卒於乾隆九年八月廿二日。〔註89〕

為大昕交往最久，而莫逆於心者，大昕於〈述庵先生七十壽序〉云：

大昕從公游最久，始同學，繼同舉進士，又同官於朝，嗜好亦略相同，重名義而輕勢利……家無長物……家居劼立祠宇，儲書籍，延師以課族人……。〔註90〕

二人始同學，繼又同舉進士，而同官於朝，歸田後所居又相距不百里，興至輒扁舟互訪，宴飲賦詩：

石湖乍報范公歸，容得谿翁畫款扉。菊為秋深香更厚，蟹當霜後味偏肥。文章真到歐曾壘，經術還傳鄭服衣。一榻高齋留小住，翦鐙話雨重依依。

滄江共載米家船，咫尺東佘一宿緣。萸汊椒園粗結構，樛鞍竹杖小留連。銀鈎猶牓尚書字，祕笈誰探處士編。頗喜參寥偕入座，聞香且證木犀禪。

客來不速恰三人，天馬峰前共泛觴。杜老酒徒招旭白，蘇門文字得黃陳。山如秋意含沖澹，詩有天機到朴淳。重過山舟舊池館，雪鴻指爪話前因。

行窩隨處足裝回，鳥語鈴聲次第催。丈室靜繙經貝葉，羽庭留酌酒螺杯。誰能榮世兼名世，公是儒才又佛才。涑水縱題園獨樂，不妨真率故人陪。〔註91〕

翦燈夜話，詩酒助興，對述庵之論作，詩才，極為讚譽。於述庵八十疊虎邱和韻中更謂：

此叟非常叟，忘年得大年……人識曲江風，事業雲霄上，詞章漢魏年，行藏真不愧，福慧兩堪傳。〔註92〕

此外，更有疊韻和詩，道出知音獨王昶，嗜好亦同貫，大昕云：

少小好讀書，未有袁豹半。中年精銷亡，炳燭吁可嘆。
狗馬子弟習，珠玉兒女玩。樂極恐生悲，聚多終或散。

〔註89〕〈王公神道碑〉，《文集》卷四一，頁645。
〔註90〕〈述庵先生七十壽序〉，《文集》卷二三，頁336。
〔註91〕〈秋晚訪述庵司寇三柳漁莊……歸途得詩四首〉，《詩續集》卷六，頁91～92。
〔註92〕〈述庵侍郎八十仍疊虎邱唱和韻〉，《詩續集》卷十，頁140。

元牝以為門，法喜可作伴。自從悟如如，何暇伐旦旦。

惟餘文字癖，欲療醫無案。語辨宋魯訛，文證豕亥亂。

吟詩鼻長擁，撰易手先盥。鄉人憎怪迂，古調嗤嘽緩。

賞音獨吾子，嗜好同一貫。深入賈君勇，助登激予懦。

如何久別離，夜雪誰送炭。當年劇譚地，蒲褐閴空館。

菁開必終合，井冷行復暖。懷哉曷月歸，願言見此粲。〔註93〕

王昶亦喜藏書，藏書二萬卷，金石文字一千通，大昕年十七，即與王氏定交，借閱自是常事。大昕曾見黃堯圃所藏宋小字本《說文解字》，聞王氏亦藏宋本《說文》，遂借取以校勘。〔註94〕王昶於大昕學術之影響，自亦可見。

8. 趙文哲

趙氏，號璞庵，上海人。壬午舉人，以主事死金川難，贈光祿寺少卿，入祀昭忠祠，卒年四十九（1725～1773）。〔註95〕

大昕和趙氏相交于乾隆十五年，《年譜》乾隆十五年庚午條：「時松江士子亦赴崑山科試，因得與黃芳亭、趙損之，……諸君交。」後又同肄業紫陽書院，吟咏唱和，時院長沈歸愚先生，刊錄成七子詩選。〔註96〕二人皆長於詩才，互有唱和，文哲自永昌寄詩大昕，大昕用東坡除夕倡和韻次韻答之。〔註97〕

乾隆三十八年，璞庵以主事死金川難，大昕有哭損之二首：

連營侵曉里雲積，才子英靈地下埋。直欲裹尸輕馬革，竟教氂婦泣孤駝。玉將抵鵲驚先碎，蘭為當門便易摧。可惜文章真滿腹，不曾四庫校書來。

別後風流想像閒，有兒萬里省親還。橐中詩薰千篇得，鏡裏顛毛幾處斑。彈指淒涼成浩劫，招魂慘澹隔重關。空餘老友懸河淚，灑到天西木果山。〔註98〕

惜其文章滿腹，卻遺英靈地下埋，而令老友淚流懸河，情深意摯以見。

9. 吳省欽

〔註93〕〈疊前韵前寄王琴德〉，《詩續集》卷一，頁3。

〔註94〕《竹汀日記鈔》（以下簡稱《日記鈔》）卷一，頁10。

〔註95〕《國朝先正事略》卷四十二、吳省欽〈趙公神道碑〉、《人物綜表》。

〔註96〕《錢辛楣先生年譜》，頁9。

〔註97〕〈趙璞庵自永昌寄詩，用東坡除夕倡和韻次韻答之〉，《詩續集》卷一，頁3。

〔註98〕〈哭趙損之二首〉，《詩續集》卷一，頁8。

　　吳氏字充之，號白華，江蘇南匯人。乾隆進士，曾官左都御史，四川學政，著有《白華初稿》等書，卒年七五（1729～1803）〔註99〕

　　乾隆十五年庚午，赴昆山科試，因得交于白華。白華工詩文，復好古，和大昕有詩相酬酢，《詩集》卷十有〈臘八日同曹習庵編修、吳白華侍讀，陸耳山宗人集趙實君齋消寒即席口占索和詩〉，《詩續集》卷四有〈送周卉含游武昌兼訊吳白華學使〉。

10. 曹仁虎

　　曹氏字來應（殷）號習庵，江蘇嘉定人，本姓杭氏，其上世有幼孤，依母居外家者，因以曹爲氏。官至侍講學士，著有《轉注古義考》一卷、《廿四氣七十二候考》、《蓉鏡堂文橐》、《宛委山房詩集》，卒年五十七（1731～1787）。〔註100〕

　　仁虎與大昕同里總角交，同入泮，同受業於檀漵公，大昕長仁虎三歲，相視若昆弟，《年譜》七年壬戌條云：

> 是歲負笈入城，從曹丹五先生學，同筆硯者陸昌雅，李斗祥、韓萬原、徐毓洲諸君及先生之子習庵也。〔註101〕

又《清史列傳》卷七十二：

> 曹仁虎年十六，補諸生，學使崔紀目爲異才，與同里王鳴盛、錢大昕爲友。

已而同客吳門，先後以召試通籍，又同在詞館應制詩文，互相商榷，大昕〈曹君墓誌銘〉云：

> 中丞覺羅雅公樗亭，選高才入紫陽書院肄業，州縣以君名應，時青浦王君昶，與予亦同入院，三人者，食則同爨，夜輒聯牀，而長洲吳君泰來，上海趙君文哲，及王君鳴盛，數過從，相與鏃礪爲古學。
> 〔註102〕

遊覽宴集，出入必偕，達四十年，有詩記遊，《詩集》卷二：「同王琴德，曹來殷，沙斗初，張崑南，泛舟游靈巖山寺。」《詩集》卷五：「中秋五日同錢坤一侍講、王琴德舍人、曹來殷、蔣漁邨二庶常過大慈延福宮」、「九日同習庵舍人、

〔註99〕《白華年譜》、《人物綜表》、《南溪縣志》卷三。
〔註100〕《學案》卷七七，西莊學案、《清史列傳》卷七二、《人物綜表》。
〔註101〕《錢辛楣先生年譜》，頁4。
〔註102〕《文集》卷四三，頁681～682。

叔華上舍、晦之弟游城南登陶然亭二首。」《詩集》卷八：「人日同王琴德，朱竹君、曹來殷、畢湘蘅、陸健男，登法源寺後閣，晚飲琴德寓齋，用東坡廣陵會三同舍故事，各以字爲韻，予得曉字。」《詩集》卷十：「臘八月，同曹習庵編修，吳白華侍讀，陸耳山宗人，集趙實君齋消寒小飲，即席口占索和」、「正月十九日同曹習庵編修、張繡堂、趙實君兩上舍游白雲觀次習庵韻」。「幽賞心忘疲」，「弭棹入山中，相於陟崇巘」，「徘徊遂忘返」、「結侶同乘下澤車」，皆記遊之實。

習庵詩宗三唐，而神明變化，一洗粗率佻巧之陋，格律醇雅，醞釀深厚，卓然爲一時宗，大昕稱其詩才：

> 傳依縛律柱多忙，挂角羚羊迹要忘。誰似公才誇八斗，眞看詩老出吾鄉。蒸砂千劫終非飯，薄酒三鍾卻勝湯。攻短自來須苦口，刀圭爲我啓行囊。〔註103〕

乾隆三十四年己丑，大昕再入都，寓官菜園上街，時習庵寓甘井衕衕，二人相交已屆三十載，大昕有詩柬習庵，述其景：

> 款門剝啄不辭忙，坐久譚深主客忘。甘井汲泉宜勿幕，官園種菜只如鄉。校書君正然藜火，病齒吾方呷藥湯。卅載光陰敲石過，兒時記賭紫羅囊。〔註104〕

除記遊詩以見二人之情篤，由懷曹來殷一詩更見二人相知，流露楮墨：

> 忽忽三秋暮，蒹葭況復殘，涼颷一以至，落葉洞庭寒。我友今多病，相思獨依闌。因風寄消息，中夜起盤桓。綠苔凝芳榭，子建獨煩憂。今夜西窗月，懷人定倚樓。天寒租賦急，歲歉稻粱愁。辛苦江鄉夢，郵籤肯寄否。〔註105〕

於乾隆五十二年，視粵半載，奉太夫人諱竟以毀卒，大昕痛云：

> 習菴亦視學於粵，臨行貽書告予，謂任滿日，當乞養南歸，相從尋山水之盟，乃到任僅半載，奉大夫之諱，馴至不起，嗚呼！當代失一大手筆，聞者無不盡傷，況交親至厚如予者乎。〔註106〕

11. 王鳴韶

〔註103〕〈柬習庵〉，《詩集》卷十，頁158。
〔註104〕同上。
〔註105〕〈懷曹來殷〉，《詩集》卷二，頁27。
〔註106〕〈曹君墓誌銘〉，《文集》卷四三，頁681。

　　王氏初名廷諤，字虁律，號鶴谿，諸生，嘉定人，西莊弟，從西莊學，著有《春秋三傳》考、《十三經異義考》、《禮傳堂文集》……等，卒年，五十七（1732～1788）。〔註107〕

　　大昕家貧，入贅王家，鳴韶待之善，〈鶴谿子墓誌銘〉云：

　　　　及予作就壻，晨夕與偕。歲時，中外姻婭聚會諧謔，予或少屈，鶴
　　　　谿子（王鳴韶）必助予搘拄之。〔註108〕

每於善本有所得，輒就教大昕；

　　　　鶴谿子少予四歲……性落拓，澹于榮利，而好爲詩古文，兼工書
　　　　畫……嘗得錢叔寶紀行圖殘本，乃弇山園故物……生平喜鈔書，所
　　　　收多善本，每有新得，恆就予評泊。尤喜元明人書畫，眞贋入手立
　　　　辨。家貧不能多蓄，有心賞者，解衣付質庫易之弗惜也。於邑中文
　　　　獻，留心搜訪，寺觀橋梁，殘碑隻字，躬自摹搨，考證異同，以補
　　　　志乘之闕。〔註109〕

又〈跋薛尚功鐘鼎彝器款識〉云：

　　　　此本乃明人就墨跡影鈔者，故行款字體俱不失眞，舊藏虞山錢氏，
　　　　後歸吾邑周梁客，今爲王鶴谿得之……鶴谿謂予盍書之，以詒後來
　　　　者，予曰諾。〔註110〕

二人互通善本，考證異同，其相互影響深矣。除問學、互通善本外，更相偕遨游，賦詩：

　　　　重陽之教起關右，一花七葉了無垢。神僊宗伯出善門，
　　　　戊辰正月日十九。全眞心欲長交梨，遺世肘仍化枯柳。
　　　　干鐙焰向崑崳傳，一滴源從甘井瀏。馬譚劉郝漫齊名，
　　　　泰華居然俯陵阜。兩朝徵召笑不應，卻著芒鞵雪山走。
　　　　老翁八十更何求，曷不杜門丹竈守。至人有道先濟物，
　　　　忍令芸生死速朽。萊芝黃綺解避秦，區區獨善詎高手。
　　　　僊家那有不死方，五利文成非吾偶。阿誰辨僞妄訾謷，
　　　　多事山僧想顏厚。即今都人傳譙邱，了識長春道長久。

〔註107〕　《學案》卷七七，〈西莊學案〉、〈人物綜表〉。
〔註108〕　〈鶴谿子墓誌銘〉，《文集》卷四十八，頁735。
〔註109〕　〈鶴谿子墓誌銘〉，《文集》卷四十八頁735～736。
〔註110〕　〈跋薛尚功鐘鼎彝器款識〉，《文集》卷卅，頁468。

招邀朋舊出城西，後車不載偏提酒。令威千歲幾曾歸，

不朽之名乃眞壽。白雲去住自無心，能解世人煩惱否。〔註111〕

並以和詩，音書互通，大昕〈次韻鶴谿見寄〉云：

別多作惡輒經旬，羨爾吟詩筆有神。徑鑿蠶叢全避熟，

樣裁魚繝要生新。鈔書那惜霜豪禿，臨畫聊成雨點皴。

見說歸期眞不遠，南村只待素心人。〔註112〕

二人交情不下鳴盛。

12. 錢　塘

錢氏字學淵，一字禹美，號溉亭，江蘇嘉定人，坫之兄，大昕之族子，少大昕七歲，乾隆四十六年成進士，授江甯府教授，著有《律呂古義》、《淮南天文訓補註》、《易緯稽覽圖考正》、《春秋三傳釋疑》、《溉亭詩文集》、《默耕齋吟稿》，卒年五十六（1735～1790）。〔註113〕

溉亭幼受經於大昕父桂發，初工詩，繼乃與昕共學，又與大昕之弟大昭及坫相切磋，肆力於經史，爲實事求是之學。九經、小學、天文、地理，靡不綜覈。於律呂、推步之學，及算學古術，尤有神解，大昕亦有序溉亭《淮南天文訓補注》：

溉亭主人，嘿而湛思，有子雲之好，一物不知，有吉茂之恥。讀淮南天文訓，謂其中多三代遺術，今人講究其旨，乃証之群書，疏其大義，或意有不盡，則圖以顯之，洵足爲九師之功臣，而補許高之未備者也。〔註114〕

溉亭並常與大昕互證所得，〈溉亭別傳〉云：

溉亭少時執經於先君子，予長於溉亭七歲，相與共學。予入都以後，溉亭與其弟坫，及予弟大昭相切磋，爲實事求是之學，蘄至於古人而止。比予歸田，而溉亭學已大成，每相見，輒互證其所得。〔註115〕

《考異》卷三，〈校史記律書〉云：「予族子（錢）塘，以太玄、淮南天文訓証明史公之義……。」即採錢塘之說。惜其體素羸弱，未及中壽而逝，大昕

〔註111〕〈正月十九日，同曹習庵編修、繡堂、趙實君兩上舍游白雲觀，次習庵韻〉，《詩集》卷十，頁161。
〔註112〕〈次韻鶴谿見寄〉，《詩續集》卷三，頁28。
〔註113〕《人物綜表》、《學案》卷八十四、《樸學大師列傳》、大昕〈溉亭別傳〉。
〔註114〕〈淮南天文訓補注序〉，《文集》卷二十五，頁371。
〔註115〕〈溉亭別傳〉，《文集》卷卅九，頁628。

於〈溉亭別傳〉惋之云：

> 吾邑言好學者稱錢氏，而溉亭尤群從之白眉也，惜其未及中壽，而
> 撰述或不盡傳。〔註116〕

並有輓詩二首，以弔溉亭：

> 讀書種子汝塤篪，弱族何堪一个萎。拾芥科名虛到手，
> 寒氈仕宦未伸眉。三篇注補龍駒闕，六律元從鳳管推，
> 嘔盡心肝搜奧窔，千秋絕業欲傳誰。
> 頻年書報欲歸休，恆幹誰知不少留。寡婦忍聽王粲賦，
> 遺孤慎保叔敖邱。瓣香猶記先人授，某水都同曩日游。
> 後我成名先我死，阮生那禁淚交流。〔註117〕

13. 錢　坫

錢氏，字獻之，一字象秋，號十蘭，溉亭弟也。乾隆三十九年副榜貢生，官陝西、興平、武功等縣知縣，乾州、華州知州。著有《詩音表》一卷、《車制攷》一卷、《論語後錄》五卷、《爾雅釋地》四篇，注二卷、《十經文字通正書》十四卷、《說文解字斠詮》十五卷、《漢書地理志集釋》十六卷、《古器款識》四卷、《鏡銘集錄》二卷、《內則注》二卷、《史記補注》一百二十卷、《漢書十表注》十卷、《聖賢冢墓圖攷》十二卷、駢體文二卷，又《十六國地理志》若干卷未成。卒年六十六（1741～1806）〔註118〕

坫少穎敏，有過人之資，家貧，無力就外傅，則閉戶自力學，凡十三年。三禮、《左氏春秋》、《毛詩》、《史記》、《漢書》、許氏《說文》、杜氏《通典》，以及馬、鄭、孔、賈之言，皆能錯綜其義。既補諸生，益困乏不能自存，乃走依大昕京師。大昕以其通許書，乃命學篆，積三月無所成，至患痀，一夕忽起，濡墨寫篆書乾卦，如有神授，由是名大起。大昕曾與之共校《白虎通》、《廣雅》。大昕年譜乾隆三十六年條：「與族子坫校正《白虎通》、《廣雅》」。〔註119〕

14. 錢大昭

錢氏，字晦之，一字竹盧，又字宏嗣，大昕弟也，小大昕十六歲，國子

〔註116〕同上。
〔註117〕〈聞溉亭姪金陵之訃〉，《續詩集》卷五，頁74。
〔註118〕《人物綜表》、《清代樸學大師列傳》、《清史稿》卷四百八十一、《清代通史》卷中。
〔註119〕《錢辛楣年譜》，頁22。

生，著《詩古訓》十卷、《爾雅釋文補》三卷、《廣雅疏義》二十卷、《說文統釋》六十卷、《三國志辨疑》三卷、《漢書辨疑》二十二卷、《後漢書辨疑》十一卷、《續漢書辨疑》九卷等，卒年七十。（1744～1813）。〔註120〕

大昭好讀書，不汲汲於榮利，言讀書之所曰「可廬」，取隨寓自足義也。其學，浩博無涯涘，而思緒細密，精識洞達，大昕亟稱之。大昭舉孝廉方正，大昕有詩賀之：

> 予季東南美，賢良應大科。遠勞一封傳，勝取百囷禾。
>
> 稽古榮圭組，辭官戀薜蘿。爭誇黃叔度、天祿著書多。〔註121〕

大昭事兄如嚴師，大昕曾與之書，略言六經，皆以明道，未有不通訓詁而能知道者，欲窮六經之旨，必自爾雅始。大昭始治爾雅，著有《爾雅釋文補》。又擅於史，大昕《考異》，屢有引用其說。〔註122〕〈後漢書年表後序〉：

> 歙鮑君以文，得熊氏後漢書年表，手自校讎，將刻以行世，以予粗涉史學，屬讎校焉。予弟晦之，尤熟於范史，因與參考商略，正其傳寫之訛脫者，兩閱月而畢事。〔註123〕

〈三國志辨疑序〉中極稱大昭於史用力精勤：

> 予性喜史學，馬班而外，即推此書，《三國志辨疑》，予弟晦之，孜孜好古，實事求是，所得殊多於予，其用力精勤，雖近儒何屺瞻、陳少章，未能或之先也。鈔撮甫畢，屬予點次，喜而序之。〔註124〕

〈跋兩漢書辨疑〉更譽大昭研精史學，徵引博，考核精：

> 從父可廬先生研精史學，尤致力於兩漢，為辨疑四十餘卷，自周秦以迄唐宋遺書之存於今者，無不綜覽，其徵引既博，又深於六書經訓之學，熟於金石刻劃之文，故考核尤精密，異時傳讀史者之家，其功過於三劉天氏遠矣。〔註125〕

除研精於史，亦長彝銘、書畫：

> 可廬過談，以上虞縣受水壺銘遺予，至正乙巳五月，江浙儒學副提

〔註120〕《碑傳集》卷四十九、《清史列傳》卷六十八、《國朝耆獻類徵》卷四百二十、《清代通史》五，《清史稿》卷四八七。
〔註121〕〈可廬舉孝廉方正志喜〉，《詩續集》卷九，頁127。
〔註122〕卷六至卷十四凡六見。
〔註123〕《文集》卷廿四，頁354。
〔註124〕〈三國志辨疑序〉，《文集》卷廿四，頁356。
〔註125〕《學案》卷八十四。

舉楊彝撰并書，後有同僉樞密院事張子元、樞密院副使張啓原、方永、知樞密院事方國珉諸人名。蓋方國珍據浙東日，嘗置江浙行樞密院，分治上虞新城，因鑄刻漏為晨昏之節，而楊彝為之銘也，楊字从手旁，蓋取漢書揚雄傳。〔註126〕

大昕有題晦之畫作詩二首，其一〈題晦之弟水流雲在圖〉：

　　小齋得自怡，日誦少陵詩。世味雞蟲外，天懷雲水期。

　　江亭聊可憩，飯顆莫相嗤。出岫非吾願，虛舟任所之。

　　性癖無它嗜，終年汲古勤。盈科從不竭，過眼自成文。

　　澹遠江南水，蒼茫渭右雲。盡收行橐裏，應許對床聞。〔註127〕

其二，〈題可廬對牀風雨圖〉：

　　門內堪師友，吾家一子由。聲名梁兩到，博洽宋三劉。

　　白髮驚相似，青鐙話舊遊。聯床風雨夜，莫忘卜山秋。〔註128〕

大昭汲古精勤，不汲汲於榮利，學博思密，於大昕題詩中可見。大昕與弟或論著述，或論為學外，二人亦同遊，有詩記之：

　　不到城南五載餘，軸簾真似蜀嚴居。登高偶趁重陽節，結侶同乘下澤車。淺水牛涔經雨後，遠峰螺黛勝春初。聽來吳語真多味，曾是當年共隊魚。

　　十笏閒亭曲徑旋，到來便覺避喧闐。三秋鄉夢囊萸後，一段詩情落木前。廢廠尚傳宣德樣，古幢細認壽昌年。卻輸扈從灤陽客，直上興安絕塞巔。〔註129〕

15. 顧詒祿

顧氏，字祿百，號花橋，又號璦堂，長洲人，貢生，著有《虎丘山志》、《寒讀偶編》、《次萬閣集》、《璦堂詩話》、《璦堂文述》。〔註130〕

詒祿以古文辭鳴於時，為沈德潛弟子。大昕於乾隆十年乙丑，年十八歲，授徒塢城顧氏，其家頗藏書。《年譜》十八歲條：

　　案頭有資治通鑑及不全廿一史，晨夕披覽。〔註131〕

〔註126〕《日記鈔》卷二，頁83～84。

〔註127〕《詩續集》卷九，頁123。

〔註128〕〈題可廬對牀風雨圖續〉，《詩續集》卷十，頁137。

〔註129〕〈九日同習庵舍人叔華上舍晦之弟游城南登陶然亭〉，《詩集》卷五，頁72。

〔註130〕《吳縣志》卷六十八，列傳六。

〔註131〕《錢辛楣先生年譜》，頁17。

《年譜》十九歲（乾隆十一年丙寅）條：

> 仍授徒顧氏。讀李延壽南北史，鈔撮故事爲南北史雋一冊。〔註132〕

塢城顧氏藏書予大昕印象深刻，尤其影響大昕日後所撰之《廿二史考異》及《通鑑注辨証》，乃無可置疑。

《詩集》有〈訪顧上舍邨居〉五律一首，記大昕曾授徒顧氏五年：：

> 五載曾爲客，重來訪舊游。麥青纔覆雉，沙淺不驚鷗。鮭菜參差市，
> 颿檣遠近舟。比鄰如可約，還往盡風流。〔註133〕

自此二人成忘年交：

> 年譜二十二歲條：「吳中老宿李客山，趙飲谷……顧祿百，（慶曾註：
> 顧上舍名詒祿）亦引爲忘年交」。〔註134〕

16. 吳泰來

吳氏，字企晉，號竹嶼，長洲人，乾隆進士，召試賜內閣中書，著有《淨名軒集》，年六十餘卒。〔註135〕

吳氏和大昕同在紫陽書院，院長沈歸愚在院刊錄《江左七子詩選》，吳竹嶼即七子之一，企晉家有遂初園，藏書數萬卷，寢饋其中，曾以家藏鈔本元聖政典章贈大昕，大昕有跋誌之：

> 大元聖政國朝典章，凡六十卷……予初至都門，聞一故家有此書，
> 往假讀之，秘不肯示。後十年，吾友長洲吳企晉，以家藏鈔本見贈，
> 紙墨精好，如獲百朋。〔註136〕

大昕詩集中或述和企晉相游息偕，或述相見愜懷：

> 羲輪不暫駐，夕景來陰崖。沿途越修岭，命駕登幽齋。
> 吾友早遺榮，相見愜我懷。盍簪樂情話，容与升堂階。
> 坎習激清籟，解作滋新荄。以兹邱園樂，況復聯朋儕。
> 迢迢月初上，千里無塵霾。清輝長不減，良覿宵愁乖。
> 素履貞旡咎，同心道長諧。願言崇令名，相於游息偕。〔註137〕

〈送吳企晉游黃山〉云：

〔註132〕同上，頁19。
〔註133〕《詩集》卷二，頁22。
〔註134〕《錢辛楣先生年譜》，頁19。
〔註135〕《蘇州府誌》、《國朝先正事略》卷四十二。
〔註136〕〈跋元聖政典章〉，《文集》卷二十八，頁440。
〔註137〕〈暮宿木瀆吳企晉園亭〉，《詩集》卷二，頁28。

　　黃山三十六，杳靄望難分。初日天都上，峰峰皆白雲。赤松學道處，
　　嘯傲列僊群。亦疑支筇去，鐘聲煙際聞。〔註138〕

而詩續集卷三：「淮北行帳，喜晤，王副都蘭泉，因懷吳舍人竹嶼，曹中允習
庵，并追感趙少卿損之，張舍人策時，用昌黎鄆城夜會聯句韻」一詩，述懷
念之殷，二人相知，流於楮墨。

（二）仕宦時期

1. 盧文弨

　　盧氏字紹弓，號磯漁，又號檠齋，晚更號弓父，人稱抱經先生，浙江餘
姚人，乾隆十七年一甲三名進士，官至翰林院侍讀學士，著有《鍾山札記》
四卷、《龍城札記》三卷、《儀禮注疏詳校》十七卷、《廣雅釋天已下注》二卷、
《抱經堂文集》三十四卷等，卒年七十九（1717～1795）。〔註139〕

　　盧氏博極群書，雖以年五四而歸養，然讀書不改其樂。茂堂述其好學曰：
公好校書，終身未嘗廢，在中書十年及上書房，於歸田後主講四方書院凡二
十餘年，雖耄耋孳孳無怠，早昧爽而起，繙閱點勘，朱墨竝作，凡間闥闠，
無置茗盌處，日且冥甫出戶，散步庭中，俄而籌燈如故，至夜半而後即安，
祁寒酷暑不稍閒，官俸脯脩所入，不治生產，僅以購書，……聞有善說必謹
錄之，一策之間，分別逐寫諸本之乖異，字細而必工，今抱經堂藏書數萬卷
皆是也。錢大昕〈盧氏群書拾補序〉亦云：

　　學士盧抱經先生精研經訓，博極群書……鉛槧未嘗一日去手，奉廩
　　脩脯之餘，悉以購書，遇有秘鈔精校之本，輒宛轉借錄，家藏圖籍
　　數萬卷，皆手自校勘，精審無誤。凡所校定，必參稽善本，證以他
　　書，即友朋後進之片言，亦擇善而從之。……〔註140〕

其善聚書，大昕〈抱經樓記〉記其或重價購書，或借鈔，大昕云：

　　自少博學嗜古，尤善聚書，遇有善本，不惜重價購之，聞朋舊得異書，
　　宛轉借鈔，晨夕讎校，搜羅三十年，得書數萬卷，爲樓以貯之，名之
　　曰抱經，蓋取昌黎贈玉川子詩語。樓成，屬予一言記之。〔註141〕

〔註138〕《詩集》卷二，頁30。
〔註139〕〈翰林院侍讀學士盧公墓誌銘〉，《經韻樓集》卷八、《學案》卷七十二、《人物
　　　　綜表》。
〔註140〕〈盧氏群書拾補序〉，《文集》卷廿，頁372。
〔註141〕〈抱經樓記〉，《文集》卷廿一，頁310。

又云：

> 曩予在京師，與君家紹弓學士游，學士性狷介，與俗多忤，而於予
> 獨有水乳之投，學士藏書萬餘卷，皆手校精善而以抱經自號。〔註142〕

精於校勘，而性狷介與俗多忤，惟與大昕水乳相投，時相過從，相互論學，並通假古籍：

> 盧學士紹弓，嘗寓書問瘞禮篇載徐孺子負笰笄，涉齋一盤酺，笰笄
> 二字何義，予答云：此必算字之譌，史記鄭當時傳，其餽遺人，不
> 過算器食。徐廣云：算，竹器也，算與匴同。說文「匴」，溲米籔也。
> 士冠禮：爵弁，皮弁，緇布冠各一匴。注：匴，竹器名，本算字，
> 誤分爲兩字，遂不可識矣。予又嘗采輯應氏逸文一冊，學士見而喜
> 之，爲刊入群書拾補中。頃歲讀馬總意林，僧元應一切經音義等書，
> 續有所得，惜學士已逝，不及增入矣。〔註143〕

《日記鈔》卷一云：

> 得抱經札，言魏未禪而書晉一條，殊有別解。〔註144〕

又云：

> 盧抱經以校定熊方後漢書年表樣本見示。聞鮑以文已刊入叢書矣，
> 其中如光祿勳鄧淵，廷尉宣璠少府田邠見殺事，在興平二年，而誤
> 列於元年。又脫去光祿勳士孫瑞，大長秋苗祀，皆不可不補正。

《抱經堂文集》卷十九，有〈與辛楣論熊方後漢年表書〉，〈答錢辛楣詹事書論金石文跋尾〉，二人書信往返論學時有所見。盧氏校勘古書，常請教大昕，大昕亦留意爲抱經校正譌字。

閱談階平讀論語一篇云：「釋文：屨空，力從反，似空有龍音。予檢詩釋文，屨盟，削屨，婁豐三條，皆音力住反，乃知力從爲力住之譌，陸氏爲屨音，非爲空音也。此條當寫以報盧學士。」〔註145〕

校勘認眞不苟之精神，可略見一斑。抱經長大昕十一歲，然常問學於大昕，並互有唱和之作。大昕有〈題盧紹弓編修檢書圖〉：

> 書齋十笏清且佳，丙丁甲乙牙籤排。主人謝客門不闚，

〔註142〕同上。
〔註143〕《養新錄》卷十四風俗通義條，頁732。
〔註144〕《日記鈔》卷一，頁13。
〔註145〕《日記鈔》卷一，頁17～18。

尚友直與先民偕。丹黃鉛槧不去手，盡掃風葉無纖霾。

自從二篆變隸楷，豕虎轉寫多參差。有宋以來雕板盛，

南閩西蜀逾江淮。咄哉俗生不自量，叫噪培井官私蛙。

金根銀鐺私竄易，坐使眞本嗟沈埋。以茲繆舛貽末學，

猶以鳥喙投積痎。日思誤書乃一適，子才所見何其乖。

先生博雅由天授，上窺姚姒追皇媧。百家七錄咸瀏覽，

夜分雒誦然麻稭。平生汲古得眞諦，屏除俗說刊淫哇。

觀書如月靡不燭，春然洞中窾會皆。刊誤眞笑李涪陋，

正俗切與顏籀儕。一甁借鈔倘見許，僦屋恰近春明街。〔註146〕

「丹黃鉛槧不去手」，「百家七錄咸瀏覽」，皆言其好學也。和盧紹弓寄重游泮宮詩，更以不負聖人門譽之：

五色雲開榜，三甎日暎階。官清貧亦樂，名重退逾佳。

長物青氈在，殘年縹帙排。然藜聞太乙，曾到讀書齋。

泮水搴芹日，低回六十年。歐陽眞學士，鴻一老神仙，

室記循牆入，鞭驚著手先。薇垣芸館彥，若箇敢差肩。

教衍河汾緒，文探洙泗源。素心爭柏勁，和氣得春溫。

不朽文章貴，常惺道德尊。白頭顧衾影，不負聖人門。〔註147〕

乾隆六十年十月二八日，抱經卒於常州龍城書院，大昕爲作輓詩云：

抱經古君子，貌古如其心。通籍五十年，依然雒生吟。

大廷陳時政，一鳴驚朝簪。虎闈詔勸學，日獻邪蒿葴。

永叔眞學士，子幹今儒林。歸田更無事，抗顏集青衿。

文探蒼雅始，理悟紅爐深。撼樹群兒謗，問字弟子尋。

藏書數萬卷，手校細酙斟。汗青竟可寫，落葉掃勿侵。

老矣生事窘，炊煙冷竈突。唯有觀書眼，了了分棘鍼。

忘年與我交，謂若苔同岑。公如老曹憲，我慚盲杜欽。

何期單閼歲，遽聞服鳥音。秣陵書未答，少微星倏沈。

公歸自脫屣，我淚徒沾襟。西望檥舟亭，浩劫感古今。〔註148〕

「忘年與我交，謂若苔同岑」，二人之交往，於此可見一、二。

〔註146〕〈題盧紹弓編修圖〉，《詩集》卷四，頁59。

〔註147〕〈盧紹弓前輩寄重游泮宮詩索和〉，《詩續集》卷六，頁91。

〔註148〕〈盧抱經學士輓詩〉，《詩續集》卷八，頁112。

2. 程晉芳

程氏初名廷鑽，字魚門，號蕺園，歙縣人，乾隆辛卯進士，官吏部主事員外郎翰林院編修，著有《周易知旨》、《尚書今文釋義》、《左傳翼疏》、《禮記集釋》、《勉行齋文集》、《蕺園詩》。卒年六十七（1718～1784）。〔註149〕

程氏家世殷富，購書五萬卷，好儒術，招致方聞綴學之士，朝夕探討，大昕曾假書魚門，〈跋能改齋漫錄〉云：「曩在都門，從程魚門舍人假觀此書，留寓齋數月，欲鈔其副，會有出都之役不果，十數年來寢食間未嘗忘也。」〔註150〕二人不僅假書、觀書、鈔書，亦有唱咏之作。大昕有次魚門疊仇池石韻詩：

> 嚼之以療飢，香冷入腸胃，可代索米勞，兼有買山費，
> 醒來竟何有，曰歸詎無謂，風流六十年，想但增愾，
> 文孫寶手澤，紙墨餘芳氣，鄉園宛在眼，止渴借自慰。〔註151〕

3. 汪廷璵

汪氏初名璿，字衡玉，號持齋，桐城張廷璐，易以今名且加廷字，欲引為昆弟行也，世為新安右族，四世祖始徙太倉，後析州為縣，始占籍鎮洋，曾官至工部左侍郎，卒年六十六。（1718～1783）〔註152〕

〈汪公墓誌銘〉云：「大昕初入館，公已為學士，公忘分引進之，嗣後講筵書幄，皆獲隨公步武，又同居西苑賜園有年」。〔註153〕大昕自訂《年譜》，乾隆三十八年癸巳條亦云：「奉旨入直上書房，授皇十二子書，寓澄懷賜園，與汪閣學持齋同宅。」〔註154〕廷璵平生持躬以謙，接物以誠，治家以儉，服官以勤。二人交誼不凡，大昕深受其影響。

乾隆五十年乙巳八月，大昕長男東壁娶婦汪氏，汪氏即廷璵季女，友上加親矣。

4. 曹學閔

〔註149〕《學案》卷八、《碑傳集》卷五十、袁枚〈程君魚門墓誌銘〉、《國朝先正事略》卷四十二。

〔註150〕《文集》卷三十，頁471。

〔註151〕〈兩峰將訪魚門為馬蹄傷右手，魚門疊仇池石韻嘲之，予亦繼作〉，《詩續集》卷一，頁6。

〔註152〕《人物綜表》、錢大昕〈汪公墓誌銘〉。

〔註153〕〈汪公墓誌銘〉，《文集》卷四二，頁661～662。

〔註154〕《錢辛楣先生年譜》，頁22。

　　曹氏字孝如，號慕堂，山西汾陽人，乾隆進士，官至翰林院檢討，著有
《紫雲山房詩文稿》，卒年六十九（1719～1787）。〔註155〕

　　曹氏與大昕同年進士（乾隆甲戌），長大昕七歲，二人相交，約於此時，
在都門與慕堂游西山，有詩記事：〔註156〕〈登陶然亭詩〉云：

　　　　瀟灑閒亭子，登臨便不同。人來春樹杪，山落酒杯中。

　　　　艸細纔抽甲，池枯不滿弓。江鄉當此日，桃杏已青紅。〔註157〕

又〈與曹慕堂光祿入城南僧舍小坐〉詩云：

　　　　何處消長夏，空亭遠眺宜。山光來不速，月影出如期。

　　　　白鳥飛成隊，青蟲網作絲。吾儕機事息，話久竟忘疲。〔註158〕

除游西山外，並游清涼寺。《年譜》乾隆卅年乙酉，四月，大昕與錢籜石、曹
學閔、積粹齋三先生赴涿州恭迎大駕，並遊清涼寺，其〈清涼寺題名〉云：

　　　　乾隆乙酉四月，予與錢籜石學士，曹慕堂、積粹齋兩侍御，赴涿州

　　　　恭迎大駕，還宿良鄉之豆店，薄暮入清涼寺。〔註159〕

題畫、和詩，於詩集中屢見。

　　　　列僊逃人閒，無爲得自在。云何爲物役，毋乃洩天綷。

　　　　前身筆墨緣，結習了不悔。促迫見能事，淋漓絢異采。

　　　　胸中出邱壑，意外藏傀儡。遙山翠列眉，繁花紅綻蕾。

　　　　武陵本人世，此景不我給。黃門偶得之，寶于珠百琲。

　　　　色相眞即幻，達人視齊等。畫廚慎藏弄，莫學狂顧愷。〔註160〕

慕堂六十大壽大昕寄詩壽之：

　　　　人生不如意，十常居八九。予齒奪之角，斯理本莊叟。

　　　　屈指素心交，得天公獨厚。學古性所耽，登第遇亦偶。

　　　　官不必金張，卿寺回翔久。家不必朱頓，留賓樽有酒。

　　　　名不必許郭，坦白信下走。學不必洛閩，檢身無大咎。

　　　　夫惟寡所營，是以易爲守。廉泉讓水閒，浮邱洪厓後。

〔註155〕錢大昕〈曹公子申道碑〉、《人物綜表》。

〔註156〕〈同曹慕堂給諫、竹君學士、陳伯思戶部、史文量孝廉、曹申之上舍爲西山
　　　　之游出郊宿二老莊和竹君韵〉，《詩集》卷十，頁163。

〔註157〕〈二月二十七日同慕堂給諫、竹君學士、伯思戶部登陶然亭〉，同上，頁162。

〔註158〕《詩續集》卷一，頁1。

〔註159〕《文集》卷十八，頁265。

〔註160〕《詩集》卷十，頁156。

持梁刺齒肥，鄙哉蔡澤壽。

憶登進士科，座主共歐九。推排廿載餘，各成黃面叟。

我懶人所憎，君獨與我厚。多生香火緣，相逢或非偶。

一別五春秋，樵斧爛應久。君今周甲子，朋輩想攜酒。

路阻聊寄詩，頓首牛馬走。讀書德日休，占易履无咎。

青山亭午游，黃庭中夜守。方朔詎非僊，蘇瓌況有後。

從此列百齒，五度詩以壽。〔註161〕

「我懶人所憎，君獨與我厚」、「路阻聊寄詩」，更可見二人之交情矣。

5. 江 聲

江氏字鱷濤，改字叔澐，號艮庭，元和人，乾隆壬午舉人，嘉慶元年舉孝廉方正，著有《論語質》三卷、《恒星說》一卷、《艮庭小慧》一卷，嘉慶四年卒，年七十有九（1721～1799）。〔註162〕

江氏博雅好古，長於三禮三傳，精研聲韻，備受時人推重，《學案》卷七十六，〈艮庭學案〉云：「其說轉注以五百四十部爲建類一首，以凡某之屬皆從某爲同意相受，實前人所未發，時王侍郎昶，錢少詹大昕及畢督部，雅重先生」，〔註163〕大昕常有信札與之論學，《日記鈔》卷一云：

> 與江叔澐札，論易漢學中譌舛數事。南史虞履占遇坤一節，援引不
> 全，且有衍文，木利在亥，水利在亥，當作刑。引晉書，加大餘誤
> 作如，求次卦誤作坎，中備誤作辨終備，六五譌作立五。〔註164〕

或亦究論古書刻本：

> 晤江叔澐見柯本史記、明嘉靖四年、金臺汪諒刻，莆田柯維熊校正。
>
> 〔註165〕

6. 戴 震

戴氏一字愼修，又字皋谿，東原亦其字也。安徽休寧人，生清雍正元年，卒乾隆四十二年（1723～1777），年五十五。先生受學江愼修，而其學則爲皖派之盟主，影響於清代學術至鉅，所著有《聲韻考》、《聲類表》、《六書論》、《轉

〔註161〕〈慕堂同年六十寄詩壽之即用其自壽韵〉，《詩續集》卷三，頁37。
〔註162〕《學案》卷七十六、《漢學師承記》記之二、《人物綜表》。
〔註163〕《學案》卷七十六。
〔註164〕《日記鈔》卷一，頁16。
〔註165〕同上，頁26。

語序》,《方言疏證》,《爾雅文字考》（以上小學）;《原象》、《句股割圜記》、《策算》、《續天文略》、《迎日推策記》（以上測算）;《毛鄭詩考證》、《詩經補注》、《考工記圖》、《尚書經義考》、《屈原賦注》（以上典章制度）;《原善》、《法象論》、《論性》、《大學補注》、《中庸補注》、《孟子字義疏證》（以上義理）等。〔註166〕

年二十八，補縣學生，家貧甚，閉戶著述不綴，乾隆十九年獲交於錢大昕，《年譜》乾隆十九年甲戌條云:「是歲……休甯戴東原初入都，造居士寓，談竟日，歎其學精博。」〔註167〕稱爲天下奇才。大昕〈戴先生震傳〉云:「性介特，多與物忤，落落不自得，年三十餘，策蹇至京師，困於逆旅，饘粥幾不繼，人皆目爲狂生。一日，攜其所著書過予齋，談論竟日，既去，予目送之，歎曰天下奇才。」〔註168〕秦文恭公纂《五禮通考》，求精於推步者，大昕舉君名，文恭延之。親訪之，因爲延譽。〈戴震傳〉云:「時金匱秦文恭公蕙田，兼理算學，求精於推步者，予輒舉先生名，秦公大喜，即日命駕訪之，延主其邸」，〔註169〕自是知名。

東原爲學，研精注疏，實事求是，不主一家。與惠棟，沈彤爲忘年友，謂義理不可憑胸臆，必求之於古經。義理非他，存乎典章制度者也。大昕肄業紫陽書院時，和惠定宇，沈彤引爲忘年交，江藩《漢學師承記》:「先是在吳門，時與元和惠定宇、吳江沈冠雲兩徵君游，乃精研古經義，聲音，訓詁之學」，可見戴震、大昕與惠學之淵源，皆由六經中所載之三代典章制度以推求義理。今檢視大昕文集中不乏與東原互通書信論學。或論韻書、或論歲實、或論定氣、盛讚東原學通天人，〈與戴東原書〉:「當今學通天人者，莫如足下。」〔註170〕惟於東原之訾謷程、朱，大昕乃深不以爲意，大昕云:「今海內文人學士，亦有涉獵今古，聞見奧博而性情偏僻，喜與前哲相齟齬，說經必詆鄭、服，論學先薄程、朱……特出於門戶之私，未可謂之善讀書也……。」〔註171〕雖然，並不影響二人之問學。

7. 紀　昀

紀氏字曉嵐，一字春帆，晚號石雲，直隸，獻縣人，乾隆十九年（1754），

〔註166〕《清史稿》卷四八一、《學業》卷七十九、人物綜表、《清代通史》卷中。
〔註167〕《錢辛楣先生年譜》，頁10。
〔註168〕《文集》卷卅九，頁620。
〔註169〕同上。
〔註170〕《文集》卷三十三，頁520。
〔註171〕〈嚴久能娛親雅言序〉，《文集》卷二十五，頁375。

進士，官至禮部尚書協辦大學士，著有《沈氏四聲考》、《閱微草堂筆記》、《史通削繁》等，卒年八二（1724～1805）。〔註172〕

少而奇穎，讀書過目不忘，十九年成進士，改庶吉士，大昕亦於此年成進士改翰林院庶吉士，其相知當在此時。《年譜》十九年甲戌條：「三月會試如王禮堂、王蘭泉、紀曉嵐、朱竹均、姜石貞、翟大川輩，皆稱汲古之彥。」〔註173〕至乾隆廿一年，大昕在庶常任，與紀昀預修熱河志之役，並令扈從熱河，就近採訪排纂，由是館中有南錢北紀之目。

8. 邵齊熊

邵氏初名炳，字方虎，號耐亭，晚歲自號松阿，江蘇常熟人，乾隆七年進士，改翰林院庶吉士，散館授編修，年三十六罷歸，著有《隱几山房稿》十六卷、《禮記考義》十六卷、《隱几山房七錄》若干卷、春秋七十有七終於里第（1724～1800）。〔註174〕

松阿和大昕同入中書，〈邵君松阿墓誌銘〉云：

> 乾隆十九年御試內閣中書，君名入選……入直之暇，研窮經史，鍵戶如儒生……以文章氣節相砥礪，貴游夸毗子弟，或慕與交，竟日不交一語也。〔註175〕

大昕特贊許其所謂「文必本于學與行，然後爲有物之言」，〔註176〕大昕亦以立言之先，必以學行爲本，於〈崇實書院記〉云：

> 儒者讀易，詩、書、禮、春秋之文，當立孝弟忠信之行，文與行兼修，故文爲至文，行爲善行。〔註177〕

大昕一生爲學做人皆堅守此原則，故與邵松阿交往互久。松阿七十壽辰，大昕以詩壽之，除感舊念往之外，並以松阿得領袖吳都文壇。

> 吾谷三峯翠黛聯，此中合住地行僊。紫薇詔艸三千字，
> 紅藥詩名四十年。泉石得公爲領袖，詩書有後付覃研。
> 吳都文粹誰人續，試戴先生卻壽篇。
>
> 同出南豐一瓣眞，白頭感舊話酸辛。填籬共羨洪文敏，

〔註172〕《漢學師承記》記之六、《學案》卷八十、《人物綜表》。
〔註173〕同上，頁9。
〔註174〕《人物綜表》、《清代七百名人傳》、錢大昕〈邵君松阿墓誌銘〉。
〔註175〕《文集》卷四十四，頁 694～695。
〔註176〕同上，頁 695。
〔註177〕《文集》卷二十，頁 288。

圖畫今歸白舍人。老尚著書元是癖，性非諧俗偶忘嗔。

蘭亭合準義之例，觴詠重逢癸丑春。〔註178〕

阮元序《十駕齋養新錄》云：「先生詩古文詞，及其早歲，久已主盟壇坫，冠冕館閣」，大昕之詩，當能影響於松阿也。

9. 程瑤田

程氏初名易，以字行更字易田，一字易疇，晚號讓堂老人，安徽歙縣人，乾隆三十五年（1770）舉人，曾官江蘇嘉定縣教諭，著有《論學小記》、《儀禮喪服》、《足徵記》等，卒年九十（1725～1814）。〔註179〕

《黃蕘圃先生年譜》云：「今去夏移居王洗馬巷，思以舊宅學耕堂區其新廬，欲得先生（程氏）書之，今茲二月十日介錢竹汀先生為先容，往謁拜求」，知大昕在此之前，即與程氏交，《潛研堂詩集》有詩可見二人之交往，大昕題易疇臨董文敏書王文肅祠記長卷詩：

文肅家聲舊，香光墨妙存。臨橅推老手，鄭重付童孫。

益壽言多驗，傳經道獨尊。黃金何足羨，樸學在韋門。

何處期頤叟，來言逢吉占。銀鈎留甲觀，瑜珥愛丁添。

豐芑詒三世，裝池重百縑。自慚無長物，付與阿同拈。〔註180〕

〈題程易疇說劍圖〉：

茸翁先生說攻工，臘廣手題桃氏劍。平生所見七純鈎，

規製盡同無少欠。季子之子問阿誰，未許徐君墓上占。

攻金良工久失傳，耳食何如取目驗。俠客徒誇膽氣麤，

經師但覺精神斂。莫言一吷偶然吹，斗牛中夜光芒爛。

蓬心作圖但寫意，非指非馬夫何玷。宋生為補第二圖，

譚柄它時留鉛槧。三年首蓿賦歸與，留行無力予心忝。

膏肓墨守待君箴，欲覺何由聽鐘梵。願持通蓺釋劍篇，

呼兒且作張文念。〔註181〕

〈題程易疇讓堂友教圖〉：

〔註178〕〈邵松阿舍人七十〉，《詩續集》卷六○頁90。

〔註179〕《學案》卷八二、《人物綜表》、《清代通史》五附表、《國朝先正事略》卷四十二、《清代七百名人傳》。

〔註180〕〈程易疇臨董文敏書王文肅祠記長卷付其幼孫屬予題之〉，《詩續集》卷五，頁75～76。

〔註181〕《詩續集》，卷六，頁85～86。

黃菊正秋色，先生賦言歸。三徑想無恙，肯與羊求違。

天都高萬仞，孤鶴任自飛。九皋鳴已倦，故巢聊可依。

登山須登岱，勿爲自厓反。讀書訶玩物，一笑丈夫淺。

有書藏名山，何用愁往寒。引疾辭一官，心與白雲遠。

我衰筆力鈍，鉛刀割不任。君如百鍊鋼，純鈎初出鐔。

苔岑臭相投，共此千秋心。一別會何期，嚶嚶羨春禽。

本是經人師，元無溫飽志。去住如浮雲，恢恢有餘地。

儒林今辯才，文陳昔雄帥。誰與登韓門，庶幾續鄭記。〔註182〕

讓堂說經，長於旁搜曲證，因援据經史疏通證明，大昕亦如是，裨益經學，啓迪後人非淺鮮也。

10. 趙 翼

趙氏字耘菘，號甌北，陽湖人，乾隆辛巳成進士，授編修，累官貴西道，著有《廿二史箚記》三十六卷、《皇朝武功紀盛》四卷、《陔餘叢考》四十三卷、《簷曝雜記》六卷、《十家詩話》十卷、《甌北詩集》五十三卷，卒年八十八（1727～1814）。〔註183〕

趙氏家居垂三十年，手不釋卷，於經史百家俱有考証，而史學研究尤深，大昕序其《廿二史箚記》云：「讀之，竊嘆其記誦之博，義例之精，論議之和平，識見之宏遠，洵儒者有體有用之學，可坐而言，可起而行者也……而持論斟酌時勢，不蹈前人，亦不有心立異，於諸史審定曲直，不揜其失，而以樂道其長。……」鈎稽往史，獨出心裁。

大昕又有〈題趙編修甌北耘菘圖〉：

淺水淙淙雨後添，讀書不礙灌園兼。猩脣鹿尾都嘗徧，那及秋菘分

外甜。〔註184〕

趙翼出守鎮安，大昕亦以詩送之：

詔守繁難郡，官辭侍從班。文雄能敵瘴，政簡足安蠻。

臘月衝寒去，長途叱馭艱。天教詩境拓，飽看粵西山。

世方尊外史，君尚戀春明。結習惟文字，關情獨友生。

〔註182〕同上，頁86。

〔註183〕《學案》卷八十一、《碑傳集》卷八十六、《人物綜表》、《清代通史》卷中。

〔註184〕《詩集》卷八，頁130。

才由更事出，心到瘴鄉清。莫獻籌邊議，南交亦我氓。〔註185〕

乾隆五十五年趙翼復至蘇州，晤王鳴盛、錢大昕，有詩云：

> 後來良晤知猶幾，海內名流漸不多。〔註186〕

大昕特譽甌北之詩：

> 夫唯有絕人之才，有過人之趣，有兼人之學，乃能奄有古人之長，
> 而不襲古人之貌，然後可以卓然自成，爲一大家。今於耘菘先生見
> 之矣……最耘菘所涉之境凡三變，而每涉一境，即有一境之詩，以
> 副之……此所以非漢魏，非齊梁，非唐、非宋，而獨成爲耘菘之詩
> 也。〔註187〕

非齊、梁、非唐、非宋，卓然自成爲一大家。二人相吟咏，詩風則相互影響。

11. 鮑廷博

鮑廷博，字以文，號淥飲，又號通介叟，安徽歙縣人，嘗爲「夕陽詩」盛
傳於時，人呼爲鮑夕陽，父思詡，性嗜讀書，以文乃力購前人書以爲歡，既久
而所得書益多且精，遂戛然爲大藏書家。嘗刻《知不足齋叢書》廿七集。卒年
八十七歲（1728～1814）有《花韻軒小稾》二卷、《詠物詩》一卷。〔註188〕

性復彊記，凡書之美惡眞僞，收藏鈔栞，無不矢口而出，平生勤學耽詩，
不求仕進，其資蓄爲刻書所盡，及見祕籍，必典衣購之，好古績學，老而不
倦。

鮑氏與大昕交情，雖不若吳騫之深，然亦有往來，鮑氏曾以熊氏後漢書
年表託大昕讐校，大昕並曾爲之序：

> 歙鮑君以文，得熊氏後漢書年表，手自校讎，將刊以行世，以予粗
> 涉史學，屬覆校焉，予弟晦之，尤熟於范史，因與參考商略，正其
> 傳寫之訛脱者，兩閲月而畢識，乃識其後日……。〔註189〕

大昕長於史，故能正其訛脱，予廷博後漢書年表諟正甚夥。

12. 朱　筠

朱氏字竹君，一字美叔，號笥河，順天大興人，乾隆甲戌進士，曾官學

〔註185〕〈送趙雲松出守鎮安〉，《詩集》卷八，頁130。
〔註186〕〈吳門晤王西莊竹汀〉，《甌北集》卷三十四，頁786。
〔註187〕〈甌北集序〉，《文集》卷廿六、頁387。
〔註188〕《學案》卷一百廿五、《人物綜表》、阮元〈知不足齋鮑君傳〉。
〔註189〕〈後漢書年表後序〉，《文集》卷廿四，頁354。

政，四庫全書館編纂，著有《十三經同異》若干卷、《笥河文集》十六卷、《詩集》二十卷，卒年五十三（1729～1781）。〔註190〕

《年譜》乾隆十九年甲戌條：「三月會試，中式第十九名，如王禮堂、王蘭泉、紀曉嵐、朱竹筠……輩，皆稱汲古之彥。」〔註200〕朱氏與大昕同年成進士。二人乃切磋相益之友，竹君曾書大昕，詢以武王克商，歲在鶉火一事，大昕有書答之：

> 蒙閣下垂詢，以國語伶州鳩言武王克商，歲在鶉火，此周人述周事，必無差誤。而它書或云歲在己卯，或云辛卯，似不相應，大昕嘗習劉子駿三統術，於國語所云歲在鶉火，日在析木之津，月在天駟，辰在斗柄，星在天黿者，推驗其時日次度，無不脗合，古法，歲星與太歲常相應，歲星自丑右行，太歲自子左行，歲移一次，周則復始，如歲星在星紀，則太歲必在子，歲星在鶉火，則太歲必在未，三統術上元起丙子歲，依歲術步之，則武王克商之年，當直辛未，孔穎達詩正義云，文王受命十三年，辛未之歲，殷正月六日，殺紂，孔疏所言，與國語歲在鶉火之文，正相合矣，自周受命以後，至於秦漢，皆有紀年可考，非若夏商以前之茫昧，而後人譜紀年者，皆以周克殷爲己卯歲，相較差八年者，蓋古術太歲與歲星，皆有超辰之法……以今法溯古年，則武王克商固宜在己卯矣。〔註201〕

在都門大昕亦與陳伯思、曹慕堂、朱竹君、史文量、曹申之等，有登陶然亭詩，並有和竹君韻，記從遊之事：

> 探春有伴靳從驂，潑眼山光削碧簪。心以地偏應更遠，
> 味于交澹不求甘。竹谿耽逸人仍六，蕉葉澆愁我亦三。
> 城市漸遙巖谷近，此中容得是清譚。〔註202〕

13. 畢 沅

畢氏字湘蘅，號秋帆，又號盦山，靈巖山人。江蘇鎮洋人，乾隆二五年

〔註190〕《學案》卷八十五、《清代通史》卷中、《碑傳集》卷四十九、《漢學師承記》記之四。

〔註200〕《錢辛楣先生年譜》，頁9。

〔註201〕《文集》卷三十四，〈答大興朱侍郎書〉，頁538～539。

〔註202〕〈同曹慕堂給諫、朱竹君學士、陳伯思戶部、史文量孝廉、曹申之上舍爲西山之游和竹君韵〉，《詩集》卷十，頁163。

（1760）一甲一名進士，官至湖廣總督，著有《說文解字舊音》一卷、《經典文字辨正書》五卷、《音同義異辨》一卷、《釋名証》八卷、《補遺》一卷、《續釋名》一卷、《續資治通鑑》二百二十卷、《老子道德經考異》二卷、《關中金石記》八卷等，卒年六十八（1730～1797）。〔註203〕

畢沅（秋帆）極富藏書，《藏書記事詩》竟缺載畢沅，殊不可解。劉聲木《萇楚齋三筆》卷十，「國朝藏書宏富諸家」條：

> 鎮洋畢秋帆尚書沅，身後查抄，靈巖山館所藏書八十餘萬卷，（按：御書「經訓克家」四大字賜焉，公既承賜，乃擇靈岩山之陽建樓以奉御書……）爲一山西人某某，（官衢州府知府）出官價二三萬金購去，凡十舟、載至衢州後，帶回山西。時山陰周梅生銘鼎作慕蘇州，曾親見之，其書每部均有枬木夾板及篋，裝潢極精，而重複之書板本不同，宋元本甚多。前此有一太倉王某爲之司書，惜其目不傳也云云。

又云：

> 江甯胡碧澂艭尹光國《愚園詩話》云：前朝畢秋帆尚書藏書九十五萬卷，可謂極盛矣云云。

故大昕時有假讀，〈跋續資治通鑑長編〉云：

> 吳門畢氏經訓堂，袁氏貞節堂皆有鈔本，予得假讀焉」。〔註204〕

〈秋颿中丞招游靈巖山館〉詩：

> 四面湖山列翠屛，清虛中有快哉亭。地高合讓名公占，
> 水靜還招冷客聽。細雨秋添谿溜白，遠峯晚借樹煙青。
> 靈巖從此成佳話，日樣中丞書畫舲。〔註205〕

大昕更有〈題畢沅靈巖讀書圖〉詩，記其藏書：

> 三閒書閣占高寒，香水琴臺秀可餐。七十二峯青不斷，放它檻外作衙官。
> 三萬牙籤縱目勞，天教此地住人豪。碭山莫說峯巒小，不讓終南太華高。
> 著述名山業自珍，評花品石亦經綸。硯池只有涓涓水，散作人閒霖

〔註203〕《學案》卷八十一、《人物綜表》、《清代通史》卷中。
〔註204〕《文集》卷廿八，頁432。
〔註205〕《詩續集》卷四，頁47。

－59－

雨春。〔註206〕

大昕獲睹借閱靈巖山館藏書，論文道古，可知矣。大昕〈畢公墓誌銘〉云：

大昕與公同里閈，先後入館閣，論文道古，數共晨夕，晚歲雖雲泥分隔，而公不忘久要，書問屢至，每有撰述，必先寄示。〔註207〕〈張太夫人祠堂記〉云：

大昕與中丞公生同里、長同僚，嘗升後堂，修猶子之敬。〔註208〕

篤於故舊，公務之暇，詩酒唱酬更不絕，〈得畢秋颿尚書札卻寄詩〉：

曳履星辰一品崇，南條萬里建牙雄。文章遠溯周秦漢，

勛望眞侔衡華嵩。勒石楚江傳杜預，編年宋史續溫公。

畫披案牘宵鉛槧，總在精神籠罩中。〔註209〕

大昕篤嗜金石，乾隆廿二年即開始收藏金石文字（見年譜），及獲畢沅所著《關中金石記》，推崇備至，而爲之序云：

所得金石文字，起秦漢，訖於金元，凡七百九十七通，雍涼之奇秀，萃於是矣……大昕於茲事，篤嗜有年，常恨見聞淺尠，讀公新製，如獲異珍……〔註210〕

14. 嚴長明

嚴氏字冬友，號道甫（《學案》作字道甫，號冬友），江蘇江甯人，曾官侍讀，充軍機處章京，著有《歸求艸堂詩文集》、《西清備對》、《毛詩地理疏証》、《五經算術補正》、《三經答問》、《三史答問》、《淮南天文太陰解》、《文選課讀》、《文選聲類》、《尊聞錄》、《獻徵餘錄》、《知白齋金石類籤》、《金石文字跋尾》、《石經攷異》、《漢金石例》，《五岳貞珉考》、《五陵金石志》、《平原石蹟表》、《吳興石蹟表》、《素靈發伏》、《墨緣小錄》、《南宋文鑑》、《奇觚類聚》、《八表停雲錄》、《養生家言》、《懷袖集》、《吳諧志》凡二十餘種，卒年五十七（1731～1787）。〔註211〕

乾隆二十七年賜舉人，內閣中書擢侍讀，時大昕亦在侍讀任，其交往應

〔註206〕〈題畢秋颿中丞靈巖讀書圖〉，《續詩集》卷三，頁44～45。
〔註207〕〈畢公墓誌銘〉，《文集》卷四十二，頁665。
〔註208〕《文集》卷廿一，頁302。
〔註209〕〈得畢秋颿尚書札卻寄〉，《詩續集》卷六，頁88。
〔註210〕〈關中金石記序〉，《文集》卷廿五，頁367～368。
〔註211〕《學案》卷八十一、人物綜表、《潛研堂文集》、嚴道甫傳、《國朝先正事略》卷四十二。

始於此，至乾隆五十二年卒，計廿餘年，故大昕於《潛研堂文集》卷卅七，〈嚴道甫傳〉云：「余與侍讀交廿餘年」。大昕亦曾參加纂修《一統志》、《熱河志》諸書。大昕《自編年譜》：「乾隆三十六年在都門，充《一統志》纂修官」。可見二人又曾同事編纂之職，嗜好亦相近。

　　嚴氏於書無所不讀，嘗語學者曰：「士不周覽古今載籍，不徧交海內賢俊，不通知當代典章，遽欲握筆撰述，縱使信今亦難傳後」，〔註212〕其自命如此。大昕稱其：

> 歷充通鑑輯覽，一統志，熱河志纂修官。長明於蒙古托忒唐古特文字，一見便能通曉，嘗奉命直經呪館，更正翻譯名義，蒙古源流諸書……築室三楹，顏曰歸求草堂，藏書三萬卷，金石文字三千卷……予與侍讀交廿餘年，聽其議論，經緯古今，混混不竭，可謂閎覽博物文學之宗矣。〔註213〕

嚴氏有子名觀，字子進，太學生，好金石刻，有《江甯金石記》、《金石待訪目》、《湖北金石詩》，與大昕亦有交往，竹汀《日記鈔》記子進送宋碑一通，大昕持以考據：

> 嚴子進送雲巖山盈豐莊廟宋碑一通，乃景定四年三月，封劉錡為楊威侯天曹猛將之神勒也，石刻太平興國宮，宮譌作定，驗為後人翻刻。〔註214〕

詩集中亦不乏為嚴氏父子之吟唱，如：

> 伊余木散人，適來散木庵。庵前木半枯，了不施斧鑿。
> 支離性所受，裁劇無一堪。漆割以汁美，井竭以泉甘。
> 持是表戶冊，理契莊與聃。主人金閶彥，天花見優曇。
> 讀禮暫言歸，林壑非久耽。峨峨五鳳樓，棟樑千石擔。
> 擁鼻恐不免，買山聊戲譚。倘居倘見許，習嬾吾已諳。〔註215〕

有〈壽嚴道甫五十詩〉：

> 棲霞千仞翠當空，江左風流屬謝公。退自急流纏算勇，
> 力能造命不居功。朝家掌故巾箱裏，海內名賢縞紵中。

〔註212〕〈內閣侍讀嚴道甫傳〉，《文集》卷卅七，頁580～581。
〔註213〕同上。
〔註214〕《日記鈔》卷一，頁77。
〔註215〕〈嚴冬友扁寓舍曰散木庵乞予賦詩〉，《詩續集》卷一，頁4。

只恐蒼生催又起，未容五十便稱翁。

何須極貴又長生，安穩江鄉是化城。詩卷新排成巨富，

煙霞偶戀亦多情。屏風任繪香山像，走卒能知涑水名。

道德指歸胸自了，儂家世系出君平。〔註216〕

並有〈題嚴子進春江送矛圖〉：

罷聽對床雨，忽乘晚渡船。從師江外去，執手柳陰邊。

大被何辭冷，贏金未是賢。東南見孔雀，莫忘脊令篇。〔註217〕

與嚴氏父子之交情於上所列諸詩可見。

15. 姚 鼐

姚氏字姬傳，一字夢穀，安徽桐城人，嘗顏所居曰惜抱軒，學者稱惜抱先生，乾隆癸未進士，官刑部郎中，乞病歸，主講於江南，爲梅花、紫陽、敬敷、鍾山諸書院山長，著有《九經說》、《三傳補注》、《國語補注》、《惜抱軒文集》等，卒年八十有五（1731～1815）。〔註218〕

姚鼐成進士，晚大昕八年，大昕論文，雅不欲桐城之古文義法，雖未譏姚氏，然與友人書，譏方望溪以時文爲古文可知，姚氏和大昕互有音書以論學，大昕有與姚姬傳書，辨盧江、九江二郡沿革考，大昕云：「以盧江爲衡山改名，則猶有未慊於心者。」〔註219〕

又曰：

漢初之盧江，在江南，武帝時已罷，昭宣之間，改衡山爲盧山，皆孟堅所未嘗言，所據者，僅盧江出陵陽一語。然陵陽乃鄣郡之屬縣，非淮南故地，恐難執彼單辭，以爲定案也。先生當代宗師，一言之出，當爲後世徵信，敢獻所疑，幸明以示我。〔註220〕

大昕以讀史之病，在乎不信正史，間以責姚氏執單辭以說，難令人信服。此亦可見大昕論學實事求是之精神。

16. 吳 騫

吳氏字槎客，一字葵里，號愚谷，又號兔床，浙江海甯人，卒年八十一

〔註216〕《詩續集》卷四，頁48。

〔註217〕《詩續集》卷三，頁35。

〔註218〕陳用光撰行狀，馬其昶撰《桐城耆舊傳》、《碑傳集》卷一百四十一、李兆洛撰傳、《人物綜表》。

〔註219〕〈與姚姬傳書〉，《文集》卷卅五，頁551。

〔註220〕同上，頁552。

（1733～1813），著有《詩譜補亡後訂》一卷、《許氏詩譜鈔》一卷、《孫氏爾雅正義拾遺》一卷、《國山碑考》一卷、《小洞溪吳氏家乘》八卷、《陽羨名陶錄》二卷、《讀錄》一卷、《桃溪客語》五卷、《拜經樓詩話》四卷、《愚谷文存》十四卷、《拜經樓詩集》十二卷、《續編》四卷、《論印絕句》二卷、《萬花漁唱》一卷。〔註221〕

生具異稟，過目成誦，篤嗜典籍，遇善本傾囊購之，所得不下五萬卷，築拜經樓藏之，晨夕坐樓中，展誦摩挲，非同志不能登，大昕與之交情甚篤，曾爲之序。

二氏不獨通假書籍，並論及校勘，《日記鈔》卷一多見：

> 海寧吳槎客，以元中統二年刻史記索隱本見示，首有校理董浦序云：平陽道僉幕段君子成募工刊行者也，又不全宋板漢字大字本，僅十四卷，前題漢護軍班固撰，唐正議大夫行秘書少監琅邪縣開國子顏師古集注，與今本異，每卷之後，記正文若干，注文若干，眞宋本之最佳者。〔註222〕

> 吳槎客言，陸氏論語釋文，安見方六七十句，似陸本安作焉。

> 得吳槎客札，寄列女傳跋一篇，據藝文類聚御覽諸書，謂當有嫫母傳。〔註223〕

> 讀吳槎客國山碑考，知此碑四面，東面十四面，南面九行，西面十四行，北面六行，循環讀之，可辨者千有餘言，予向所收及吳山夫所釋者，尚非全本也。〔註224〕

吳氏《拜經樓詩集》有〈詠錢宮詹詩〉，譽大昕讀書之勤，好古之深邃。更有〈游滄浪亭寄呈錢竹汀先生〉等詩，二人交情甚篤，吳氏〈五君詠〉詠錢大昕詩云：

> 大雅久淪歊，經訓疇菑畬。斯人獨勤拳，發憤羣賢途。
> 矻矻以窮年，如飢得朝餔。味道古有然，高風良可模。〔註225〕

槎客七十，大昕有詩壽之：

〔註221〕《碑傳集補集》卷四十五、《清史列傳》七十二、《國朝耆獻類徵》卷四百二十七、《人物綜表》、《學案》卷八十七。
〔註222〕《日記鈔》卷一，頁10。
〔註223〕同上，頁66。
〔註224〕同上，卷二，頁76。
〔註225〕〈五君詠〉，吳騫《拜經樓詩集》卷六。

七十顏猶少壯如，松身鶴骨最清疏。手摹離墨前朝字，

家有淳熙善本書。曹憲壽應逾百歲，蘇公味只戀三餘。

海山咫尺庭前列，試辦長籌幾屋儲。〔註226〕

「家有淳熙善本書」，槎客之善本書，予大昕之校勘助益裨大。二人藉此互相
論學，通假古籍，而朝向實事求是之路邁進。

17. 翁方綱

翁氏字正三，號覃溪，一號蘇齋，順天大興人，乾隆十七年（1752）進
士，歷任山東，江西，廣東學政等職。著有《兩漢金石記》二十二卷、《棣八
分考》、《粵東金石略》十二卷、《蘇米齋蘭亭考》八卷、《小石帆亭著錄》六
卷、《米海岳元遺山年譜》二卷、《蘇詩補註》八卷、《石洲詩話》八卷、《復
初齋詩集》七十卷、《文集》三十卷，享年八十六歲（1733～1818）。〔註227〕

翁氏精心汲古，宏覽多聞，藏書，精金石文字，嘗得宋槧蘇詩施顧注本，
因以寶蘇名其室，招同賦詩，大昕賦以：

先生使嶺南，日與藥洲對。九曜石磊磊，題識辨茫昧。

所惜老米書，久杅方伯廨。手摹神與似，刷字風雨灑。

一石置西齋，歸裝載其倅。怳惚滄江船，虹月夜吐怪。

坡公遷惠時，筆染南山黛。邂逅隱君子，一夕羅浮話。

妙迹亦銘心，風流若相配。嵌之齋左右，貞珉永不壞。

雪堂墨氣濃，寶晉英光在。未妨四壁空，欲下兩公拜。

移居正秋晴，招客及我輩。尚友有同心，集古亦兼愛。

長安人海中，到此洗塵堁。拜石欲師顛，撫掌但稱快。〔註228〕

又覃谿購得宋槧施元之注蘇詩，屬賦七言古風一首：

先生招我蘇米齋，示我蘇詩嘉泰本。漢儒楷法逼率更，

波點分明刻瑤琬。惜哉十二卷久闕，存者光芒猶未損。

峨眉僊人去莫追，人閒爭注東坡詩。堯卿次公夒續厚，

後來絕出吳興施。會稽通守寶手澤，老學庵主交歡咨。

廣徵良工棗木劂，滄桑浩劫今存斯。商邱撫吳善價購，

〔註226〕〈吳槎客七十〉，《詩續集》卷十，頁141。

〔註227〕《清代樸學大師列傳十八》、《人物綜表》、《清代通史》卷中。

〔註228〕〈覃谿學士視學嶺南還摹東坡英德南山石壁題名，及米元章藥洲題字嵌齋
壁，顏曰蘇米齋，招同賦詩〉，《詩續集》卷一，頁4～5。

朱砂小印孫子貽。杜陵鳥過僅一字，眾賢欲補還遲疑。

青門何人強解事，續鳧斷鶴識者嗤。流傳世上誤後學，

誰信子都殊嬛麋。歸然此本幸無恙，廬山正面乃在茲。

嘗鼎一臠良已足，鑿儵七竅何其癡。先生嗜古如昌歜，

一日摩挲百不厭。河東三篋或未亡，神物終合延平劍。〔註229〕

此外仍頗多與翁氏唱和之作，如《詩續集》卷一，〈覃谿詹事招同覃谿學士、白華侍讀、習庵中允、魚門吏部夢穀、耳山兩刑部，集木鷄齋，觀元延祐甲寅鄉試石鼓賦卷眞迹〉，〈十月六日覃谿學士招同擇石宮詹、裕軒學士，兩峰山人，城西訪菊，兩峰出所買杜瓊畫卷贈裕軒擇石，謂是己所藏，頃為偷兒攫去者，乃以此卷歸擇石，仍請擇石別作一幅，以償裕軒，覃谿作詩記之，用東坡集中王晉卿欲奪海石，軾欲以韓幹馬易畫詩韻，予亦繼作〉……等詩。

室中儲書數萬卷，竹汀《日記鈔》卷一載二氏通訊論學云：

與翁覃溪札有辨胡方平周易啓蒙通釋，竹垞誤以朱文公序爲方平自序。〔註230〕

又云：

讀翁覃溪兩漢金石記有睢陵家丞一印，疑漢無此候國，予考晉書，王祥封睢陵侯，後進爵爲公，此家丞必晉印也。〔註231〕

二人交誼、論學可見矣。

18. 段玉裁

段氏字若膺，號茂堂（或作懋堂），早年嘗字喬林，又字淳甫或號硯北居士，長塘湖居士，僑吳老人，江蘇金壇縣人。生而穎異，讀書有兼人之資，乾隆庚辰舉人，四十九年爲貴州知縣，越三年改四川巫山知縣，辛丑引疾歸，卜居吳門。一意經術，年逾八十，猶復矻矻不倦，卒年八十有一（1735～1815），著有《經韻樓文集》十二卷、《古文尙書撰異》三十二卷、《汲古閣說文訂》一卷、《周禮漢讀考》六卷、《說文解字段氏注》三十卷、《六書音均表》二卷、《戴東原先生年譜》一卷、《毛詩故訓傳定于小箋》三十卷、《詩經小學錄》四卷等。〔註232〕

〔註229〕〈蚪谿購得宋槧施元之注蘇詩屬賦〉，《詩續集》卷一，頁 8。
〔註230〕卷一，頁 10～11。
〔註231〕同上，頁 77。
〔註232〕《清代通史》卷中、《清史稿》卷四八一、《學案》卷九十一、《碑傳集補集》卷卅九、《人物綜表》。

乾隆三五年（1770），錢氏與茂堂書，論《詩經韻譜》。云：

> 聞足下名久矣，頃邵孝廉與桐，以足下所撰詩經韻譜見示，尋繹再
> 三，其於古人分部，及音聲轉移之理，何其審之細而辨之確也……
> 足下既考古而正經文之譌，而又兼存此傳譌之音，以爲通轉之例，
> 大道之多歧，必自此始。〔註233〕

則二人相交於此時。玉裁《六書音均表》，初名《詩經韻譜》，書成於乾隆三
五年二月，大昕以爲鑿破混沌，四月九日乃爲撰序曰：「段君定古音十七部，
若網在綱，有條不紊，窮文字之源流，辨音聲之正變，洵有功於古學者……
此書出，將使海內說經之家奉爲圭臬，而因文字音聲以求訓詁，古義之興有
日矣，詎獨以存古音而已哉。」〔註234〕

　　玉裁於乾隆四十六年自四川引疾歸，途謁大昕於南京鍾山書院，大昕告
以：「洪範，貌曰恭、言曰從、視曰明、聽曰聰、思曰容，此可補入尊著六書
音韻表。春秋繁露、漢書、說文皆作容；容字義長，思主於睿，則恐失之深
刻。」〔註235〕二人亦每有書信往返論學，〔註236〕竹汀《日記鈔》亦屢記和茂
堂論學觀點之同異：

> 讀段若膺說文解字，讀第一本，其用心極勤，然亦有自信太過者。
> 如艸部刪去芹字，蓤字。又疑示部之禪，艸部之蕎，爲後人增入。
> 又謂上諱不當有篆文，皆未可信。〔註237〕

迄乾隆五七年（1792）後，二人過从較密，茂堂曰：「玉裁審居姑蘇者十餘年，
先生方主講紫陽書院，幸得時時過從請益。」玉裁於嘉慶九年爲大昕《鈔本
西遊記》撰跋：

> 憶昔與竹汀游元妙觀閱道藏，竹汀借此鈔訖而爲之跋，今轉瞬已十
> 年，竹汀於今歲十月廿日歸道山矣，甲子十一月十八日硯北居士段
> 玉裁識。〔註238〕

時大昕已歸道山。嘉慶十一年（1806）九月，玉裁應錢氏壻瞿鏡濤之請，撰〈潛

〔註233〕〈與段若膺書〉，《文集》卷卅三，頁520。
〔註234〕《六書音均表》卷首，《叢書集成三編》，頁59。
〔註235〕《古文尚書撰異》卷十三。
〔註236〕《文集》卷三十三，有〈與段若膺書〉、《經韻樓文集》有〈與錢辛楣學士論
　　　　粽子書〉。
〔註237〕《日記鈔》卷一，頁11。
〔註238〕《經韻樓文集補編》上。

研堂文集序〉，其言曰：「先生始以辭章鳴一時，既乃研精經史，因文見道，於經文之舛誤，經義之聚訟而難決者，皆能剖析源流，凡文字、音韻、訓詁之精微、地理之沿革、歷代官制之體例、氏族之流派、古人姓字里居、官爵事實年齒之紛緜、古金石刻書篆隸，可訂六書故實、可裨史傳者，以及古九章算術，自漢迄今中西曆法，無不瞭如指掌。至於累朝人物之賢姦，行事之是非，疑似難明者，典章制度，昔人不能明斷其當否者，皆確有定見。葢先生致知格物之功，可謂深矣。」〔註239〕又述其爲學之法獨到，故眾藝皆能精曰：「若先生於儒者應有之藝，無弗習，無弗精，其學固一軌於正，不參以老、佛功利之言，其文尤非好爲古文以自雄壇坫者比也，中有所見隨意抒寫，而皆經史之精液，其理明，故無鶻突。其氣和，故貌不矜張。其書味深故條鬯而無好盡之失。法古而無摹仿之痕，辨論而無詬囂攘袂之習。淳古澹泊，非必求工，非必不求工，而知言者必以爲工，俾學者可由是以漸通經史，以津逮唐、宋以來諸大家之文，其傳而能久，久而愈著者，固可必也。」〔註240〕予大昕讚譽倍至。

19. 章學誠

章氏字實齋，浙江會稽人，乾隆壬戌（43年）進士，官國子監典籍，著有《文史通義》、《校讎通義》等，卒年六四（1738～1801）。〔註241〕

章氏學長於史，游朱竹君之門，尤推重大昕之學，其〈答邵二雲書〉云：

> 當時中朝薦紳負重望者，大興朱氏、嘉定錢氏，實爲一時巨擘。

〔註242〕

三三歲時以修監志，朱筠屬之與大昕參定，而得交大昕，《實齋年譜》：「三十五年庚寅、朱筠屬先生與錢大昕參定之，先生如命以詣錢先生，錢略商數語，不肯涉筆」。〔註243〕

與大昕討論講貫互益綦多，章氏於三十七年壬辰曾上書大昕。〔註244〕欲標史學與戴震經學相代興，極陳其義，謂天壤之大，豈絕知音，鍼芥之投，甯無暗合。今遍檢二氏之文集，皆不見復書，殆大昕不以實齋爲知音也乎？

20. 周錫瓚

〔註239〕同上，卷八，《文集》卷首。
〔註240〕同上。
〔註241〕《學案》卷九十六、《人物綜表》、《碑傳集補》卷四十七。
〔註242〕《文史通義・補遺續》。
〔註243〕胡適著姚名達訂補〈章實齋先生年譜〉。
〔註244〕《文史通義》，卷三，朱陸篇、《章氏遺書》，〈上錢辛楣宮詹書〉。

周氏字仲漣，號漪塘，又號香嚴居士，江蘇元和人，生於乾隆七年，卒於嘉慶二四年（1742～1819）。丕烈云：香嚴喜藏書，家多秘本，先余數十年而收藏者⋯⋯。」〔註245〕玉裁亦云：「牧翁曰：有聚書者之聚書，有讀書者之聚書，周子非僅以聚書鳴也，實能讀書，自京師歸後廠門，數十年無一切他好，終日與古為徒，讎校不倦，博聞強識。」〔註246〕

其於古板今刻，源流變易，剖析精審，藏書之富，乾嘉以來未有過於周氏者。大昕借閱周氏宋元刻及鈔本，時有可見，有助大昕校勘上之發現，《日記鈔》卷共九則：

> 晤周漪塘，見毛氏影金刻鈔本成無己傷寒論十卷，小字密行，前有皇統甲子洛陽嚴器之，大定壬辰澠池令魏公衡，武安王絳三人序，後有冥飛退翁王鼎後序凡四冊，又傷寒明理論二冊，大字，亦影金鈔本。〔註247〕

> 晤周漪塘，見舊槧本廣韻，與亭林所刻本同。〔註248〕

> 晤周漪塘，見大金集禮四十卷，中數卷有脫文。〔註249〕

> 借周漪塘宋板《漢書》殘本三種，其一與黃蕘圃所得北宋本同。其一與吳槎客藏本同。其一中字密行，似史記蔡夢弼本，每頁廿六行，每行二十五字，卷首無班固顏師古銜名，又有不全《後漢書》，亦似北宋本，而多大德九年，元統二年補刊者，列傳第八十卷，末有五行云：范曄《後漢書》，凡九十篇，總一百卷，十帝后紀一十二卷，八十列傳八十八卷，右奉淳化五年七月二十五日，勅重校定刊正。〔註250〕

> 晤周漪塘，見宋本《白氏六帖》，每頁廿四行題云「新雕白氏六帖」，事類添註出經凡卅卷。〔註251〕

> 借周漪塘《牟巘陵陽先生集》廿四卷，又宋板大字《漢書》殘本唯杜周傳張騫李廣傳傳篇，每頁十八行，行十六字，書法極嚴整，乃

〔註245〕《蕘圃藏書題識》卷七，頁634～635。

〔註246〕〈周漪塘七十壽序〉，《戴東原文集》卷八。

〔註247〕卷一，頁43。

〔註248〕同上，頁38。

〔註249〕同上。

〔註250〕同上，頁69～70。

〔註251〕同上，頁71～72。

宋刻之致佳者，於雛愼字皆缺筆，則是南宋初刻也。每卷首大題在下，而不注班氏姓名，唯第二行云：正議大夫行秘書少監琅邪縣開國子顏師古注。〔註252〕

周漪塘過談借《後村居士集》五十卷有淳祐九年林希逸序。〔註253〕

晤周漪堂，見其所藏南宋大字板兩漢書不全本，每葉十八行，每行十七字，與去歲所見張騫傳行款相同，閒有元人重修之板，其紙背多洪武中廢冊，知爲明初印本也，今本〈郭林宗傳〉，以注溷入正文一條，此本獨不誤，傳末茅容諸人，亦不跳行，皆與汪文盛本同。〔註254〕

晤周漪塘，見《論語注疏》本，於宋諱旁加圈識之。首葉板心有正德某年刊，每卷標題注疏下多解經二字，每葉二十行，每行十八字，小字每行二十餘字，當是元人翻宋刻，正德修板也。〔註255〕

《十駕齋養新錄》卷六「後漢書注擾入正文」條云：

郭太傳，初太始至南州以下七十四字，本章懷注引謝承後漢書之文，今誤作大字，溷入正文。予嘗見南宋本及明嘉靖己酉福建本皆不誤。蔚宗書避其家諱，於此傳前後，皆稱林宗字。不應忽爾稱名，且其事已載黃憲傳，毋庸重出也。〔註256〕

此見周氏所藏南宋大字板兩漢書之故。香嚴之子研六居士謝盒亦家多善本，大昕常過從借閱，〈劉禧延研六齋筆記跋〉云：

吾吳藏書之富，以朱氏黃氏爲最，楓江周氏（香嚴）足與之埒，研六居士謝盒（香嚴季子）自其尊人漪塘已癖好聚書，以故家多善本，故錢辛楣、段茂堂諸公，常過從借閱。〔註257〕

21. 汪　中

汪氏字容甫，江蘇江都人，年二十補諸生，著有《述學》內外篇、《國語校文》、《經義知新記》、《舊學釋疑》等，卒年五一（1744～1794）。〔註258〕

〔註252〕同上，頁70。
〔註253〕同上，頁21。
〔註254〕同上，頁27。
〔註255〕同上，頁36。
〔註256〕卷六，頁318。
〔註257〕葉昌熾《藏書記事詩》卷五，周錫瓚條引，劉禧延〈研六齋筆記跋〉，頁414～415。
〔註258〕《學案》一○二、《人物綜表》、《碑傳集》卷一三四、孫星衍〈汪中傳〉、《清

容甫為學、為文，不專主一家，不尚墨守，其自述為學之道：

> 中少日問學，實私淑諸顧甯人處世，故嘗推六經之旨以合於世用，
> 及為孝古之學，唯實事求是，不尚墨守。〔註259〕

又曰：

> 中嘗有志於用世，而恥為無用之學，故於古今制度之沿革，民生利
> 病之事，皆博問而切究之。〔註260〕

此種學古之道，必期於有用之精神，與大昕謀合。容甫亦長史學，江鄭堂曰：「潛心讀史之人，不可多得，先進惟錢竹汀、邵二雲兩先生，友朋中則李君孝臣、汪君容甫、凌君仲子三人而已。」〔註261〕容甫有糾舉大昕於史之考証之不當，《學案》云：

> 錢少詹事云，春秋傳但云因商奄之民，以魯為古奄國，出自續漢志，
> 未知何據。〔註262〕

《述學別錄》有〈答錢少詹事問〉：「陳書本紀太建五年，左衛將軍樊毅克廣陵楚子城，六年廣陵金城降，十二年周廣陵義主曹藥率眾入附，以上三條所云廣陵今之江都乎？抑後魏僑置之廣陵乎？」〔註263〕而大昕有〈跋容甫所藏元靖先生李君碑〉，〔註264〕可知二人乃論學益友。

22. 梁玉繩

梁氏字曜北，號諫庵，浙江錢塘人，諸生，著有《史記志疑》、《人表考》、《呂子校補》、《清白士集》等，卒年七六（1744～1819）。〔註265〕

梁氏與弟履繩，同為大昕所推許，精乙部之學，撰《史記志疑》三十六卷，據經傳以糾乖違，參班荀以究同異，從事幾二十年，大昕稱其書為龍門之功臣，可與《集解》、《索隱》、《正義》並傳，其序云：

> 梁君曜北，生於名門，擩染家學，下帷鍵戶，默而湛思，尤於是書，
> 專精畢力，凡文字之傳譌，注解之傅會，一一析而辨之……洵足為

　　　　代七百名人傳》。
〔註259〕〈與巡撫畢侍郎書〉，《述學》卷六，別錄，頁17。
〔註260〕〈與朱武曹書〉，《述學》卷六，別錄，頁20。
〔註261〕〈汪氏學行記〉。
〔註262〕《學案》卷一○二，〈歷代學案〉十九，頁22。
〔註263〕《述學》卷六別錄，頁5。
〔註264〕《文集》卷三十二。
〔註265〕《學案》卷一○三、《人物綜表》、《清史稿》卷四八一。

龍門之功臣,襲集解索隱正義而四之者矣。〔註266〕

大昕《三史拾遺》引梁氏之說凡三十八處。〔註267〕二人並常以書信論學:

> 足下謂秦楚之際月表,當稱秦漢,不當以楚踞漢先,儼然承周秦之統,其意誠善,然蒙未敢以爲然也。史公著書,上繼春秋,予奪稱謂之閒,其有深意,讀者可於言外得之,即舉月表一篇,尋其微恉,厥有三端:一曰抑秦,二曰尊漢,三曰紀實。〔註268〕

大昕不以曜北「以秦漢代秦楚」爲然,又答以《晉志》星名,係後來增加,非史公之疏漏,大昕云:

> 天官書文字古奧,非太史公所能自造,必得於甘石之傳,今世所稱甘石星經,乃後人僞託,多襲用晉隋二志,而稍爲異同,要其剽竊之迹,自不能掩。……足下據晉志以糾史公,愚謂晉志星名,係後來增加,非史公之疏漏也。足下又疑西宮下缺白虎二字,愚謂參爲白虎,已見下文,此處不當更舉,史漢未嘗以四獸領四方諸宿,或先書或後書,於例初無嫌也。〔註269〕

梁氏有〈答錢詹事論漢侯國封戶書〉,大昕隨手裁答云:

> 來教駁僕所論武安侯奉邑食鄃一條,謂欒布所封鄃,乃別一地,非清河之鄃,且言縣侯必盡食一縣,反覆援引,可謂博學而明辨矣。然愚意猶有未釋然者,攷呂后封鄃侯呂它,景帝封鄃侯欒布,班表皆不言封國所在,至蘇林酈道元司馬貞輩,始以清河之鄃當之。足下疑其別有一鄃地,固無不可,至謂封國必盡食一縣,不獨陳平一人,則愚請以史漢正文證之……僕於讀史,擇善而從,非敢固執己見,但以史漢參考封君之盡食一縣者,自曲逆而外,既不多見,而欒布之封鄃,其說始於蘇林,林去漢不遠,或有所據,故復申其義,唯足下幸教之。〔註270〕

二人誠乃論學益友也。

23. 洪亮吉

洪氏原名禮吉,字君直,一字稚存,號北江,陽湖人。乾隆庚戌一甲二

〔註266〕〈史記志疑序〉,《文集》卷廿四,頁353。
〔註267〕卷一,史記部份佔七處,兩漢書部份佔卅一處。
〔註268〕〈與梁曜北論史記書〉,《文集》卷卅四,頁543~544。
〔註269〕〈與梁曜北論史記書二〉,《文集》卷卅四,頁544。
〔註270〕同上,〈與梁曜北論史記書〉三,頁545~546。

名進士，授編修，督學貴州，歸里後自號更生居士，徧游名山，主講洋川書院，卒年六十四（1746～1809）。著有《春秋左傳詁》二十卷、《弟子職箋釋》二卷、《漢魏音》四卷、《比雅》十卷、《六書轉注錄》十卷、《傳經表》二卷、《通經表》二卷、《補三國疆域志》二卷、《補東晉疆域志》四卷、《補十六國疆域志》十六卷、《乾隆府廳州縣圖志》五十卷、《四史發伏》十二卷、《曉讀書齋雜錄》八卷、《伊犁日記》一卷、《天山客話》一卷、《外家紀聞》一卷、《卷施閣文甲集》十卷、《補遺》一卷、《文乙集》八卷、《續編》一卷、《詩集》二十卷、《更生齋文甲集》四卷、《文乙集》四卷、《續集》二卷、《詩集》八卷、《詩續集》十卷、《附鮚軒詩集》八卷、《冰天雪窖詞》一卷、《機聲燈影詞》一卷、《兩晉南北史樂府》二卷、《唐宋小樂府》一卷、《北江詩話》六卷等。〔註271〕

洪氏幼負異才，初以詩，古文辭爲先達所稱，從朱學士筠，乃窮究經史，依畢沅與纂修宋元通鑑，益究心地理之學，其《東晉疆域志》書成，大昕序之云：

> 比者，復有東晉疆域志之編，汗青甫畢，出以相示，讀之益歎其才大而思精，誠史家不可少之書也。〔註272〕

與大昕每有書信往來論學，稚存與大昕書，論三十六郡：

> 秦分天下爲三十六郡，其目見裴駰史記集解，而晉書地理志因之，嘗以爲不然，今考之愈知其妄……至閣下以爲楚漢之際所置，此約略之詞，亦嫌無明據，亮吉以爲秦三十六郡，當以史記漢書地理志爲證，蓋與其信裴駰，不若信馬遷、班固、應劭諸人之說爲是也。〔註273〕

大昕答以：

> 僕所攷秦三十六郡，竝據漢志本文，而姬傳輔之諸君，皆不謂然。今執事亦有是言，蓋據晉志秦四十郡之文，於裴駰所說三十六郡，雖斥其妄，而實取之……僕考魏晉以前，言秦地理者，但言三十六郡，未有言四十者……苟知秦本無四十郡，則裴駰之謬，不辨自明……〔註274〕

〔註271〕《學案》卷一〇五、《清代通史》卷中、《人物綜表》、《洪北江年譜》。
〔註272〕〈東晉疆域志序〉，《文集》卷廿四，頁356。
〔註273〕〈與錢少詹論地理書一〉條，《學案》卷一〇五，〈歷代學案〉十九，頁88。
〔註274〕〈答洪稚存書〉，《文集》卷卅五，頁555～557。

大昕亦有〈又答洪稚存書〉：疑太元收復以後，僑立梁郡，不更立淮南郡，〔註275〕又避鄭太后名，不立壽春縣，即以睢陽當之。稚存於〈與錢少詹論地理書二〉答之甚詳，又〈地理書三〉更復指大昕誤尤丘爲瑕丘，知二人論學之嚴謹也，更由書信之頻繁，以見交情之深矣。

24. 凌廷堪

凌氏字次仲，一字仲子，安徽歙縣人，乾隆五十五年成進士，著有《禮釋例》、《燕樂考原》、《校禮堂文集》。卒年五十五（1755～1821）〔註276〕

凌氏博覽強記，識力精卓，貫通群經，尤深於禮，和大昕以書信論學，〈癸亥冬復錢曉徵先生書〉：

> 廷堪年少，粗疏展卷，偶有所得，未敢自信，讀閣下之書，往往實獲鄙心，且多開其所未至。〔註277〕

並以禮請業於大昕：

> 釋氏之言心性，極其微妙，皆賢智之過，吾聖人不如是也，但一於禮……後儒怖釋氏之微妙，以爲六經所未有，於是竊取其說發揮一理以與之爭勝……然則閩洛之後，名爲聖學，其實皆禪學也。何以金谿餘姚哉。〔註278〕

又曰：

> 孟子以爲人性善，猶水之無不下，荀子以爲人性惡，必待禮而後善。然孟子言仁言義，必繼之曰禮，則節文斯二者，雖孟子亦不能舍禮而論性也。廷堪學禮未深，管窺及此，敬質諸角丈。……〔註279〕

廷堪乞大昕開其迷惑。二人除究禮學，並以相酬唱，大昕有〈題凌仲子教授校禮圖〉，譽其「偉哉凌君學，羣言謝未能，禮經手自斠，釋例十三章，大義何卓犖。」〔註280〕大昕自謂：「我衰耄已及，廢學眾所毃」。〔註281〕大昕誘掖後學，不嫌溢美，於焉以見。凌仲子亦有和大昕重遊泮宮元韻詩。

25. 黃丕烈

〔註275〕〈又答洪稚存書〉，《文集》卷卅三，頁557。
〔註276〕阮元〈次仲凌君傳〉、《凌次仲年譜》、《人物綜表》。
〔註277〕《校禮堂文集》卷廿四，頁15。
〔註278〕同上。
〔註279〕同上。
〔註280〕《詩續集》卷十，頁139。
〔註281〕同上。

　　黃氏字紹正，一字紹甫，號蕘圃，晚號復翁，江蘇吳縣人，乾隆五三年
（1788）舉人，刊有《士禮居叢書》，後人輯有《蕘圃藏書題識》、《刻書題識》，
卒年六三（1763～1825）。〔註282〕

　　丕烈別號、室名之多，古今人中少有能出其右者，蒐藏宋本書勤而豐，
顏其室曰「百宋一廛」，自號曰「佞宋主人」，然於宋本善刻之外，亦多營求，
丕烈與大昕交情甚篤，每得一善本，即就正於大昕。

> 此冊出張沖之家……沖之名懷榮（一作德茶），與乃翁共喜鈔書，故
> 多秘本，向與竹汀爲友……竹汀嘗爲余言，沖之家書籍多善本，余
> 往往借讀，今此冊有戶汀題識可知已，沖之身後流落殆盡，余收之
> 不下數十種，每得後亦就質於竹汀」。〔註283〕

近人羅炳綿云：

> 黃丕烈，字紹武，一字紹甫，號蕘圃，和大昕交往最密切，每得
> 一善本，幾乎都就正於大昕，今檢潛研堂文集，其中不少跋文，
> 都是爲丕烈而寫的，竹汀日記鈔所載所見古書，多黃蕘圃百家一
> 廛物。黃氏所藏元刻本元統元年進士題名錄，和平水新刊韻略，
> 對大昕在元史及音韻上的觀點認識和考證，都有很大裨益。〔註
> 284〕

《竹汀日記鈔》載所見古書，多百宋一廛物，計有三十餘則，今舉其要者：

> 黃蕘圃以江少虞事實類苑送閱，據宋志是書兩見于故事類事門，俱
> 云廿六卷，此本有小序，云始於祖宗聖訓，終於風土雜誌，總六十
> 三卷，與宋志不合，而書亦殘闕，其存者，卷一至卷五。卷十五、
> 卷十六、卷十八至廿五、卷三十、卷三十一、卷三十九至四十一、
> 卷四十五至四十七。卷五十五至六十三，少虞自序云二十四門，今
> 數之止十有七，即此十七門亦未必全也。又柳開河東先生集十五卷，
> 附錄一卷，門人張景編，咸平三年，景序抄本，序後有小字一行云：
> 胥山蠶妾沈彩書，又李存俟庵先生集三十卷，亦鈔本，與予所見大
> 興朱氏家鈔本同。又李士瞻經濟文集四卷，予向未所見，據天順三
> 年永新劉雋序，似與其子繼本一山文集合刻，繼本至正丁酉進士翰

〔註282〕《學案》一二五、《人物綜表》、《黃蕘圃先生丕烈年譜》。
〔註283〕〈跋鈔本義門小稿〉，《蕘圃藏書題識》卷九，頁887。
〔註284〕羅炳綿，〈黃丕烈研究〉，新亞學術年刊第四期。

林檢討，今其集不可得見矣。〔註285〕

晤黃堯圃，見其所得三歷撮要一卷，不著撰人，亦無年月，卷中引沈存中筆談，當是南宋人作也。其所引有萬通百忌諸歷，名目甚多，皆選擇所用，未審三者何所指也。又新校地理新書十五卷，金明昌壬子古戴張謙校刊有序，前有大定閼逢執徐歲平陽畢履道序。攷宋志，王洙地理新書本三十卷、經畢張二家重校，多必芟落，每條之後，間附謙說，大約非皇祐之舊矣。〔註286〕

黃堯圃齋中，見宋刻舊唐書不全本，每卷後有右文林郎充兩浙東路提舉常平司幹辦公事某校勘字，卷首朱印紹興府鎮越堂官書八字，每葉二十八行，與聞人本同，蓋即從此本翻刻也，又豫章先生集卷一至十九，即山房李彤，洛陽朱敦儒，編校之前集也。〔註287〕

黃堯圃來，以唐秘書省正字徐夤釣磯文集見借，夤字昭夢，莆田人，乾寧初進士，釋褐秘書省正字。據其族孫師仁序云：家故有賦五卷，探龍集五卷。又於蔡君謨家得稚道機要，又訪得詩二百五十餘首，以類相從，爲八卷，并藏焉。今本僅十卷，則裔孫玩所編次，賦詩各五卷，而賦又缺其一，云是錢氏也是園鈔本。〔註288〕

讀黃堯圃所藏元統元年進士錄，第一甲三人，第二甲十五人，第三甲三十二人，左右榜皆同，蒙古色目各二十五名爲右榜，漢人南人各二十五名爲左榜。〔註289〕

黃堯圃以運使復齋郭公言行錄，及編類運使復齋郭公敏行錄共二冊見示，言行錄者，福州路教授徐東所編。郭公名郁，字文卿汴之封邱人，金末避兵遷大名，由江淮樞密院令史歷官福建都轉運鹽使，敏行錄則一時投贈詩文碑記也。兩錄皆有黃文仲林興祖序，黃序題至順二年辛未。〔註290〕

大昕亦於借閱書上，或加句讀或校勘，或跋文，如：

〔註285〕卷一，頁 5～6。
〔註286〕同上，頁 8。
〔註287〕卷一，頁 17。
〔註288〕同上，頁 9～10。
〔註289〕同上，頁 35。
〔註290〕同上，頁 53～54。

適錢少詹辛楣先生借閱，藉以折衷，遇疑處皆筆諸紙條貼其上，足見前輩好學深思，不務涉獵，實爲後生龜鑑。〔註291〕

十一月錢竹汀爲先生跋宋本東家雜記。〔註292〕

重五日夏至錢竹汀爲先生跋元刻元統元年進士題名錄。〔註293〕

嘉平月八日錢竹汀先生爲先生跋汪本隸釋刊誤。〔註294〕

冬日以宋本北山小集示錢竹汀錢有跋。〔註295〕

十月十九日錢竹汀爲先生跋鈔本不得已。〔註296〕

五月五日庚辰錢竹汀爲先生跋元本祖庭廣記。〔註297〕

錢少詹曾借讀（《鈔本安南志略》）一過，用硃墨兩筆手校，並加句讀。〔註298〕

大昕亦贈書予丕烈，《黃蕘圃年譜》云：「錢竹汀先生以殘元本陳眾仲文集及明翻元刻本全集同贈先生」，陳集跋云：

此元刻陳眾仲文集七卷、潛研堂藏書也，辛楣先生於辛酉歲（嘉慶六年），與明翻元刻本同以遺余，蟲傷水濕，不可觸手，頃付裝池，僅取元刻列諸所見古書錄甲編中，謂此半璧之珍，世所未見耳。

丕烈亦爲大昕訂補刊刻《元史》，《黃蕘圃年譜》云：

夏，爲錢竹汀訂補元史藝文志。〔註299〕

又云：

三月，爲錢竹汀先生刊元史藝文志成。〔註300〕

綜《竹汀日記鈔》、《文集》之序跋，及《蕘圃藏書題識》，錢、黃來往甚頻，交情殷篤，互相裨益甚大。茲引數條以見之：如宋本《儀禮疏》單行本及《爾

〔註291〕〈舊鈔本大金禮集跋〉，《蕘圃藏書題識》卷三，頁238。
〔註292〕《黃蕘圃先生丕烈年譜》（後簡稱《黃蕘圃年譜》），頁47。
〔註293〕《文集》卷二十八，頁446，《黃蕘圃年譜》，頁17。
〔註294〕《黃蕘圃年譜》，頁29。
〔註295〕《文集》卷三十一，頁483，《黃蕘圃年譜》，頁28。
〔註296〕《黃蕘圃年譜》，頁36。
〔註297〕同上，頁43。
〔註298〕《黃蕘圃藏書題識》卷三、〈鈔本安南志略〉，頁162。
〔註299〕《黃蕘圃年譜》，頁43。
〔註300〕同上。

雅疏》單行本，不特一新大昕耳目，並而得證唐人撰《九經》疏本與注別行，
《竹汀日記鈔》卷一：

> 晤黃蕘圃……見宋板儀禮疏單行本，每葉三十行，每行二十七字，
> 凡五十卷（原注：內闕卷卅二至卅七），末卷有大宋景德元年校對，
> 同校，都校諸臣姓名，及宰相呂蒙正，李某（原注：不著名）。參政
> 王旦，王欽若銜名。〔註301〕

又見《爾雅疏》單行本，與袁氏（又愷）所藏本行款悉同。〔註302〕

《十駕齋養新錄》有「注疏舊本」條：

> 唐人撰九經錄疏，本與注別行，故其分卷亦不與經注同。自宋以後
> 刊本欲省兩讀，合注與疏為一書，而疏之卷第遂不可考矣。予嘗見
> 宋本儀禮疏，每葉三十行，每行廿七字，凡五十卷，唯卷三十二至
> 三十七闕，末卷有大宋景德元年校對、同校，都校諸臣姓名，及宰
> 相呂蒙正，李（原注：不署名，蓋李沆也）參政王旦、王欽若銜名。
> 又嘗見北宋刻爾雅疏，亦不載注文，蓋邢叔明奉詔撰疏，猶遵唐人
> 舊式。諒論語孝經疏亦當如此，惜乎未之見也。〔註303〕

是乃見黃丕烈的藏書後而寫。此外，黃丕烈又曾示以其他可訂補《元史》之
不足的善本罕見書，《十駕齋養新錄》「復齋郭公言行錄及敏行錄」條：

> 黃蕘圃買得運使復齋郭公言行錄，及編類運使復齋郭公敏行錄各
> 一冊。郭公名郁，字文卿，汴之封邱人，金末避兵遷大名，由江
> 淮樞密院令史歷官福建都轉運鹽使，言行錄者，福州路教授徐東
> 所編，敏行錄則一時投贈詩文碑記也。兩錄皆有黃文仲林興祖序，
> 黃序題至順二年辛未。自來搜輯元代藝文者，皆未之及，爰表而
> 出之。〔註304〕

丕烈藏書有助大昕治學或考訂者尚不少，《潛研堂文集》之跋文，及《養新錄》
有關所見書之記載，便可得其概略。

26. 阮　元

阮氏字伯元，號雲臺（或芸臺），江蘇儀徵人，乾隆五四年（1789）進士，
官至太子太傅。編著《皇清經解》、《經籍纂詁》、《疇人傳》八卷、《積古齋鐘

〔註301〕《日記鈔》卷一，頁31。
〔註302〕同上。
〔註303〕卷三，頁81。
〔註304〕卷十三，頁704。

鼎彝器款識》一卷、《詩書古訓》十卷等，卒年八六（1764～1849）諡文達。〔註305〕

　　阮氏聰明早達，年二十三舉鄉試，入都與邵二雲、王懷祖、任子田三先生友。邵二雲乃大昕乙酉秋典試浙右所得士，相知最深，阮氏由二雲介識得交於大昕。五十八年阮氏督山東學政，撰《山左金石志》，大昕爲之序云：

　　　　乾隆癸丑秋，今閣學儀徵阮公芸台，奉命視學山左，公務之暇，諮訪耆舊，廣爲搜索……乙卯秋，公移節兩浙，攜其稿南來，手自刪訂，嘉慶丙辰秋書成，凡□□卷，寓簡於大昕，俾序其顚末。〔註306〕

嘉慶二年修《經籍纂詁》百有六卷，貽書大昕，令序其緣起，大昕序云：

　　　　公在館閣日，與陽湖孫季逑，大興朱少白，桐城馬魯陳，相約分纂，鈔撮羣經，未及半而中輟，乃於視學兩浙之暇，手定凡例……書成凡百有十六卷，公既任滿，赴闕，將刊梨棗，嘉惠來學，以予粗習雅故，貽書令序其緣起。〔註307〕

論學治經，予阮氏推崇備至。而阮氏並爲大昕刊《三統術衍》。〔註308〕

27. 袁廷檮

　　袁氏字又愷，一字壽階，江蘇吳縣人，卒年四七（1764～1810）。〔註309〕

　　其讀書處名五硯樓，又名漁隱小圃，吳門四大藏書家中，年紀最少，而與大昕交最密。袁氏五硯樓築於嘉慶二年，《年譜》嘉慶二年丁巳條：「七月七日集袁又愷上舍五硯樓，觀其所藏碑刻。」〔註310〕次年大昕爲作〈五硯樓記〉，推許袁氏兼具能藏、能讀、能校三美：

　　　　承其父兄之緒，益以通經敦行，孟晉匪懈……生平篤好文史，聚書數萬卷，多宋元舊槧及傳鈔祕本，暇日坐樓中，甲乙校讎，丹黃不去手，予嘗論世少藏書之家，藏矣未必能讀，讀矣未必能校……獨又愷兼三美而無一病，予心重焉。〔註311〕

袁氏，精於校讎，並好鈔書，顧千里云：

〔註305〕《學案》卷一二一、《人物綜表》、《清代通史》卷中。
〔註306〕〈山左金石志序〉，《文集》卷二十五，頁368。
〔註307〕〈經籍纂詁序〉，《文集》卷二十四，頁350。
〔註308〕年譜嘉慶六年辛酉條：「阮宮保爲刊三術衍」。
〔註309〕《漢學師承記》卷四、《人物綜表》、《國朝先正事略》卷卅六。
〔註310〕《竹汀居士年譜續編》，頁3。
〔註311〕〈五硯樓記〉，《文集》卷廿一，頁312。

往者吾友袁廷檮有鈔書癖，與盧學士文弨、錢少詹大昕諸先生往還，每聞秘冊，必請傳其副，間邀余過五硯樓題商榷，以爲樂事。〔註312〕

故大昕時與通假古籍，並據以校正俗本誤字，及妄加刪改者。如：

悟袁又愷借得李仁甫《續通鑑長編》第一函，即永興大典內鈔出之本也，起建隆至元符三年正月，其中尚缺治平四年四月至熙寧三年三月。又自元祐八年七月至紹聖四年三月若徽欽兩朝則《永樂大典》亦無之也，其分卷五百二十，則館臣以意分析，非李氏之舊矣。〔註313〕

晤袁又愷，藏在東，見宋板《爾雅疏》，又翻刻朱文公《周易本義》十二卷，前有易圖，卷末附筮儀，五贊。咸淳乙丑，九江吳革刊本，其雜卦傳：遘，遇也，不作垢，與唐石經，岳倦翁本同。可證文公本猶未誤也，向讀咸速也，恆久也，注惟咸速恆久四字，甚疑之，讀此本，乃是感速常久，乃悟俗本之誤。〔註314〕

晤袁又愷，見宋刻朱文公詩集傳，彼徂矣岐句下，引沈氏說：辨徂岨二文異同甚詳，今坊本無之，蓋明人妄刪，失其舊矣。此大字本，每葉十四行，行十五字，又《地理指掌圖》三冊，序首題西蜀蘇軾，係後人託名，然必北宋人所爲，其中又雜入紹興所改府名，則南宋坊賈爲之耳。〔註315〕

借袁又愷所得《玉峰志》上、中、下三卷，陽羨凌萬頃叔度、開封邊實宜學撰。淳祐辛亥五月修，刊於壬子二月，有凌萬頃、項公澤二跋。又《續志》一卷，則咸淳壬申出邊實一人之手，有謝公應及實跋。〔註316〕

借袁氏《三朝北盟會編》鈔本，每卷首題朝散大夫充荊湖北路安撫司參議官，賜緋魚袋臣徐夢莘編，有紹熙五年十二月嘉平日自序凡二百五十卷，政宣上帙二十五卷，靖康中帙七十五卷，炎興下帙百

〔註312〕〈雲間志跋〉，《思適齋集》卷十四，《叢書集成三編》，頁640。
〔註313〕《日記鈔》卷一，頁12。
〔註314〕同上，頁13～14。
〔註315〕同上，頁24。
〔註316〕同上，頁26。

五十卷。〔註317〕

晤袁又愷，見徐鍇篆韻不全本，前有長方印文云：欽差處置邊務
關防，云是葉氏藏本。又有明刻萬玉堂本太元經。范望注，甚精。
〔註318〕

《日記鈔》中所記古籍互借多見，而大昕《二十二史考異》，每引袁氏之精於
校讎：

卷十九晉書地理志上「臨留國魏武帝封」條：袁廷檮曰：武帝當作
元帝，即常道鄉公也，晉受禪，封爲陳留王，追諡元皇帝。

卷廿四宋書劉粹傳，「封灄縣男」條：袁廷檮曰：灄下脫陽字。州郡
志：江下郡有灄陽縣。徐羨之傳：作灄陽縣男。卷廿六梁書良吏傳
庾蓽「父深之，宋應州刺史」條：大昕云：宋時無應州，此必誤。

並引袁廷檮曰：當是雍字之譌。

其他如卷廿七《陳書・弘正傳》、卷卅四《隋書・經籍志》（凡二引）、卷卅六
《南史・袁泌傳》、卷卅九《北史・宋隱傳》及《淳于誕傳》等處，均引之以
校勘。除古籍之通假，大昕和袁氏亦不乏唱和之作，《年譜》嘉慶三年戊午條：
「三月，袁上舍廷檮，招同王述庵、潘榕皋、段懋堂、蔣立厓諸先生，集漁
隱小圃看花」，賞牡丹，分韻得惠字，詩云：

主人約看花，上客此停軺，一詠閒一觴，聊舉永和例……。〔註319〕

此朋儕行樂也。又愷移居，大昕以詩和之，二人劘鐙論學，從鈔善本，其交
深也。詩云：

名山何必占匡廬，竹柏依然舊日居。門對招提非學佛，
家鄰宛委好收書。春雲澹送千巖黛，夜月閒吟一笛漁。
載酒往來無熟客，不妨薄笨當安車。
峭蒨支硎近可游，瀑泉如布石如蚪。深奇欲到最高頂，
結伴都尋第一流。安定醉鄉多日月，立方韻語即陽秋。
誰言五硯無多物，大勝人間百尺樓。
倚樓長嘯老孫登，甲乙圖書啓繡幐。學海墨收波萬頃，
心田腴穫麥千塍。曉窗注易重研露，夜雨留賓共劘鐙。

〔註317〕同上，頁31。
〔註318〕同上，頁38。
〔註319〕《詩續集》卷九，頁124。

我欲相從鈔善本，借君棐几一閑凭。〔註320〕

28. 顧之逵

顧氏字抱沖，號安道，江蘇元和人，顧千里之從兄，廩貢生，好藏書，顏其室曰「小讀書堆」，與黃丕烈，士禮居竝稱於時，著有《一瓻錄》，卒年七十一（1765～1835）。〔註321〕

抱沖好藏書，讀書校書不輟，焦循〈四哀詩〉云：「丹鉛縱橫，誦讀不輟」。瞿中溶亦云：「嗟嗟顧君好讀書，百萬牙籤皆玉軸，宋刊元印與明鈔，插架堆床娛心目。」〔註322〕大昕亦稱之：「坐擁百城書」。大昕云：

> 東吳顧文學，坐擁百城書。意適思河豕，心閒逐蠹魚。
>
> 遺聞搜越絕，小說屏虞初。欲訪黃門跡，空山自結廬。
>
> 小松瀟灑客，爲畫讀書堆。泉石緣非俗，風流盡可哀。
>
> 篋留前度札，階掩舊時苔。辛苦丹黃在，遺編忍數開。〔註323〕

大昕曾借閱抱沖所藏常熟毛氏鈔本《五經文字》、《九經字樣》，及宋槧李壁注《王介甫詩》等書，《日記鈔》卷一記之甚詳：

> 晤顧抱沖，觀所藏《五經文字》、《九經字樣》，前有開運丙午國子祭酒田敏序，係常熟毛氏鈔本，又司馬溫公《切韻指掌圖》，後有嘉泰癸亥番陽董南一跋，紹定中刊本也。〔註324〕
>
> 顧抱沖過談云有李燾《長編》、《宋二百家文粹》，及宋槧李壁注《王介甫詩》、施元之注蘇詩不全本。〔註325〕
>
> 晤顧安道見宋槧《經典釋文》一本，又《春秋左氏釋文》、《禮記釋文》兩種，亦宋刻。并見《史記》一部，目錄後有一行云：三峯樵隱蔡夢弼傅卿校正。又〈三皇本紀〉末有二行云：建溪蔡夢弼傅卿親校。刻於東塾，時乾道七月，春王正上日書。又〈五帝本紀〉，〔註326〕末有墨長印文二行云：建溪三峯蔡夢弼傅卿親校，謹刻梓於望道亭。
>
> 顧安道過談送龔璛《存悔齋詩》一本，又借得淳熙耿氏刊《史記》

〔註320〕〈和袁又愷移居〉，《詩續集》卷八，頁115。

〔註321〕《學案》卷一二五、《人物綜表》、《國朝先正事略》卷卅六。

〔註322〕《藏書紀事詩》引。

〔註323〕〈是顧秀才抱沖小讀書堆圖〉，《詩續集》卷九，頁123。

〔註324〕卷一，頁22～23。

〔註325〕同上，頁40。

〔註326〕同上，頁19～20。

本，有《集解》與《索隱》而無《正義》，每葉廿四行，行廿五字，前有淳熙辛丑耿秉序，後有廣漢張杆跋。板心稱前跋當有，後跋而今失之矣。〔註327〕

借讀顧氏所藏《切韻指掌圖》影南宋槧本，前有司馬溫公自序，後有嘉泰癸亥六月鄱陽董南一，及紹定庚寅三月四世從孫兩跋，其廿圖以高、公、孤、鉤、甘、金、干、官、根、昆、歌、戈、剛、光、觥、拘、該、基、傀、乖爲次，三十六字母次第，與今所傳同，高剛同以各爲入，公孤同以谷爲入，歌干同以葛爲入，戈官同以括爲入，非分同以弗爲入。〔註328〕

而抱沖所藏澄江耿秉刊於廣德郡齋本史記，予大昕治史影響尤鉅，大昕云：

予所見《史記》宋槧本，吳門顧抱沖所藏，澄江耿秉刊於廣德郡齋者（以下簡稱耿本），紙墨最精善，此淳熙辛丑官本也⋯⋯有《索隱》而無《正義》。明嘉靖四年莆田柯維熊校本，始合《索隱》、《正義》爲一書⋯⋯。〔註329〕

大昕見顧抱沖所藏「耿本」《史記》似在《廿二史考異》成書後。蓋《考異》未提及耿本《史記》，後撰《三史拾遺》，才屢用耿本《史記》以校勘。如校〈夏本紀〉「雲夢土爲治」句：

索隱曰：雲土夢本二澤名。韋昭曰：雲土今爲縣。今案地理志：江夏有雲杜縣，是其地。今索隱單行本，大書雲土夢三字，蓋小司馬本土在夢土。〔註330〕

此外校「終南敦物」句，校〈秦本紀〉、校〈高祖本紀〉、校〈酷吏傳〉等處，皆曾用耿本，其後並鈔錄耿秉跋文作爲附錄。

29. 何元錫

何氏字夢華，又字敬祉，號蜨隱。浙江錢塘人，官主簿，有《秋神閣詩鈔》。卒年六十四（1766～1829）。〔註331〕

精於薄錄之學，家多善本，嗜古成癖，手拓金石甚多，大昕〈何桐蓀墓

〔註327〕同上，頁15。
〔註328〕同上，頁53。
〔註329〕《養新錄》卷十三，史記宋元本條，頁676。
〔註330〕三史拾遺。
〔註331〕《人物綜表》、錢大昕〈何桐蓀墓誌銘〉。

誌銘〉云：「夢華篤志好古，尤嗜金石刻。」〔註332〕該銘即爲何元錫之父而作。
元錫與大昕交有年，大昕云：

> 錢塘何元錫夢華與余交十年矣。〔註333〕

何氏常出示大昕以金石文字及善本書籍，《日記鈔》卷一屢言及：

> 晤何夢華借讀王象之輿地紀勝二百卷，首兩浙西路臨安府至利州路利
> 州止，卷百八十五以下俱闕，又闕百六十八至百七十三，○十三至十
> 六，○百三十五至百四十四，○五十不全，○闕五十一至五十四，前
> 有嘉定辛巳孟夏自序，及寶慶丁亥季秋眉山李塤序，象之字儀父，東
> 陽人，其自序云：少侍先君宦游四方，江淮荆閩，靡國不到，又云：
> 仲兄行父，西至錦城，叔兄中甫，北趨武興，南渡榆瀘。〔註334〕

> 何夢華贈吳越國故僧，統慧日普光大師塔銘，後題元年歲次甲午元
> 年，上字已磨滅，蓋文穆王嗣位之第三年，後唐應順元年，其四月，
> 潞王改元清泰矣。〔註335〕

> 何夢華寄示巡檢司印，四旁皆有正書。一云：龍興貳柒年月□日。
> 一云：監造官樊，一云：州府箚付潭州大潭。一云：巡檢司印。龍
> 興係趙諗僞號。貳柒年月，或是二年七月，文偶顛倒耳。潭州，今
> 長沙府。〔註336〕

> 讀葉石君金石文隨錄手槀六大冊，何夢華家藏。〔註337〕

> 讀孔氏祖庭廣記十二卷，先聖五十一代孫襲封衍聖公元措所編，初
> 刻于金正大四年，此則大蒙古國。壬寅年重刻本，是時蒙古未有年
> 號，當宋之淳祐二年也，錢唐何夢華所藏。〔註338〕

何氏出示之東鎮廟元碑，風山靈德王廟碑……等，大昕皆據以考證，故大昕
有〈題何夢華滌碑圖〉詩，倍譽夢華之今人勝昔人，於瓦礫中見金銀：

> 能於沒字中尋字，始信今人勝昔人。一斛清泉三尺帚，誰知瓦礫有

〔註332〕〈何桐薝墓誌銘〉，《文集》卷四十五，頁702。
〔註333〕同上。
〔註334〕《日記鈔》卷一，頁54～55。
〔註335〕同上，卷二，頁82。
〔註336〕同上，頁84。
〔註337〕同上，頁49。
〔註338〕同上，頁54。

金銀。〔註339〕

借閱何氏所藏善本，亦復據之考證：

> 此書初刻於開封，再刻於曲埠。今何夢華所藏，紙墨古雅的爲初印
> 本。予嘗據漢、宋、元諸石刻，證聖妃當爲并官氏。今檢東家雜記
> 及此書，并官氏屢見，無有作开字者，乃知宋元刻本之可寶，自明
> 人刻家語，妄改爲开，沿譌三百餘載，良可喟也。〔註340〕

故何氏予大昕考據甚有助益。

30. 顧廣圻

顧氏字千里，號澗薲，又號思適居士，江蘇元和人，年逾三十始爲諸生，精邃校勘，平生刊刻之書綦多，著有《遯翁苦口》一卷、《思適齋文集》十八卷等，卒年七十（1770～1839）（一作卒年七六）。〔註341〕

顧氏和大昕來往親密，《國朝先正事略》：「老友中來往親密者，自錢宮詹大昕外，推褚部郎寅亮爲最」。喜校書，皆有依據無鑿空，時人如黃蕘圃、胡果泉、秦敦夫、吳山尊皆推重之，延之刻書。《竹汀日記鈔》卷一，亦屢記大昕與千里借閱善本書事：「晤顧千里見元賦青雲梯鈔三冊」，〔註342〕又據《年譜》有「與顧千里論平宋錄書」，顧千里云：

> 往者吾友袁君廷檮，有鈔書癖，與盧學士文弨、錢少詹大昕諸先生
> 往還，每聞秘冊，必請傳其副，間邀余過五硯樓品題商榷，以爲樂
> 事。〔註343〕

大昕爲學主博，故先之以聚書，而所聚尤喜善本。蓋大昕聚書以達用，而善本以之勘實，顧氏所藏善本，有助大昕鉅矣。

31. 嚴元照

嚴氏字修能，號久能，歸安人，治經史，務實學，絕意進取，年才弱冠，便好宋刻書，築室名芳椒堂，多宋元槧本，著有《爾雅匡名》八卷、《娛親雅言》八卷，《悔菴文鈔》、《詩鈔》、《詞鈔》等，卒年四十五（1773～1817）。

〔註339〕〈題何夢華滌碑圖〉，《詩續集》卷七，頁99。
〔註340〕《養新錄》卷十三，孔氏祖庭廣記條，頁996。
〔註341〕《學案》卷一二五、《人物綜表》、《續碑傳集》卷七十七、金山姚氏編《顧千里年譜》、《清代通史》卷中、《國朝先正事略》卷卅六、《吳縣志》卷六十八。
〔註342〕《日記鈔》卷一，頁39。
〔註343〕〈雲間志跋〉，顧廣圻《思適齋集》卷十四，頁640。

〔註344〕

　　大昕與嚴氏交有年矣，大昕〈嚴半庵墓誌銘〉云：「予與歸安嚴文學元照交有年矣，予假館吳門，相去僅兩日程，聞其家多藏書……」，〔註345〕久能屢以宋刻借予大昕，如：

　　　　嚴久能以宋刻陸宣公翰苑集見示。〔註346〕

　　　　嚴久能以宋板夷堅志四冊見示，元人重修本也，有沈天佑序。〔註347〕

而〈嚴半庵墓誌銘〉〔註348〕係爲久能之父而作，大昕又爲嚴氏序《娛親雅言》云：

　　　　召谿嚴久能氏，少負異才，擩染家學，所居芳茮堂聚書數萬卷，多宋元槧本。久能寢食於其間，漱其液而嚌其胾，中有所得。質之尊人茂先翁，許諾而謹書之，積久成帙，名之曰娛親雅言……夫古之娛親者、牽車負米……而嚴氏之娛，近在庭闈，以圖籍爲兼珍，以辯難爲舞綵……吾惡能測久能之所至哉。〔註349〕

久能少負異才，擩染家學，聚書數萬卷，諒必予大昕多所影響。

32. 黃錫蕃

　　黃氏字椒升，海鹽人，精鑒賞，工八分，少饒于貲，購求金石文字，日事參考。家落，以布政司都事需次福建，上游器重之，署上杭縣典史，辭疾歸。日坐小樓，從事丹鉛。好古之士，咸就質焉，著有《金石表》二卷、《續古印式》一卷、《醉經樓存稿》二卷。〔註350〕

　　黃氏酷嗜古印，從潛研遊。魏鶴山〈渠陽詩跋〉云：「海鹽黃椒升，余廿年前友也，頗藏書，最喜金石，尤好蓄古印，兼精篆刻，嘗往來吳門，從潛研老人游」。〔註351〕故每至，必攜善本書或古印相質：

　　　　黃椒升以晉率善俀伯長印見示。不知俀字何義，予據後漢書板楯蠻傳，定爲蠻部落之號。〔註352〕

〔註344〕《學案》卷一一九、《人物綜表》、《碑傳集補集》卷四十八。
〔註345〕《文集》卷四十五，頁705。
〔註346〕《日記鈔》卷一，頁39。
〔註347〕《日記鈔》卷一，頁40。
〔註348〕《文集》卷四十五。
〔註349〕同上，卷二十五，頁375。
〔註350〕《海鹽縣志》、《文苑傳》、《中國藏書家考略》。
〔註351〕《菀圃藏書題識》卷八，頁63。
〔註352〕《日記鈔》卷二，頁81。

大昕得之，以印證所指，則益明白，《十駕齋養新錄》提及此事，指出章懷注《後漢書》之誤：

> 海鹽黃錫蕃椒升，得古銅印，駝紐。文曰「晉率善俀伯長」，訪諸摹印家，莫知「俀」爲何義。昨訪予吳門，以此印出示，予謂「俀」必爲南蠻部族之稱。考後漢書板楯蠻傳：殺人者得以俀錢贖之。章懷注引何承天纂文云：俀，蠻夷贖罪貨也。予謂錢已是貨，何必更言俀。據下文云：七姓不輸租賦，餘戶歲入賨錢口四十，則賨與俀皆蠻部落之號，徵賨錢以代租賦，徵俀錢以贖罪，其義一也。章懷以俀爲贖貨之名，蓋失其旨。得此印証之益明白矣。〔註353〕

33. 張德榮

張氏字沖之（一作充之），號伊蒿，長洲人，父張位，富藏書，且喜鈔書，〈吳門蓍舊記〉云：

> 張德榮，字沖之……家貧力學，平生好古書，手鈔數百卷藏於家。予感舊詩云：「講席鈔書不計貧，愚愚眞是葛天民，家風疏水尋常事，留得心香一點春。」

大昕不特借閱張氏之書，亦介識定交於丕烈，丕烈〈跋鈔本義門小稿〉云：

> 此冊出沖之家……沖之名懷榮，（紀事詩作德榮），與乃翁共喜鈔書故多秘本，向與竹汀爲友。後竹汀主講紫陽，猶以一衿肄業院中……竹汀嘗爲余言，沖之家書籍多善本，余往往借讀。今此冊有竹汀題識可知已。沖之身後流落殆盡，余收之不下數十種，每得後亦就質於竹汀。〔註354〕

二人借閱鈔書外，亦以論究，《日記鈔》云：

> 張沖之來談，借得咸淳臨安志十六本，乃從盧學士校本借鈔者，元目百卷。〔註355〕

故沖之予大昕治學助益甚鉅。

34. 周天度

周氏字心羅，號讓谷，仁和人，乾隆進士，官許州知州，有《十誦齋集》。周氏和大昕於乾隆十六年辛未同在幕府，意甚相得，二人論學交往，大昕有

〔註353〕《養新錄》卷十五、晉率善俀印條，頁794～795。
〔註354〕〈跋鈔本義門小稿〉，《蕘圃藏書題識》卷九，頁887。
〔註355〕《日記鈔》卷一，頁13。

詩云：「和林舊事編成後，更與何人質異同。」〔註356〕蓋大昕《元史》編成後，而讓谷已逝，故有此嘆，可窺周氏予大昕治史之助。故大昕乾隆三十九年充河南鄉試正考官，過許州追悼讓谷詩，大昕自注云：「己卯夏，西陲之許州任，過予寓齋話別，且言待予典試兩湖過許，當負弩效驅耳」，而今大昕過許州，讓谷已作古，故大昕懷之云：

> 三載金臺別袂分，繆爲恭敬意殷勤。今朝眞到郳城路，不見風流舊使君。
>
> 文章博洽世無雙，手茸官齋榜古幢。怊悵堂成人已逝，蛛絲空冒讀書窗。
>
> 讀史縱橫貫弗功，眼光如月破羣蒙。和林舊事編成後，更與何人質異同。
>
> 夜臺寂寞竟何如，落月空梁夢見虛。不用中郎求貌似，手痕細認隔年書。〔註357〕

詩中予讓谷讚譽不已，懷之殷甚。

35. 盧　址

盧氏字青厓，鄞人，諸生，博覽嗜古，工詩能詞，〔註358〕以「抱經」自號，里居和盧文弨相距不遠。青厓藏書處名「抱經樓」，和文弨之「抱經堂」稱謂略異。錢大昕曾爲青厓撰〈抱經樓記〉：

> 盧君青厓，詩禮舊門，自少博學嗜古，尤善聚書，遇有善本，不惜重價購之，聞朋舊得異書，宛轉借鈔，晨夕讎校。搜羅三十年，得書數萬卷，爲樓以貯之，名之曰抱經。…青厓有獨抱遺經之志，而先之以聚書，可謂知所本矣。曩余在京師，與君家召弓學士遊……青厓與學士（盧文弨），里居不遠，而嗜好亦略相似，浙中有東西抱經之目。茲樓之構，修廣間架，皆摹天一閣……〔註359〕

青厓以聚書爲治學之用，深得大昕所許。因青厓藏書之富，故大昕借閱藏書自是常事。不獨借閱，間或爲之跋。大昕曾借閱青厓藏宋槧《開慶四明續志》，並爲之跋云：

〔註356〕〈過許州追悼亡友周雲陳刺史〉，《詩集》卷六，頁93。
〔註357〕同上，頁92～93。
〔註358〕《鄞縣志》四十二、《中國藏書家考略》，頁132。
〔註359〕《文集》卷廿一，頁310。

續志成於開慶元年，出慶元府學教授梅應發，沿海制置司主管機宜文
字劉錫二人之手……予所見者，鄞縣盧氏抱經樓所藏宋槧本。〔註360〕
二人治學互有助益也。

36. 馮應榴

馮氏字星實，桐鄉人，乾隆辛未進士，官江西布政使，卒年六十一。〔註361〕

按：歷代人物綜表，以應榴生於一八〇一，卒於一八六一，然潛研堂
文集卅六，有與馮星實鴻臚書，若其生於一八〇一年，則距大昕
之逝，但四年，斷不可能有此書，與大昕論蘇詩之注，故其生卒
年有誤矣。

沈醉東坡詩，曾得宋槧五百家注及元槧百家注舊本，參以施注殘本，稽
其同異而辨正之，大昕亦與之論蘇詩之注云：

執事注蘇文忠公詩，正王施查三家之誤而補其漏略，可謂豪髮無遺
憾矣，施氏元本，春帖子在端午帖子之後，查本始易其次，以僕攷
之，兩帖子皆元祐三年所進，是年閏在十二月，諺所云一歲兩頭春
者也。〔註362〕

又云：

其正月己酉朔，據子由元日宿齋詩，今歲初辛日正三，明朝風氣
漸東南，還家強作銀幡會，雪底蒿芹欲滿籃，是正月三日辛亥祈
穀，四日壬子立春也。公於時已差禮部知貢舉，倒當鎖院，故不
及供帖子，其閏十二月十五日丁巳，為己巳歲之立春節，公次韻
劉貢父春日賜幡勝詩，有臘雪強飛才到地之句，此立春在臘月之
證也。任注元祐三年戊辰作，正謂此詩作於戊辰臘月，非謂戊辰
之春也。施氏編此詩於戊辰歲，本無差誤，查氏強作解事，移此
詩於己巳卷首，并將春帖子移於端午之前，則真誤矣。劉貢父集
中題云，呈子瞻沖元內翰，子開器資舍人執事，據許將傳，知成
都府，元祐三年，再為翰林學士，謂將於三年方旋京，未必立春
時即在朝，疑任注有誤。僕攷東坡內制集，有元祐三年四月十九
日宣詔，許內翰入院口宣，是則正月立春，許固未在朝列，若閏

〔註360〕《文集》卷廿九，頁455。
〔註361〕《人物綜表》、《中國藏書家考略》，頁109。
〔註362〕〈與馮星實鴻臚書〉，《文集》卷三十六，頁561。

十二月立春，正與坡公同直，任注本無誤也。年譜：先生生於景
祐丙子十二月十九日，不見干支，執事亦疑而未決。僕以遼志朔
攷證之，是年十二月，實乙巳朔，則公生日，當爲癸亥，施元之
以爲壬戌者，殊未足信，伏惟詳察。〔註363〕

指出查氏強移此詩於己巳卷首，春帖子移於端午之前之誤，施元之以公生日
於壬戌之未足信，大昕皆一一舉證之。

37. 馮集梧

馮氏，字軒圃，號鷺亭，桐鄉人，乾隆辛丑進士，授編修，家多藏書，
精校勘。嘗刻《元豐九域志》、《杜樊川詩注》、惠定宇《後漢書補注》，著有
《貯雲居稿》。〔註364〕

馮氏兄弟均好詩，集梧有杜樊川詩注，《竹汀日記鈔》云：

馮鷺庭過談，以宋牧仲詩稿五冊見示。阮亭、竹垞、青門三人評閱。

〔註365〕

可見集梧除以詩稿見示，並持善本書就教於大昕。

38. 陳　曦

陳氏字葯耘，嘉定人，以附貢生考充四庫館謄錄官，議敘州同知。〔註366〕

陳氏係大昕之妹婿，即《年譜》乙酉年云：「陳氏妹亦歸甯」，嫁于同縣
之陳曦，大昕常偕葯耘遊山戲水，年譜三十三年：其春與妹婿陳葯耘偕爲西
湖之游。並有詩記事：

江漲橋頭路，油雲濕四圍。偶同陳正字，來訪陸探微。

艸閣邀山入，蔬園得雨肥。主人留信宿，剪燭話依依。〔註367〕

〈同篠飲葯耘步至西湖上泛舟登孤山放鶴亭〉云：

湖山與我有夙約，際曉東風收雨腳。清游造物詎我靳，

火急出門杖策各。客兒蠟屐從所好，陶令籃輿且先卻。

花光橋抵松毛場，桑柘陰陰青繞郭。一重一掩引入勝，

四山合沓疑張幕。三年再到西子湖，澹妝濃抹渾如昨。

〔註363〕〈與馮星實鴻臚書〉，《文集》卷卅六，頁 561～562。
〔註364〕《嘉興府志》、《蒲褐山房詩話》。
〔註365〕《日記鈔》卷一，頁 61。
〔註366〕《錢辛楣先生年譜》，慶曾注，頁 20。
〔註367〕〈同陳葯耘宿陸篠歙荷風竹露艸堂〉，《詩集》卷九，頁 136。

榜人解事若相待，一葉扁舟鏡中著。沿緣挐音苻藻間，

卻上孤亭望寥廓。昔人孤絕肯結廬，特立離群意有托。

茂陵不艸封禪文，齒冷乘軒衛公鶴。有山可居品便高，

欲買空言氣徒索。興來且作十日游，廉讓之間差不惡。〔註368〕

泛舟西湖，並登孤山放鶴亭，又遊寶石山，有次韻藥耘：

岧嶢出城西，卓立千花塔。雷峯儼弟罳，雁行不相雜。

曉迎曈光射，暮受雲氣納。盤石踞其顛，呀如門半闔。

山高風自涼，匪秋亦颯颯。二分垂在外，側足敢輕踏。

遙聞鐘磬聲，隔嶺相應答。天然好圖畫，可惜付邨衲。

安得買山資，結茅安木榻。澹沱高士湖，一日繞一匝。

傳聞寶正年，制書可摹搨。千搜竟何有，前路碧蘚合。〔註369〕

詩集中不乏與藥耘唱和吟咏之作。

39. 嚴豹人

嚴氏字號生卒年均不詳，嚴氏喜藏宋元刻本、大昕每借閱之，《日記鈔》云：

借嚴豹人鈔本龍龕手鑑四卷，以平上去入爲次，每部又以四聲爲次，

遼沙門行均字廣濟集，有統和十五年燕京憫忠寺沙門智光序，即宋

至道三年也。〔註370〕

嚴豹人示宋刻嚴州圖經不全本，有紹興己未正月知州軍事董弅序，

攷宋志董弅嚴州圖經八卷，今止存三卷。〔註371〕

大昕嗜書，好交接藏書家，嚴豹人之藏書，予大昕甚大裨益。

40. 翟　灝

翟氏字大川，號晴江，仁和人，乾隆甲戌進士，官金華府教授，著有《四書考異》、《爾雅補郭》、《湖山便覽》、《艮山雜誌》、《通俗編》、《無不宜齋詩集》，卒於乾隆五十三年。〔註372〕

大川與大昕同年成進士，性簡訥，好讀書，其居室榜曰「書巢」，大昕有

〔註368〕〈同篠飲藥耘步至湖上泛舟登孤山放鶴亭〉，《詩集》卷九，頁139。

〔註369〕〈寶石山次韻藥耘〉，同上，頁143。

〔註370〕《日記鈔》卷一，頁13。

〔註371〕同上，頁73。

〔註372〕《人物綜表》、《中國藏書家考略》、《碑傳集》卷一三四、《清史列傳》卷六十八、《國朝耆獻類徵》卷二五五。

詩〈送翟晴江同年遠杭州〉：

> 翟君逸才真希有，往往新詩敵雙井。閉門日夕眈苦吟，
> 百鍊還同金出礦。鶹鶹高秋獨控搏，驊騮天際能馳騁。
> 竭來長安初會面，數載神交喜合併。曲江隄柳共探春，
> 夜雨檐花同說餅。一朝過我便分手，片葉歸颺拏舴艋。
> 誅茅好在屋三閒，負郭恰贏田十頃。但尋沙戶相逢迎，
> 恥向朱門工造請。家園風景況不俗，處處菰菱雜蒲荇。
> 南屏踏花手柳栗，西谿釣雪腰笭箵。江湖小集自足傳，
> 那羨頭銜署臺省。人生所貴在適意，避俗快如喉脫鯁。
> 君今還山追禽尚，我亦夙志慕張邴。何時過訪楊嘉橋，
> 主客圖成清話永。〔註373〕

（三）講學時期

1. 袁　枚

袁氏字子才，號存齋，後改稱簡齋，浙江錢塘人，乾隆四年成進士，選庶吉士散館，出知溧水、江浦、沭陽、江甯等縣。中年（年甫四十）辭官，退居於金陵小倉山麓之隨園，故世稱「隨園先生」，著有《小倉山房集》、《隨園詩話》、《隨園隨筆》等。卒年八二（1716～1797）。〔註374〕

《年譜》乾隆四十三年戊戌條云：「夏初，總督高文端公，延請為鍾山書院院長……課試之暇，與袁簡齋、嚴冬友諸公，為文酒之會，城內外諸名勝，屐齒幾徧。」〔註375〕時袁枚居小倉山之隨園（小倉山位江蘇江甯縣），襃裳登遊，杯酒縱談，朋友之至樂也。大昕《潛研堂詩集》有〈題隨園雅集圖〉：

> 莽池竹里輞川同，如此園林屬寓公。偶爾數人成小集，德星指點聚
> 江東。
> 才名蚤歲玉堂傳，穩臥山中又卅年。手撫陶潛琴一隻，算來得趣在
> 無弦。
> 鍾乳金釵膽太麤，小眉往往學春山。如何不仿西園例，添箇紅帬翠
> 竹閒。

〔註373〕《詩集》卷三，頁43～44。
〔註374〕《碑傳集》卷一○一、《人物綜表》、楊鴻烈《袁枚年譜》、方濬師《隨園先生年譜》、姚鼐〈袁隨園君墓誌銘〉。
〔註375〕《錢辛楣先生年譜》，頁26。

背郭依山只數椽，紅渠冉冉篠娟娟。洛陽不乏名園記，誰似蘭成一賦傳。〔註376〕

又〈隨園鐙詞〉，怪來千鵲噪連朝，果有詩僊折簡招。院院燈鐙全不夜，小春天氣當元宵。

檀板新歌試幾番，觀鐙齊上曲闌干。天公似助詩人興，半夜無風又不寒。

十分色相百分杯，眼福人生得幾回。不枉金陵三載住，小倉山館看鐙來。〔註377〕

乾隆四十五年袁枚之弟香亭，改任廣東太守，大昕亦有詩送之云：

御屏名列幾多時，粵嶠清風試一麾。美政久書江表傳，詞人例作嶺南詩。天開韶石多奇骨，春到花田有異姿。五馬經行看不盡，略憑驛使報儂知。〔註378〕

大昕之母薨於嘉定里第，屬枚銘墓，其情誼於此亦可見一斑。枚銘云：「詹事與枚垂老膠漆，賞奇析疑，益我知識，詹事益我，實太恭人德我，感德不讓，敬撰銘之。」〔註379〕袁枚年七十三，患腹疾久而不愈，作歌自輓，大昕亦有和作：

楚客旁招計太遲，符頭未到若先知。小生近亦頻疴作，循例從公乞一詩。

一朵青蓮舌尚存，石城虎踞獨稱尊。嗤它癡臥希夷叟，虛擲光陰養夢魂。

浮休莫把世緣空，天意留公要惱公。未肯便宜放歸去，雞窠製就待詩翁。

小園有菊有松梅，輓住颿輪不得回。天上文星例相妒，此人肯放出頭來。〔註380〕

乾隆六十年簡齋八十壽辰，大昕以詩壽之：

天與先生福慧全，文章經濟又神僊。蓬萊小謫三千歲，
湖海新詩一萬篇。科第校量皆後輩，雲山供養有前緣。

〔註376〕《詩續集》卷三，頁38～39。
〔註377〕同上，頁40。
〔註378〕〈送袁香亭之官粵東〉，《詩續集》卷四，頁47。
〔註379〕〈錢太恭人墓誌銘〉，《文集》卷廿六，頁456。
〔註380〕〈簡齋小疾，作詩自挽，徧索同人輓章依韵戲答〉，《詩續集》卷六頁85。

謝公墩下園居好，日涉多應勝少年。

乞假鶯坡得麗華，白頭猶共鹿爲車。兒童盡識眞才子，朝野多推老
作家。未澹名心還刻集，要尋樂趣且看花。魯陽自有揮戈手，未覺
桑榆影欲斜。〔註381〕

逾二年，簡齋卒，大昕以詩輓之：

幾載相逢索挽詩，今朝眞赴玉樓期。篇章最有公卿賞，

姓氏居然婦孺知。世上無方求藥艸，人閒猶戀爲花枝。

六朝山色俄蕉萃，此後誰搴大將旗。

掉頭肯作玉堂僊，江左牽絲政事傳。自詡好名還好色，

何曾求道更求禪。東方玩世三千牘，榮起行歌八十年。

至竟九泉留一憾，不教重陽鹿鳴篇。

踏徧天涯一瘦藤，汝南月旦逐年增。風雲出吻梁任昉，

履屟登門漢李膺。說鬼搜神多漫錄，評詩品石總良朋。

只今總帳依然在，誰與西窗夜翦鐙。〔註382〕

2. 范永祺

范氏字鳳頡，別字莪亭，康熙甲辰進士，工漢唐篆隸，尤精摹印，好收
藏明代及清初名人尺牘，所居甕天室成，集蘭亭字爲七言律二篇，東南名士
屬和者數十，一時傳爲佳話。卒年六十九歲（1727～1795）。〔註383〕

范氏多藏書，大昕曾偕一、二同志訪甕天室，觀明賢墨迹，品題其高下：
〈孝廉范君墓誌銘〉：

予歸田後，慕四明天台之勝，數往來甬上，與其鄉賢士大夫游，所
尤心折者，孝廉范君莪亭也。君性樂夷澹，外和内介，以圖籍爲生
活……予嘗偕一二同志，訪君甕天居，出所藏明賢墨迹，品題其高
下，茗椀爐香，相對竟日，不知世間有徵逐游戲事。君又熟於鄉邦
文獻，予纂鄞志，數就君咨訪，傾囷出之無倦色……君諱永祺，字
鳳頡，別字莪亭，康熙甲辰進士……君博覽強記，好收藏明代及國
朝名公尺牘，自碩輔名儒，忠臣孝子，文人逸士及閨閣方外，靡不
收錄，考其時代爵里行誼，別爲序錄……子四人，懋賢、懋穎、懋

〔註381〕〈袁簡齋八十壽詩〉，《詩續集》卷七，頁99～100。

〔註382〕〈袁簡齋前輩輓詩〉，《詩續集》卷九，頁119～120。

〔註383〕錢大昕〈孝廉范君墓誌銘〉，《文集》卷四十六，頁716。

楩、懋樹。……〔註384〕

大昕有〈次韻范孝廉莪亭〉，譽其著書汲古，老而忘名：

> 心似冰壺萬里清，牙籤一一鑒來精。著書已勝金樓子，
>
> 汲古常攜玉帶生。嗜好未除終遠俗，文章愈老并忘名。客中差喜陪
>
> 游屐，松島蓉洲寄遠情。〔註385〕

3. 錢維喬

錢氏字竹初，號樹參，江蘇武進人，乾隆舉人，知鄞縣，有《竹初詩文鈔》，卒年六十八（1739～1806）。〔註386〕

維喬乃維城之弟，維城係大昕甲戌會試座主（參錢維城），大昕當於其時，得識維喬，故維喬宰鄞縣，招大昕往游，《年譜》乾隆五十年條，五月，竹初先生招至甯波府，游天童、育王二寺，五十二年竹初修《鄞縣志》，延大昕為總纂。《年譜》乾隆五十二年條：「三月往甯波府，撰《鄞縣志》三十卷，五閱月而告成。」〔註387〕二人交誼不凡可見也。大昕有〈題竹初丈小像〉：

> 買山何必付空譚，獨樂園中徑闢三。方丈蓬壺總凡俗，風流別有竹
>
> 初庵。
>
> 四面紅雲著色攢，石邊微襯翠檀欒。十分生趣誰能領，春在先生彩
>
> 筆端。
>
> 寒梅竹外太清孤，薑韭千畦討亦迂。萬樹桃花作供養，神僊富貴總
>
> 輸吾。〔註388〕

4. 王念孫

王氏字懷祖，號石臞，江蘇高郵人，乾隆四十年進士，官至永定河道，著有《讀書雜志》、《廣雅疏證》等，卒年八九（1744～1832）。〔註389〕

念孫素慕大昕，於〈錢先生神道碑銘〉云：

> 素慕先生，乾隆五十五年，先生入都祝嘏，曾以所業請蒙許可。〔註390〕

〔註384〕《文集》卷四十六，頁716。

〔註385〕《詩續集》卷五，頁70。

〔註386〕《人物綜表》、《清畫家詩史下》、《國朝書畫家筆錄》。

〔註387〕《錢辛楣先生年譜》，頁30。

〔註388〕《詩續集》卷四，頁53～54。

〔註389〕《續碑傳集》卷七十二、《碑傳集補集》卷三十九、阮元〈王石臞先生墓誌銘〉、劉盼遂《高郵王氏父子年譜》、張文彬《高郵王氏父子學記》。

〔註390〕羅振玉，《羅雪堂先生全集》、《王氏遺書》卷四。

其相交或係始於此。念孫先生《年譜》謂四十四歲始注釋《廣雅》,周祖謨〈讀王氏廣雅疏証手稿後記〉云:「石臞先生四十四歲始注釋廣雅,日無間斷,十年方成。」念孫趁入都祝嘏以所業請益大昕,大昕於嘉慶七年以書信論《廣雅疏証》一書,《王念孫年譜》壬戌年云:「四月三日,錢竹汀來書論廣雅疏證。」念孫先生和大昕時以書信論學,念孫並有爲糾大昕、淵如先生而撰〈太歲考敍〉云:

> 太陰者,太歲之別名也,古人言太歲太陰皆合爲一,近時曉徵先生
> 始分爲二,其說謂太歲起子,太陰起寅。太陰在太歲前二辰,遂與
> 爾雅太歲在寅之文相戾……。〔註391〕

意見雖相左於大昕,然王念孫以大昕之能獨步一時者,以能薈萃群言,而有所折衷,於大昕神道碑中再三致意焉。

5. 陳鱣

陳氏字仲魚,號簡莊,海甯人。嘉慶紀元以郡廩舉生孝廉方正,旋中戊午舉人。著有《詩人考》一卷、《石經說》六卷、《埤倉拾存》一卷、《經籍跋文》一卷、《聲類拾存》一卷、《鄭君年紀》一卷,《續唐書》七十卷、《恆言廣證》六卷、《綴文》六卷、《對策》六卷、《詩集》十卷、《新阪土風》一卷、《簡莊疏記》十四卷,及《兩漢金石記》、《松硯齋隨筆》若干卷,卒年六十五(1753~1817)。〔註392〕

少承庭誥,精《說文》之學,兼宗北海鄭氏,于論語注、孝經注、六藝論皆采輯遺文,並據本傳參以諸書排次事實爲年紀,嘉定錢大昕謂爲燦然有條,咸可徵信。性好藏書,遇宋元槧本,必以善價購之,與吳門黃丕烈,同邑吳騫互相抄傳。嘗與錢大昕、翁覃溪、段懋堂抽甲庫之秘,質疑問難以爲樂。晚客吳門,營果園于紫微山麓中,構向山閣,藏書十萬卷,次第校勘,每冊鈐小印二:一曰得此書費辛苦,後之人其鑒我;一爲小像,上題「仲魚圖樣」。

6. 戈宙襄

戈氏號小蓮,元和人,幼攻辭章,以母老絕意仕進,著有《半樹齋文稿》,卒年六十三(1765~1827)。〔註393〕

〔註391〕〈石臞學案下太歲考敍〉,《學案》卷一百,〈歷代學案〉十八,頁699。
〔註392〕《中國藏書家考略》、《江浙藏書家史略》。
〔註393〕《人物綜表》、顧千里〈清故孝子戈君之銘〉。

戈氏負雋異之才，下筆勁健，立論醇正，得古人神韻，大昕序其《半樹齋文稿》云：

所作皆直抒胸臆，卓然有得，而脫去俚俗浮艷之習……得古人之神韻，而不爲苟作。〔註 394〕

小蓮多愁善病，日以詩酒自娛，並招同友人小飲分韻賦詩，大昕有詩云：

晨聞折簡招，梵邨會僊友。籃輿十里遙，山光忽落手。
石湖游賞地，一水繞清瀏。已遠城市囂，更謝剝啄叩。
居然竹林游，拍肩嵇阮耦。賞花列十分，滿酌且一斗。
客醉已二參，春去將八九。羣公各擊鉢，老我繼鼓缶。
雖少倚馬才，尚有譚天口。願盡今日歡，莫負盈尊酒。〔註 395〕

小蓮折簡招，大昕於范邨會僊友，飲酒盡歡。大昕詩集中與小蓮唱和之作甚夥，〈述庵侍郎招同袁春圃、潘榕皋、宋汝和、蔣立厓、周漪塘、費在軒、王西林、張農聞、袁又愷、……戈小蓮、徐佩雲，集塔影園小飲，即席得句二首〉：

謝公雅尚布巖阿，蔣徑開時載酒過。客以知心寬禮數，
天留暇日許婆娑。西山眞見群僊會，北郭重招十友多。
莫道尋常文字飲，德星光已暎銀河。
綠水橋邊滑笏分，恆河照鬢白紛紛。蚤年落拓魚同隊，
晚節軒昂鶴立群。志出雲霄纔作達，味歸菽粟始成文。
一宵袞袞諸公語，借與中吳續紀聞。〔註 396〕

小蓮藏有詩文集多種，大昕曾借閱，《日記鈔》中可見大昕所借閱者：

借戈小蓮江湖小集、劉過龍州道人詩集、趙崇鉘鷗渚微吟、斯植采芝續稿、高似孫疎寮小集、姜夔白石道人詩集、葛天民無懷小集、俞桂漁溪詩稾、漁溪乙稾、劉翰小山集、張良臣雪窗小集、張蘊斗野稾支卷、黃大受露香拾稾、葉紹翁靖逸小集、張弋秋江烟草、余觀復北窗詩稾、羅與之雪坡小稾、斯植采芝集、朱南杰學吟、王琮雅林小稾、洪邁野處類稾、林同孝詩、龔梅花衲、翦綃集、宋伯仁雪巖吟草、戴復古石屏續集、姚鏞雪篷稾、林尚仁端隱吟稾、劉翼

〔註 394〕《文集》卷二十六，頁 391。
〔註 395〕〈十六日戈小蓮招集范邨別墅賞牡丹分韵得酒字〉，《詩續集》卷九，頁 124。
〔註 396〕《詩續集》卷七，頁 100。

心游摘稾、許棐梅屋詩稾、吳汝戈雲臥詩集、陳鑒東齋小集、武衍
適安藏拙餘稾、趙汝鐩野谷詩稾、徐集孫竹所吟稾、樂雷發雪磯叢
稾、何應龍橘潭詩稾、毛珝吾竹小稾、鄧林皇苧曲、劉仙倫招山小
集、嚴粲華谷集、張玉龍雪林刪餘、杜旃癖齋小集、施樞芸隱勘游
稾、芸隱橫舟稾。〔註397〕

計四十餘種，未著版本。

7. 汪志伊

汪氏字稼門，桐城人，乾隆舉人，以知縣累官兩湖總督，著有《近腐齋
集》。

汪氏為大昕「時相過從」之摯友，《年譜續編》嘉慶五年庚申條：「先是制
府汪公志伊撫吳，與公尤交好，時相過從，討論宋儒名理格致誠正之功，每相
對兀坐，蕭然忘晷。」〔註398〕又《年譜續編》嘉慶八年癸亥條：「汪公復來撫吳，
素與公交厚，下車日，未及接見僚屬，即顧講舍，歡然道故。」〔註399〕九年甲
子條：「病中，汪公常寓書慰問，情甚殷拳，公（大昕）以中丞厚誼，不忍再言
辭館，病起即赴吳門。」〔註400〕可見二人情殷，相知甚深，二人討論宋儒名理
格致誠正之功外，並時有詩唱和，《詩續集》有寄稼門詩：

詞章經濟本同源，鐘鼎山林豈異論。韓子文皆從道出，溫公事可對
人言。采風不尚千篇富，養正方知六義尊。三復公詩得詩法，莫誇
綺麗入旁門。〔註401〕

又有〈和稼門中丞見贈〉之作：

頹然暮齒久成翁，猶在名卿拂拭中。假館已叨仁者粟，
論詩常誦穆如風。公心似鑑勝高熲，我腹無書媿郝隆。
願勖青衿勤嚮學，樊膏珍重寸陰功。〔註402〕

8. 劉　桐

劉氏字舜輝，一字疏雨，清烏程人，貢生，雄於財而多家累，年未三十，
即棄舉業，遠遊楚，張鑑課誦其家，積十餘載之久，舜輝歸則與之談杭州谷林

〔註397〕《日記鈔》卷一，頁45～47。
〔註398〕《竹汀居士年譜續編》，頁6。
〔註399〕《竹汀居士年譜續編》，頁7。
〔註400〕同上。
〔註401〕〈稼門中丞，以近薰見示卻寄〉，《詩續集》卷十，頁140。
〔註402〕同上。

堂趙氏，暨揚州玲瓏山館馬氏之耽書好客事，不禁心神嚮往。乾隆壬子癸丑間，即以藏書自任。湖州固多賈客，織里一鄉居者皆以傭書爲業，出則扁舟孤棹，舉凡平江遠近數百里之間，簡籍不脛而走。又値盧氏抱經堂、吳氏瓶花齋讐校精本，散出四方，於是舜輝所收之書已達十餘萬卷。築「眠琴山館」貯之。著有《楚游草》、《楚游續草》，《聽雨軒稿》，《眠琴山館藏書目錄》。〔註403〕

　　嘉慶七年九月，七十五歲，大昕至南潯鎮，觀劉氏桐藏書（年譜七十五歲條），《竹汀日記鈔》云：

> 過南潯鎮，晤劉疏雨（桐），觀所藏書，有宋槧本張九成孟子解廿卷……金陵新志，前有至正三年南臺御史索元岱序……劉一止苕溪集五十五卷，無序跋，係鈔本。又聖宋名賢五百家播方大全文粹一百卷……。〔註404〕

又云：

> 觀劉疏雨所藏徐天麟兩漢會要、岳珂媿郯錄，皆宋槧甚精，胡安國春秋傳亦宋槧……又元槧周禮義疏十二卷……又中興禦侮錄，無撰人，襄陽宋城錄，趙萬年撰，皆鈔本。〔註405〕

時大昕年逾七十，嗜書好學之興趣有增無減。劉桐於癸亥病歿，其家不能收拾，子幼爲人所惑，舉所藏之富，畀之他人。楊秋室（鳳苞）題其身前訪書圖云：「自古圖書厄，多經劫火亡，未聞豪賈奪，舉作債家償。」洵事實也。

9. 范懋敏

　　大昕晚年，每至一地，必與藏書家往來，乾隆四十八年，黃符綵招游天台。出鄞，得李匯川之介，叩天一閣主人，得識范欽（堯卿）之後裔懋敏，然未遑竟讀其閣樓藏書，大昕云：

> 四明范侍郎天一閣藏書，名重海內久矣，其藏弆碑刻尤富，顧世無知之者。癸卯夏，予游天台，道出鄞，老友李匯川始爲予言之，亟叩主人，啓香廚而出之，浩如煙海，未遑竟讀。〔註406〕

乾隆五十三年，應聘往寧波府撰《鄞縣志》，遂得登閣觀所藏金石刻及其藏書。

　　《年譜》五十二年丁未條：「三月，往甯波府，撰鄞縣志三十卷，五閱月而

〔註403〕　《兩浙輶軒錄》、張鑑〈眠琴山館藏書自序〉、《中國藏書家考略》。
〔註404〕　《日記鈔》卷一，頁63～64。
〔註405〕　《日記鈔》卷一，頁64。
〔註406〕　〈天一閣碑目序〉，《文集》卷廿五，頁366

告成，范懋敏招登天一閣，觀所藏金石刻，因爲撰《天一閣碑目》二卷」。〔註407〕遂和張燕昌（芑堂）助范欽六世孫葦舟撰《天一閣碑目》一書。其序云：

> 今年（乾隆五十二年）予復至鄞，適海鹽張芑堂，以摹石鼓文寓范氏，而侍郎之六世孫葦舟，亦耽嗜法書，三人者晨夕過從，嗜好略相似，因言天一石刻之富，不減歐趙，而未有目錄，傳諸後世，豈非闕事，乃相約撰次之。〔註408〕

《潛研堂詩續集》亦有〈題范氏天一閣〉：

> 天一前朝閣，藏書二百年。丹黃經次道，花木陋平泉。聰聰先人訓，遺留後代賢。誰知旋馬地，寶氣應奎躔。〔註409〕

10. 朱　奐

朱氏字文游，江蘇蘇州人，朱邦衡（秋厓）之姪，收藏錢遵王、毛子晉、席玉炤等之舊藏甚多。〔註410〕

大昕〈跋咸淳毗陵志〉云：

> （宋）史能之毗陵志，不載於宋史藝文志，近世藏書家如錢遵王，朱錫鬯皆未之見。曩予於吳門，訪朱文游，見插架有此，亟假歸錄其副，尚闕後十卷。戊申（乾隆五十三年）夏，始假西莊光祿（王鳴盛）本鈔足之，然第二十卷終不可得矣。〔註411〕

由上文知文游之藏書，大昕曾借閱並錄其副。

大昕訪書之勤，一書之訪尋或鈔成，往往歷時數載，藏書家於刊刻之誤，大昕亦時正之：

> 吳門朱文游家藏宋槧春秋正義三十六卷，云宋淳化元年本，實則慶元六年重刊本也……文游嘗許余借校，會余北上未果，今文游久逝，此書不知轉徙何氏矣。〔註412〕

惜文游早逝，否則更有助於大昕矣。

11. 邢　澍

邢氏字雨民，號佺山，甘肅階州人，乾隆庚戌進士，官至江西南安府知府，

〔註407〕《錢辛楣先生年譜》，頁41。
〔註408〕〈天一閣碑目序〉，《文集》卷廿五，頁366。
〔註409〕《詩續集》卷四，頁53。
〔註410〕《中國藏書家考略》、《藏書記事詩》卷五。
〔註411〕《文集》卷廿九，頁456。
〔註412〕《養新餘錄》卷上，春秋正義宋槧本條，頁6。

著有《關右經籍考》、《兩漢希姓錄》、《守雅堂詩文集》，生卒年不詳。〔註413〕

邢澍酷嗜金石，兼通六書，尤精各史表志之學，宰浙江長興時，延大昕及可廬先生總纂縣志，並留館邢署，課士之暇，泛舟茗餚，商榷條例，大昕有〈晤邢長興佺山即留宿官齋詩〉云：

> 扁舟偶到雉山城，徧野桑麻百室盈。三徑新開調鶴地，
> 六時不廢讀書聲。文章政事眞兼美，隴樹吳雲快合幷。
> 一榻肯容吾輩住，清風如見古人情。〔註414〕

嘉慶六年，《年譜》云：「是年長興令邢公澍，延公及可廬先生總修縣志」。〔註415〕大昕除修《長興縣志》，並與邢澍泛舟共游，聯床笑語，至夜分不寐，有〈題佺山松林讀書圖〉，稱佺山爲讀書人：

> 松陰深處硯池開，滾滾源泉萬斛才。莫訝訟庭公事少，
> 郵筒時有異書來。
> 高文眞與震川倫，撫字依然舊日民。竹馬兒童走相識，不知官是讀
> 書人。〔註416〕

大昕自乾隆四十二年，年五十，以母年屆八旬，不復入都供職，而講學書院，此時遍游山水，與諸名士作文酒之會，邢澍亦相交於此時。

參、弟 子

1. 李文藻

李氏字素伯，一字莒畹，晚又號南澗，益都人，乾隆庚辰進士，生於清雍正八年，卒於乾隆四十三年（1730～1778），享年四十九，居官以清白強幹稱，平生窮經志古，肆力於漢唐注疏，聚書數萬卷皆自校讎，丹鉛不去手，嘗訪張蒿菴，江愼修，惠定宇遺書，刻之，名曰《貸園叢書》，所著有《南澗文集》二卷、《恩平潮陽桂林詩集》。〔註417〕

乾隆廿四年，秋，大昕奉命主山東鄉試，得李文藻，歎以天下才。是年，李氏始受業於大昕門下，〈李南澗墓誌銘〉云：「己卯之秋，予奉命主山東鄉

〔註413〕《學案》卷一四二，〈歷代學案〉二十，頁589。
〔註414〕《詩續集》卷十，頁130。
〔註415〕《竹汀居士年譜續編》，頁6。
〔註416〕《詩續集》卷十，頁130。
〔註417〕《學案》卷八十四、《人物綜表》、錢大昕〈李南澗墓誌銘〉。

試，得益都李子南澗，天下才也⋯⋯越三日，南澗投刺請見。」〔註418〕南澗
交滿天下，獨喜與大昕往來，執弟子禮甚恭。大昕〈李南澗墓誌銘〉云：

> 南澗與人交有終始，雖交滿天下，獨喜就予，在京都，日相過從其
> 歸里也，每越月逾時，手書必至。〔註419〕

而大昕亦愛其賢，故於〈送李素伯之任恩平序〉：「益都李素伯，以名進士謁
選，得廣東之恩平縣，將行，過予寓舍，求一言，素伯以古人自期者，予不
當第以寒暄之語塞之」。〔註420〕而語南澗以親民爲職。

南澗好聚書，其文集有〈琉璃廠書肆記〉，自謂好入琉璃做觀書，〔註421〕
大昕有詩文記之：

> 性好聚書，每入肆見異書，輒典衣取償致之。又從友朋借鈔，藏弆
> 數萬卷，皆手自讐校。無輓近俚俗之本，於金石劇搜羅尤富，所過
> 學宮寺觀，巖洞崖壁，必停驂周覽。〔註422〕

〈得李南澗書知于廣州相待卻寄〉詩云：

> 不見李生今五年，南行萬里一欣然。新詩想得江山助，
> 名士仍兼政事傳。憶舊多通烹鯉字，養廉半付刻書錢。
> 藥洲計日同吟嘯，窺鏡慚予巽髮宣。〔註423〕

「養廉半付刻書錢」固可窺見。除聚書外，和大昕通假甚頻繁：

> 在京都日相過從，其歸里也，每越月逾時，手書必至。得古書碑刻，
> 或訪一奇士，必以告。及出宰劇縣，在七千里之外⋯⋯而書問未嘗
> 輟。〔註424〕

〈跋石刻鋪敍〉云：

> 聞益都李南澗抄得石刻鋪敍，亟假歸手抄而藏之。〔註425〕

大昕亦自言其事，足見二人之情摯，南澗受大昕之影響，當是意中之事。序
《李南澗詩集》云：

〔註418〕《文集》卷四十三，頁683。
〔註419〕〈李南澗墓誌銘〉，《文集》卷四十三，頁683。
〔註420〕《文集》卷二十三，頁331～332。
〔註421〕《藏書記事詩》卷五，引《南澗文集・琉璃廠書肆記》：「予以謁選居京師五月餘，日借書抄之，暇則步入琉璃廠觀書」，頁417～418。
〔註422〕〈李南澗墓誌銘〉，《文集》卷四十三，頁684。
〔註423〕〈得南李澗書知于廣州相待卻寄〉，《詩續集》卷二，頁23。
〔註424〕〈李南澗墓誌銘〉，《文集》卷四十三，頁683。
〔註425〕〈跋石刻鋪敍〉，《文集》卷卅，頁469。

方其在京華，每一日不相見，輒卹然若失，不知其何以然也。〔註426〕
大昕深愛其才，於詩文中每每譽之：

予好聚書，而南澗鈔書之多過於予，予好金石，而南澗訪碑之勤過
於予，予好友朋，而南澗氣誼之駕過於予。予好著述而南澗詩文之
富過於予。〔註427〕

大昕送其東歸詩：

籍甚詞壇第一流，御風曾未到瀛洲。揮鞭重指都亭路，
又逐人閒款段游。

截鳧斷鶴兩兼難，天許才名折美官。半刺但題前進士，
故應螽達勝方干。

我識鄭公元斌媚，人嫌李令太積唐。雪門山色容高臥，
大勝東華軟土忙。

古柏參天鐵幹成，風霜歷盡骨逾清。縱然才大難爲用，
偶露文章世已驚。

蠶尾山薑例可循，頭銜未辨領詞臣。生天偶落它人後，
終是拈椎得髓人。

岱宗訪篆劉斯立，歷下題詩李泰和。探借十年多暇日，
著書定較往時多。〔註428〕

「籍甚詞壇第一流」、「偶露文章世已驚」，予南澗讚譽倍至，不嫌溢美也。

2. 張燕昌

張氏字芑堂，手有魚文，因號文魚，又號金粟山人，浙江海鹽人，撰有
《金石契》、《三吳古塼錄》、《飛白錄》、《石鼓亭集》。卒年七十七（1738～
1814）。〔註429〕

芑堂性愛古，所見古書甚多，工篆隸飛白書，爲大昕在紫陽書院之學生。
大昕嗜古耽於金石與芑堂同，二人常往復談論，如《十駕齋養新錄》卷十五：
「海鹽張徵君燕昌，以所藏商敦出示。」〔註430〕《文集》卷卅二：「訪張芑堂

〔註426〕〈李南澗詩集序〉，《文集》卷廿六，頁386。
〔註427〕〈李南澗詩集序〉，《文集》卷廿六，頁386。
〔註428〕〈送李芑畹進士東歸〉，《詩集》卷五，頁84。
〔註429〕清畫家詩史丁上、《清代學者象傳》卷四、《中國藏書家考略》。
〔註430〕《養新錄》卷十五，商已孫敦條，頁793。

寓齋，因見此帖。」〔註431〕曾爲芑堂石鼓亭作記「頃與芑堂往復談，稍有新得」更可見：

> 海鹽張芑堂氏，博雅嗜古，耽於金石，游京師，親詣國學戟門，手摹其文以歸，猶以爲未足，徧求南宋及元拓本，攷其異同，又聞四明范氏有北宋拓本，裹糧而往，寓居廡下，鉤摹者再，始盡得古人製字結體之源，於諸家釋文之是非，了然若見垣一方人矣。乃取諸本文字可辨者，摹勒入石，疑者闕之，泐者空之，偏旁屈折，諦視精審，不爽苗髮。又采諸家釋文，校其同異，間以己意斷之，名曰石鼓文釋存，與石本相輔而行，俾好古之士，得觀北宋本於七百餘年之後，參互而訂正之，厥功可謂偉矣。刻成，將築亭以覆之，而屬予記其事，予平生嗜好，與芑堂同，而愛博不專，所得甚淺，頃與芑堂往復談論，稍有新得。〔註432〕

並和芑堂助范欽六世孫葦舟編撰《天一閣碑目》，〈天一閣碑目序〉云：

> 予復至鄞，適海鹽張芑堂以摹石鼓文寓范氏，而侍郎之六世孫葦舟，亦耽嗜法書，三人者晨夕過從，嗜好略相似，因言天一石刻之富，不減歐趙，而未有目錄，乃去其重複……俾後來有考。〔註433〕

大昕自謙「平生嗜好與芑堂同，而愛博不專，所得甚淺，與芑堂往復談論稍有新得」。是亦大昕之譽芑堂語也。

3. 邵晉涵

邵氏字與桐，又字二雲，自號南江，浙江餘姚人，乾隆卅六年（1771）禮部會試第一，賜進士出身，官至侍講學士，兼文淵閣直閣事，著有《爾雅正義》、《南江文集》、《南都事略》、《孟子述義》、《穀梁正義》、《韓詩內傳考》、《皇朝大臣諡迹錄》、《輶軒日記》等。卒年五四（1743～1796）。〔註434〕

邵氏與大昕交在乙酉秋，錢大昕撰墓志銘云：

> 乙酉秋，予奉命典試浙右，斳取奇士不爲俗學者，君（二雲）名在第四，五策博洽冠場，僉謂非老宿不辦，及來謁，纔逾弱冠，叩其學，淵乎不竭，予拊掌曰，不負此行矣。〔註435〕

〔註431〕〈跋薛氏義瑞堂帖〉，《文集》卷卅二，頁506。
〔註432〕〈石鼓亭記〉，《文集》卷廿一，頁307。
〔註433〕《文集》卷廿五，頁336。
〔註434〕《清代通史》卷中、《清史稿》卷八八一。
〔註435〕〈侍講學士邵君墓誌銘〉，《文集》卷四十三，頁686、又見《邵二雲先生

其〈贈邵冶南序〉云：

> 始予典試浙江，得餘姚邵子與桐，知其經學湛深，能以古人爲時文。
> 〔註436〕

於〈孝廉蔣君墓誌銘〉亦云：「二雲爲予乙酉典試所得」。〔註437〕

　　大昕嘗論宋史紀傳，南渡不如東都之有法，甯宗以後，又不如前三朝之粗備，唯特事跡不完，即褒貶亦失實，二雲聞之，乃撰《南都事略》，大昕譽以「詞簡事增，過正史遠甚」。故大昕每謂：「言經則推戴震，論史則推邵二雲」，邵氏以懿文碩學，知名海內，凡四部七錄無不研究，大昕撰〈邵君墓誌銘〉云：

> 自四庫館開，而士大夫始重經史之學，言經學則推戴吉士震，言史學則推君（二雲），君於國史，當在儒林文苑之列。〔註438〕

《邵二雲年譜》云：

> 儒學、文藝、隱逸三傳目錄，即大昕所擬定，二雲卒後，大昕索其稿不能得，因戴三傳目錄於養新餘錄，致其痛惜。〔註439〕

二雲曾上書大昕謂《爾雅》者，六藝之津梁，而邢叔明疏，淺漏不稱，乃別爲正義，邵氏〈上錢竹汀先生書〉云：

> 近思撰爾雅正義，先取陸氏釋文，是正文字，繼取九經注疏爲邢氏刪其勦襲，補其缺漏，次及於佚書古義，周秦諸子暨許顧陸丁小學諸書。〔註440〕

病邢疏之陋，發叔然景純之義，自是學者舍邢而從邵矣。大昕《詩集》中亦見題詩及和二雲之酬唱：

> 一掬憂時淚，千秋講道心。淋漓四百字，鄭重短長吟。
>
> 理直詞無飾，文雄學更深。青門勤什襲，寶此當南琛。〔註441〕

游三茅觀同王方川、邵二雲、陸筱飲作：

> 香火三茅舊，樓台七寶傳。牒存丞相押，額賜紹興年。

　　年譜》乾隆三十年乙酉條：鄉試中式，時正考官爲祭酒曹秀先，副考官爲少詹錢大昕。

〔註436〕《文集》卷廿三，頁333。
〔註437〕《文集》卷四十五，頁708。
〔註438〕《文集》卷四十三，〈邵君墓誌銘〉，頁687。
〔註439〕《邵二雲年譜》乾隆四十八年條，頁71。
〔註440〕〈南江學案〉卷九十八，《學案》。
〔註441〕〈題邵二雲編修所藏王文成公詩卷〉，《詩續集》卷五，頁75。

題字苔全蝕，頹垣鼠欲穿。洪厓相挹袂，眞有列僊緣。〔註442〕

二人之情深可見一斑，宜乎訃至吳下，大昕爲位哭之慟，於墓誌銘中可見：

予比歲衰病，嘗預戒兒輩，必求二雲銘我，孰意天寔祝予，轉以才

盡之筆，納君穸中也，此所以泫然而失聲也。〔註443〕

4. 吳東發

吳氏字侃叔，號耘廬，又號芸父，海鹽人，歲貢生，潛心經學，尤邃於尙書，兼通金石文字，著有《羣經字考》、《讀書筆記》、《書序鏡》、《尙書後案質疑》、《商周文拾遺》、《鐘鼎款識釋文》、《尊道堂詩文集》等，卒年五十七（1747～1803）。〔註444〕雖爲大昕弟子，然大昕則引爲畏友。

5. 孫星衍

孫氏字季逑，號淵如，江蘇陽湖人，乾隆五二（1787），一甲二名進士，曾官刑部主事，編著有《尙書今古文注疏》卅九卷、《周易集解》十卷、《夏小正傳校正》三卷、《明堂考》三卷、《考注春秋別典》十五卷、《爾雅廣雅詁訓韻編》五卷、《魏三體石經殘字考》一卷、《孔子集語》十七卷、《晏子春秋音義》二卷、《史記天官書考証》十卷、《寰宇訪碑錄》十二卷、《金石萃編》二十卷、《續古文苑》二十卷、《詩文集》二五卷，卒年六十六（1753～1818）。〔註445〕

孫氏少以辭章名，後爲考據之學，受知於錢大昕，《年譜》四十四年己亥條慶曾注云：「丁未進士及第，始以辭章名，後精研考據，未幾亦受業於公」，〔註446〕博極群書，勤於著述，又好聚書，聞人家藏有善本，借鈔無虛日，金石文字靡不考其原委，與當時學者錢大昕、畢沅、阮元等關係密切。孫氏少負奇才，不欲以辭章名，深究經史小學，與大昕書信往返甚頻，大昕《文集》有〈答孫淵如書〉：

足下研精小學，於許叔重之書，深造自得，求之今之學者，殆罕其

匹。乃復虛懷若谷，欲求千慮之一於僕，僕中歲而讀說文，早衰善

病，偶有所得，過後輒忘，坐是不能成一家言，何足以益足下乎。

〔註442〕〈游三茅觀同王方川、邵二雲、陸筱飲作〉，《詩續集》卷三，頁 30。
〔註443〕〈邵君墓誌銘〉，《文集》卷四十三，頁 687。
〔註444〕《學案》卷一二二、《清史列傳》卷六十八、《國朝耆獻類徵》卷四二一、《國朝詩人輯略》卷六、《嘉興府誌》。
〔註445〕《學案》卷一百、《人物綜表》、《清史稿》卷四八一。
〔註446〕《錢辛楣先生年譜》，頁 27。

〔註447〕

與淵如論聲轉而謂古之詁訓，音與義必相應，所言皆極精當。又曰：

去歲兩奉手書，慰問周至，足下在西曹絿劇之地，而撰述甚富，性情當於古人中求之，謂一行作吏，此事便廢者，即不作吏，亦未必不廢也。尊集中太陰攷一篇，不信太陰與太歲爲二，蓋用張揖廣雅之說。愚謂古人既以太陰紀歲，天官書又謂之歲陰，即以當太歲，似無不可，然漢志述太初改元事，既云復得閼逢攝提格之歲，又云太歲在子，則當時實以太陰記年，而別有太歲，昭然察矣。乃自太初而後，以太陰紀年者，僅見於天官書甲子篇，而劉歆三統術，無推太陰法，即翼奉封事，亦似以太陰當太歲，則自太初改憲，而閼逢十名，攝提格十二名，移於大歲，相承已久，稚讓魏人，安得不云爾乎。足下謂淮南紀歲星出月，在史漢前二月，以爲淮南之誤。按淮南太史公，皆以太陰記歲，漢志則以太歲記歲，兩法不同，漢志依太初術，太歲在寅，則歲星在營室東壁，以正月晨出東方，所謂歲在娵訾也。太歲在卯，則歲星在奎婁，以二月晨出東方，所謂歲在降婁也，推之十二辰皆然，此眞太歲所在也。淮南史公所謂攝提格歲者，太陰在寅，太歲本在子也，其歲歲星舍斗牽牛，即星紀之次，當以十一月出東方，淮南之文，本無誤，而史公云正月者，以天正言之，其實與淮南無別也。漢志與史公，文同實異，淮南與史公，文異而實同，知太陰太歲之有別，則相說以解矣。〔註448〕

而謂淮南之文無誤，史公所言亦與淮南無別。又答孫淵如書論太陰太歲：

得四月六日手教，并示答江處士書稿，所云西法每事必與古聖相反，誠切中歐邏巴之病。至論中星斗柄之同異，則僕非專門，不敢措一詞。僕近日好言輿地，不言象緯，以目眊夜不能見星，知於此事無緣耳。史記十二年諸侯年表，始共和元年，終敬王四十三年，今刊本有庚申及甲子字，足下斷以爲史遷正文，詆古人不以甲子紀元之說，僕思之，恐有未安。古術百四十四年而超一辰，則共和元年，必不直庚申，東漢以後術家，不用超辰徐廣晉人，

〔註447〕《文集》卷三十三，頁 522。
〔註448〕同上，頁 540～541。

以共和之初爲庚申，固無足怪，但不可以誣史公耳。太陰太歲之辨，尊見既與鄙見不合，僕今亦不復言，各尊所聞，聽後賢決其然否。獨於此猶復饒舌者，則以六國表，周元王元年，徐廣曰乙丑，秦楚之際月表，秦二世元年，徐廣曰壬辰，後兩表之干支，皆徐所注，則此表之干支，必出於徐無疑也。其最上列干支一格，殆宋以後，校刊者妄增，後兩表亦無之。攷徐注之例，惟於每王元年紀干支，此表第一格，每十年輒書甲戌、甲申、甲午、甲辰、甲寅、甲子字，顯係後人所爲，意在便於尋檢，不特非史公本文，并非徐意也。足下所言，將以取信士林，不當留此蟪蟧，故復陳芻言，以備采擇。〔註449〕

二人於書信中，除就教經史小學外，更有所見金石之通假：

得孫淵如德州札，并寄新出土高貞碑，大代正光四年刻，文稱世代武皇帝，無宣字，清暈發於載卡卡字，或是年字之誤。〔註450〕

暇，更偕遊訪碑，《年譜》四十四年己亥條云：其冬與孫季仇秀才游茅山。〔註451〕大昕有記記遊：

予在金陵兩載，往來句容道中，屢欲爲茅山之游，輒以它阻不果。今冬，陽湖孫淵如約予同游，乃以十一月五日，晨出通濟門，過廣惠廟，俗所謂高廟也，廟門石闔根，有門神像，左右各一，甚奇古，傍識淳熙年月，蓋南宋時物。又數里，爲淳化關，憩旅店，飯畢乃行，過上橋而東，五里，路旁石刻華陽古道四字，乃自金陵入茅山大路也……予此行本爲訪碑，故山中名勝，所到不及其半。〔註452〕

並有詩三首記之：

生無僊骨有僊緣，眞到華陽古洞天。木落山疑施澹赭，
巖深雲似擘重緜。道人教煑青精飯，童子同尋丹竈泉。
半夜松濤聲撼戶，三層閣上自安眠。
神僊得者自茅君，口訣傳留幾派分。那有眞人須玉印，

〔註449〕〈答孫淵如觀察書〉，《文集》卷三十六，頁561。
〔註450〕《日記鈔》卷二，頁88。
〔註451〕《錢辛楣先生年譜》，頁27。
〔註452〕〈遊茅山記〉，《文集》卷二十，頁296～299。

別無要道在靈文。誰來入室唯明月，聊可怡情只白雲。

上界何難清淨理，三官考事太紛紛。

三峰迤邐翠屏張，福地從來占此鄉。俛視蔣山爲後輩，

遠招灊嶽作同行。路無毒獸宜營宅，艸有靈根可製方。

傳說元君曾下降，道門洙泗在華陽。〔註453〕

6. 李賡芸

李氏字生甫，又字書田，號許齋，江蘇嘉定人，乾隆庚戌進士，官至按察使，著《炳燭編》四卷、《稻香館詩文稿》，卒年六十四（1754～1817）。〔註454〕

賡芸，受業於大昕，《清儒學案》云：「君少從竹汀學，通六書，蒼雅，三禮」。〔註455〕而大昕《三史拾遺》採賡芸之說頗多，自卷一至卷四，凡十五引，洪陸王五譜則賡芸所校刻，而《三史拾遺》及《諸史拾遺》二書之編整與刊行，亦得力於李氏，〈三史拾遺序〉云：

> 先師少詹事錢先生，少耽乙部之書。嘗博覽羣籍，積數十年之心力，撰廿二史考異百卷，以乾隆庚子（四十五）歲刊成。自爲序。嗣後續有所得，又撰史記兩漢書爲三史拾遺。先師存日，曾以副墨寄示，先師捐館後，又得見所撰諸史拾遺，則自三國志以迄元史咸具，皆所以補考異之未備，誠足爲讀史者之助也。賡芸郡政之暇，略加校勘，版而行之，用以嘉惠海內同志焉。嘉慶十有二年歲次丁卯冬十月，受業弟子李賡芸謹識。〔註456〕

7. 鈕樹玉

鈕氏字匪石（或非石），江蘇吳縣人，居邑之洞庭東山，隱於賈，篤志好古，不爲科舉之業，精研文字聲音訓詁之學，著有《說文新附考》六卷、《續考》一卷、《段氏說文注訂》等，卒年六十八（1760～1827）。〔註457〕

樹玉謂說文一書懸諸日月而不刊者也，後人以新附淆之，誣許君，因博

〔註453〕〈遊茅山三首〉，《詩續集》卷三，頁41～42。

〔註454〕《學案》卷八十四、《國朝先正事略》卷五十三、《清史稿》卷四十八、《人物綜表》。

〔註455〕《學案》卷八十四。

〔註456〕廿五史補編。

〔註457〕《漢學師承記》卷四、《學案》卷七十六、《人物綜表》、《國朝先正事略》卷卅六。

稽載籍著《說文新附考》，大昕曾爲之序：

> 鈕字非石，家莫釐峰下，篤志好古，精研文字，聲音、訓詁，本本
> 元元，獨有心得……如玣即珉，緅即纁……一一疏通證明之，而其
> 字之不必附，不當附，瞭然如視諸掌，豈非羽翼六書而爲騎省之諍
> 友者乎。〔註458〕

8. 顧　蒓

顧氏字吳羮，又字希翰，號南雅，吳縣人。蒓以嘉慶七年進士，選庶吉士，授編修擢侍讀，卒年六十有八（1765～1832）。〔註459〕

蒓肄業紫陽書院，爲大昕之弟子，大昕曾爲蒓之父撰墓誌銘云：

> 吳縣顧文學蒓，砥行立品，爲文不隨逐時好，蓋儒而君子者也。其
> 父國學生桐井君，既沒將葬，持事狀請予爲之銘。蒓肄業紫陽書院，
> 在弟子行，以予言爲信，義不可辭也。〔註460〕

9. 錢東壁

錢氏字星伯，號飲食，又號夢漁，大昕長子，諸生，著《夢漁隨筆》、《三休亭長遺詩》，卒於一七六六年。〔註461〕

天資聰穎，狀貌俊逸，豁達大度，銳於學問。年十七補博士弟子，游京師，劉公竹軒一見傾倒，邀入幕中，佐理文翰，下筆千言，略不加點，都中有小錢之目。南歸後，阮儀徵聘於浙西，中年以後，淡於進取，家居以典籍自娛，偶有所得，纂爲筆記。經史百家，無所不覽，而於詞章，尤所篤好。

10. 臧　庸

臧氏本名鏞堂，字在東，一字西成，號拜經，一號用中，江蘇武進人，著有《拜經日記》、《爾雅古法》等，卒年四十五（1767～1811）。〔註462〕

鏞堂與弟禮堂，師事盧氏文弨，在蘇州從王昶、錢大昕講學，二氏爲薦於畢沅，授其孫蘭慶經。〔註463〕

大昕撰《唐石經考異》冊中，復經臧庸堂等籤校，而禮記月令，因原文

〔註458〕〈說文新附考序〉，《文集》卷廿四，頁352。
〔註459〕《吳縣志》卷六十六、列傳四、《續碑傳集》卷十六。
〔註460〕〈顧桐井墓誌銘〉，《文集》卷四十四，頁696。
〔註461〕《學案》卷八十四、《清代七百名人傳》。
〔註462〕《學案》卷四五、《人物綜表》、《清代通史》卷中。
〔註463〕《拜經堂文集》卷首。

刪定頗多，另附於後，據冊尾鏞堂所記，旁注之字，則依朱子《儀禮集傳》，集注所引唐月令及禮記補者也。鏞堂於大昕之著作，董理刊行之功甚鉅。

11. 錢東塾

錢氏字學仲，一字子臬，號石橋，又號墅田，大昕次子，諸生，吳縣訓導，著有《石橋偶存稿》、《琴道堂詩鈔》、《月波樓詩稿》，生於一七六八，卒年不詳。〔註464〕

東塾幼承家學，好著述，能詩善畫，分隸行草，樸茂得古法，大昕攜東塾游吳山，父子唱和之作，可見東塾之詩才：

> 城市千家會，江湖一覽閒。盤囷米老石，渲染李唐山。
>
> 雨齋桃初放，雲昏鳥自還。堂堂峰第一，不許海陵攀。〔註465〕

12. 李　銳

李氏字尚之，號四香，元和人，諸生，篤學樸厚，長於經義，通春秋公羊、虞氏易，著有《周易虞氏略例》、《召誥日名考》、《天元句股細草》、《弧矢算術細草》、《開方書》等，卒年四十五（1768～1850）。〔註466〕

尚之，幼開敏，從書塾中檢得算法統宗，心通其義，遂為九章八線之學，後得大昕指授，學益進。師事大昕，得中西異同之奧，大昕誨之曰：「為弟子不勝其師，不為賢弟子。」尚之閉戶沉思五年，盡通疇人家言，尤研心古曆，大昕深賞之。又試以日法為一率，歲實為二率，授時日法一萬為三率，推四率得三百六十五萬二千四百二十五分，即授時之歲實也。大昕許為探本窮源之論。論學外，亦常與大昕互通假天文曆算之書籍，見《日記鈔》卷一。

> 李尚之以回回歷三冊見示，後有貝琳跋，當即琳所編，七政推步立成甚備，舊鈔本也。〔註467〕
>
> 李尚之來談，借得測圓海鏡十二卷，有戊申歲自序，及至元二十四年王德淵後序。〔註468〕
>
> 李尚之來，示秦九韶數學九章，第一本。〔註469〕

〔註464〕《學案》卷八十四。
〔註465〕〈雨後攜東塾游吳山入紫陽洞〉，《詩續集》卷九，頁126。
〔註466〕《學案》卷百二十六、人物綜表、《吳縣志》卷六十八、列傳七。
〔註467〕卷一，頁25。
〔註468〕同上，頁40。
〔註469〕同上，頁45。

李尚之得甌邏巴西鏡錄鈔本，中有鼎按數條，蓋梅勿菴手跡也。
〔註470〕

李尚之借去王寅旭先生遺書一本，及西洋人蔣友仁地球圖說草稿，

予官翰林時所譯潤也。〔註471〕

終以攻苦得疾而卒，年方四十五。

13. 潘世恩

潘氏初名世輔，字槐堂，號芝軒，吳縣人，乾隆癸丑進士，官至武英殿大學士，卒於咸豐四年，年八十六（1769～1854）。〔註472〕

潘氏為大昕主講紫陽書院學生，《年譜》續編：「乾隆五十八年癸丑，公在紫陽書院最久，自己酉至甲子凡十有六年，一時賢士受業於門下者，不下二千人……潘尚書世恩……皆當時之傑出者也。」〔註473〕

14. 瞿中溶

瞿氏字萇生，一字木夫，又字安槎，號鏡濤，江蘇嘉定人，諸生，曾官安福知縣，著有《三體石經辨證》、《吳郡金石志》等，卒年七十四歲（1769～1842）。〔註474〕

瞿氏，大昕之女婿，大昕著作之刊行頗得力於瞿氏，如《唐石經考異》、《潛研堂金石文字目錄》、《潛研堂文集》、《詩續集》……等。中溶學有淵源，收藏甚富，《萇楚齋續筆》瞿中溶撰述條：

嘉定瞿木夫司馬中溶，為同邑錢曉徵宮詹大昕女夫，學有淵源，
兼工行隸花卉草蟲，近白陽小竹諸家，篆刻圖章亦頗入古。收藏
周秦彝器漢晉瓦甎，摩挲考訂，孜孜忘倦。所居有銅像書屋、古
泉山館、吉羊鐙室、綠鏡軒、富貴長樂之舫，皆以所藏名之，撰
著三十餘種，經、史、金石，各有專書，詩文亦有專集。惜遭粵
匪之亂，多半散佚……」。〔註475〕

其收藏周秦彝器，漢晉瓦甎，摩挲考訂，孜孜忘倦，大昕每與之訪石刻，觀

〔註470〕同上，頁54。
〔註471〕同上，頁71。
〔註472〕《吳縣志》卷六十六、列傳四。
〔註473〕《竹汀居士年譜續編》，頁1。
〔註474〕《學案》卷八十四、《人物綜表》。
〔註475〕《萇楚齋續筆》卷八，《叢書集成三編》二，頁168。

道藏，竹汀《自編年譜》乾隆五十九年曾記與瞿氏同往閱道藏於元妙觀。而《竹汀日記鈔》，亦屢道及與瞿氏通假古籍及金石事，《日記鈔》卷一：

> 鏡濤以明萬曆八年大統曆殘本出示。其與今本異者，每月交中氣後又替而日躔某次，稱一日、二日、三日，而無初字，建除十二辰在二十八宿之上，書上下弦望，而不書合朔，亦不注時刻，節氣有時刻而無分，又月內有盈虛日。〔註476〕

> 鏡濤處觀日本國人所刊合類節用集大全乙本，蓋其國訓蒙書後題貞享二年乙丑，即明嘉靖四十四年也。〔註477〕

> 鏡濤以所得牙印一方出示，文云：清淨吉祥，左右旁鐫宣德二年月日，賜刺麻札思巴鎖南，其鈕圓輪，周刻花瓣，承以蓮花，當即波羅密也。〔註478〕

> 鏡濤于光福寺中得唐尊勝陀羅尼幢二，宋光福寺銅觀音記，軍府帖，上方教院募到檀越捨田名，碑陰，光福祈禱道場免役公據，元平江路總管，祈請光福銅觀音感雨詩，住山僧捨田記。〔註479〕

> 鏡濤得光和六年題名二紙，字體在隸楷之間，似非漢刻，或是光初紀年也。〔註480〕

> 鏡濤來，以石刻孝經見示，正書，後題熙甯壬子八月書付姪愷，不知何人也。〔註481〕

瞿氏收藏之富，除《日記鈔》所記，《潛研堂文集・跋黃陶庵札》亦云：

> 予壻瞿生安槎，好藏前賢手跡。〔註482〕

瞿氏之收藏，予大昕校勘之學助益尤大。

15. 錢東垣

錢氏字既勤，號亦軒，可廬子，嘉慶戊午舉人，官浙江松陽縣知縣，調上虞，著有《孟子解誼》、《小爾雅校正》、《稽古錄辨譌》、《崇文總目輯釋》、

〔註476〕卷一，頁6。
〔註477〕同上，頁25。
〔註478〕卷二，頁3。
〔註479〕同上，頁5～6。
〔註480〕同上，頁6。
〔註481〕同上，頁7。
〔註482〕《文集》卷卅二，頁512。

《青華閣帖考異》、《勤有堂文集》。卒於一八二四年。〔註483〕

東垣與弟繹、侗，皆通經史，治金石，時目為三鳳，承家學，篤好著述。嘗與繹、侗及同縣秦鑒勘訂鄭志，又與金錫鬯輯釋《崇文總目》，世稱「善本先生」。以孟子紹六經之絕緒，傳周、孔之淵源，詞約而義精，意深而旨遠，而世傳注疏，繆舛特甚，俗說流行，經義浸晦，乃作《孟子解誼》，共分七例；一曰正刊誤、二曰正舊注、三曰集眾說、四曰存鄙見、五曰正音讀、六曰輯古注、七曰攷異本，成書十四卷。不妄立議論以亂經，不空談義理以媚世。制度則準之禮經，都邑則測其地望，訓詁則本之《爾雅》、《說文》，暨漢儒傳注，折衷群言，惟歸一是。又撰《歷代建元表》十卷、《建元類聚考》二卷，取正史為資，間亦參之裨官載記，舉凡正統代號、僭偽國名、帝王世系、歷代興亡、旁逮殊方興廢、外國相承、建元年數，並附其中，而東京以後，幹支以次編列，東京以前，略不備戴，期復古人之舊焉。又嘗補增大昕之《四史朔閏考》，使該書燦然大備，〈四史朔閏跋〉云：

> 侗卒，東垣補增及以前後朔推得者又一百二十六條。

東垣之父大昭，係大昕之弟，少大昕十六歲，事兄如嚴師，其治學頗受大昕之影響，東垣承此家學，著作綦富，思緒綿密。

16. 錢 繹

錢氏初名東墉，字子樂，一字以成，號小廬，可廬次子，諸生，著有《十三經學句讀》、《孟子義疏》，卒年八十六（1770～1855）。〔註484〕

繹，家學淵源，究窮經術，徒以困躓伏處，蒙時俗姍笑，為兒輩所侮，不屑也。先後成《十三經漢學句讀》、《孟子義疏》二書。初，弟侗，創揚雄《方言箋疏》，未及成而死。藏笥者十餘年，其姪出以示君閱其本，簡眉牘尾，如蟻攢聚，幾不可辨，閔其用力之勤，懼或久而散佚，乃取而件繫條錄，未及補之，複出刪之，未盡詳之，未安辨之，有因此而及彼者，則觸類而引伸之，竭數年心力始脫稿，自後時加釐正，而塗乙纂改者又十之六，成書十三卷梓行焉。

17. 臧禮堂

臧氏字和貴，繼宏子，年十二讀書攻苦，究心經史、字學。師事大昕，業日進，精小學善讎校，好許氏《說文解字》。著有《說文繫傳》十五卷、《尚書

〔註483〕《學案》卷八十四、《清代樸學大師列傳》。
〔註484〕《學案》卷四十五、鐵橋漫稿〈臧和貴別傳〉、《人物綜表》。

集解案》六卷、《三禮注校字》六卷、《春秋注疏校正》六卷，卒年三十（1776
～1805）。〔註485〕

18. 錢 侗

錢氏初名東野，字同人，號趙堂，可盧季子。弱冠，舉嘉慶庚午科順天
鄉試，官議敘知縣，著有《古錢待訪錄》、《錢幣圖考》、《樂斯堂詩文集》，卒
年三十八（1778～1815）。〔註486〕

錢侗，少承家學，於經史、金石無所不通，尤深於說文，傳大昕先生曆
算之學，大昕撰《四史朔閏考》將成，遽捐館，侗覆加編次，證以羣書數百
種，金石二千通，繙閱釐補其非月朔而有干支可逆推者，如各帝之生日聖節，
金之射柳及繫球，並御常武殿臨幸東宮，元之廷試，皆有一定日期，如僞齊
劉豫用金正朔，其朔可考，計與金必同，共增輯一千三百餘，至廢寢食，乃
獲成書。《續修四庫全書提要》云：

> 大昕以嘉慶九年十月卒，遺稿未全……侄侗精於考核，於稱算之學，
> 亦能究其原本，覆加編次。

東垣〈跋四史朔閏考〉云：「侗又將正雜諸史覆加編次，乃博稽載籍，參互考訂，
釐補十之七八……」。復精於攷辨金石，嗜聚古泉幣，取所見，略循時代先後，
依韻分隸，撰《古錢待訪錄》二卷，而有史志可徵，暨稗官野乘足與錢文相發
明者，別著《錢幣圖考》。惟吳語詮若干卷，以聲音隨俗變移，字亦因聲改易，
且俚俗所稱，半皆有聲無字之字，唐宋後小學書，率以委巷所製偽字當之，竊
取諧聲之義，益以偏旁、孳乳寖多，伊於胡底，乃據平日習聞方音，分類臚列，
各原其聲轉之由，欲俾流俗承訛，悉衷古音，惜竟不傳，詩文曰《樂思堂文集》。

19. 朱駿聲

朱氏字豐芑，號允倩，晚號石隱山人，江蘇元和人，曾官黟縣訓導，揚
州府學教授，著有《說文通訓定聲》十八卷、《補遺》二卷、《古今韻準》一
卷、《說雅》一卷、《周易匯通》八卷、《易鄭氏爻辰廣義》二卷、《易經互卦
卮言》一卷、《易章句異同》一卷、《易消息升降圖》二卷、《學易札記》四卷、
《尚書今古文証釋》四卷、《逸周書集訓校釋增校》一卷、《附逸周書缺文補》
一卷、《淮南子校正》六卷、《歲星辰》一卷、《天算瑣記》四卷……等，卒年

〔註485〕《清代樸學大師列傳》、《清代通史》下。
〔註486〕《學案》卷一四八、《清史稿》卷四八一、《人物綜表》、《吳縣志》卷六十八、
　　　　列傳七。

七十一（1788～1858）。〔註 487〕

　　朱氏年十五爲諸生，始入紫陽書院，附課肄業，時大昕主紫陽書院。亦十五爲諸生，值重游泮宮，一見奇之，曰：「衣鉢之傳，將在子矣。」而以國士目之，並許受業，時大昕年七十五。

　　駿聲著述甚博，不求知於世，兼長推步，明通象數，嘗論爾雅太歲在寅，推大昕之說，謂：

> 其時自以實測之歲星在亥，定太歲在寅，命之曰攝提格以紀年，歲
> 星所合之辰，即爲太歲。然歲星百四十四年而超一辰，至秦漢而甲
> 寅之年，歲星在丑，太歲應在子。漢詔書以太初元年，爲攝提格者，
> 因六十紀年之名，歷年以次排敘，不能頓超一辰，故仍命以攝提格
> 也。於是後人以寅、卯等爲太歲，強以攝提格爲歲陰，其實爾雅所
> 云歲陽、歲陰，非如後人說也。〔註 488〕

20. 任兆麟

　　任氏原名廷麟，字文田，號心齋，大學生，嘉慶元年，舉孝廉方正，以侍養辭。著有《毛詩通說》二十卷、《春秋本義》十二卷、《夏小正注》四卷、《竹汀詩集》四卷、《文》九卷等。〔註 489〕

　　任氏幼承家訓，又從錢大昕、褚鶴侶諸先生游，經、傳、子、史、音韻、古籀及詩、古文，無不研索。

21. 談　泰

　　談氏字階平，江甯人，乾隆丙午舉人，官山陽南匯教諭，著有《禮記源流考》二卷、《先聖生卒年月日辨》二卷、《三十字母陰陽辨》一卷、《古今音韻識餘》二卷、《古今樂疑義》三卷、《絲竹考異與人歌譜》三卷、《九宮辨》二卷、《春秋戰國次考》二卷、《談氏族考》一卷、《多聞闕疑》六卷、《偶談漫記》四卷、《歲次月建異同辨》一卷、《明算津梁》四卷、《推步橐》三卷、《天元釋例》四卷、《平方立方表》六卷、《北斗考》三卷、《疇人傳》三卷、《桐音館雜文》四卷等，卒年不詳。〔註 490〕

〔註 487〕《清史列傳》卷六十九。
〔註 488〕〈答太歲太陰問〉，《傳經室文集》，《叢書集成續編》一九四，頁 716。
〔註 489〕《學案》卷五十三、《國朝先正事略》卷卅五。
〔註 490〕《學案》卷一二○、《清史列傳》六十九、《國朝耆獻類徵》二五七、《國朝先正事略》三十三。

大昕《年譜》四十四年己亥條：「上元談泰，善算術，來從居士游，授以古今推步異同，疏密之旨。」〔註491〕其交始於此時。

談氏淹通經史，專志撰述，尤精天算，從大昕游，大昕稱贊其學，「深造自得，交遊中習於數者，戴東原歿後，幸得階平。」並贈序云：

> 予少與海內士大夫游，所見習於數者，無如戴東原氏，東原歿，其學無傳，比來金陵，得談子階平，其於斯學，殆幾於深造自得者，乃不自足，而暱就予。〔註492〕

大昕自謙其未老而衰，昏眊健忘，無能益於階平，然予階平有願焉，而贈序勉之：

> 歐邏巴之俗，能尊其古學，而中土之儒，往往輕議古人也，蓋天之說，當時以爲疏，今轉覺其密，七曜盈縮損益之率，古法與歐羅巴原不相遠也其爲彼之所刱者，不過數端。而其說亦已屢易，吾烏知他日，不又有一說以易之乎，其不可易者可知者也，其可易者不可知者也，知其所可知，而不逆憶其所不可知，庶幾儒者知數之學，予未之逮也，願階平勉之而已。〔註493〕

《文集》卷卅五中有〈答談氏二書〉（答談階平書，再與談階平書）論及《廿二史考異》中，對秦三十六郡之看法，《日記鈔》中亦談及，不信裴駰四十郡後起之說，而信班固〈地理志〉較古之記載，誠足以示階平其治學之態度與精神，《日記鈔》卷一云：

> 答談階平札，言考異中解秦三十六郡，據漢志正文，非以解史記，即始皇紀廿六年，分天下爲三十六郡，分郡既不於是年始，豈必於是年止，史家省文，總敘於混一之年，亦無足怪，姚姬傳疑孟堅志有未備，恐未必然。〔註494〕

22. 蔡　雲

蔡氏字鐵耕，元和人，嘉慶甲子優貢生，從大昕肄業紫陽書院，最工制義歲科試，及書院課屢冠其曹，著《人表考校補》一卷、《蔡邕月令章句輯本》、《癖談》六卷、《敍古泉源流》，多本詩說。〔註495〕

〔註491〕《錢辛楣先生年譜》，頁26。
〔註492〕〈贈談階平序〉，《文集》卷二三，頁336。
〔註493〕同上。
〔註494〕《日記鈔》，卷一，頁3。
〔註495〕《清儒學案》八十四。

23. 黃　鐘

黃氏字郎亭，號鐵庵，清仁和人。例貢生，歷官刑部郎中。著有《春華閣詩鈔》。〔註496〕

黃鐘，大昕之弟子，受學大昕，性好聚書，終日讐校，如對古人。其藏書處曰雅趣軒。精於史，大昕《元史氏族表》三卷，經黃鐘諸君校正授梓，其〈跋元史氏族表〉云：

> 元史氏族表三卷，我師錢竹汀先生所作也……先生廣搜博采，正史雜史之外，兼及碑刻、文集，題名錄等書，攷其得失，審其異同，一一表而出之……藝文志已刻於吳郡，今與同學諸君，續將此表校正授梓。

24. 姚學甲

姚氏號半塘，鉅野人，其先世金末由陝州東徙，《年譜》「乾隆四十六年辛丑條，是歲鉅野姚學甲爲《續刊金石文跋尾》七卷」，〔註497〕學甲爲大昕丙戌本房所得士，時令嘉定，曾編姚氏族譜，求序於大昕，大昕亦於序中譽美半塘云：「其所述譜，雖因前人之舊而正其譌，補其闕，不虛矣，不詞費……觀半塘之譜，如觀半塘之政已」。〔註498〕

25. 夏文燾

夏氏字季慈，乾隆壬子舉人，泰州學正，少從錢宮詹大昕游，通輿地之學，兼通歷算，年八十而卒，子章均，力學早世，次子章鑿，於潛縣典史，咸豐八年，解金陵大營兵餉，保舉州同。〔註499〕

26. 陳詩庭

陳氏字令華，一字蓮夫，又字畫生，號妙士，江蘇嘉定人，以學行著於時，爲大昕入室弟子，嘉慶己未進士，著有《說文聲義》、《讀書瑣記》、《深柳居詩文集》。〔註500〕

通六書之學，謂六書之始，依類象形，形聲相益，而聲亦有義，聲同義同，聲近義近，文字聲音訓詁，一以貫之，其說深受大昕之影響。詩庭曾爲

〔註496〕丁申《武林藏書錄》卷下。
〔註497〕《錢辛楣先生年譜》，頁28。
〔註498〕〈鉅野姚氏族譜序〉，《文集》卷廿六，頁395。
〔註499〕《吳縣志》卷六十六下、列傳四。
〔註500〕《學案》卷八十四，陳先生詩庭條，〈歷代學案〉十八，頁99。

大昕晚年畫像，大昕並自題像贊：

> 官登四品，不爲不達。歲開七秩，不爲不年。插架圖籍，不爲不富。
>
> 研思經史，不爲不勤。因病得閒，因拙得安。亦仕亦隱，天之幸民。

大昕之研精經史，勤而勉焉，因病方得稍事休閑，足見大昕治學之勤勉矣。

27. 費士璣

費氏字玉衡，號在軒，震澤人。嘉慶庚申舉人，江蘇吳江人，大挑貴州知縣權都勻通判，生卒年不詳。著有《周易漢學通易》、《遂初軒吟稿》等。〔註501〕

費氏少穎悟，過目成誦，五經三禮注疏背誦無遺，受業西莊及錢大昕，西莊尤賞之曰：吾門下以璞園爲第一，在軒次之，惜其著述多未就。

大昕主講紫陽書院，士璣乃大昕門下士二千人中精研經術者，惟其不長於詩，大昕《詩續集》卷六有〈題費玉衡窺園圖〉：

> 三載園林竟不窺，廣州精詣果堪師。由來艸木須多識，可是先生未學詩。
>
> 生意窗前驗寸荄，心田衍沃好栽培。蘭成詞賦非吾事，且住園中撰玉杯。〔註502〕

〔註501〕《蘇州府志》、《學案》卷七十七，〈西莊學案〉。

〔註502〕卷六，頁84。

第三章　年譜長編

壹、述　例

1. 本年譜以大昕手編年譜，及其曾孫慶曾續編者為主要資料，而參酌東壁、東塾所撰〈竹汀府君行述〉，及王念孫之〈大昕神道碑〉、王昶之、〈錢大昕墓誌銘〉等，並佐以：

　趙爾巽等　《清史稿》　卷四八一
　吳秀之等修　《吳縣志》　卷五十八下
　程國棟纂修　《嘉定縣志・藝文志》　卷十一
　錢儀吉　《碑傳集》　卷四十九
　李元度　《國朝先正事略》　卷三十四
　江藩　《漢學師承記》　記之三
　葉恭綽　《清代學者像傳》　第三冊
　支偉成　《清代樸學大師列傳》　第三冊
　李桓　《國朝耆獻類徵初編》　卷百二十八
　張維屏　《國朝詩人徵略》　卷三十五
　徐世昌等編纂　《清儒學案》　卷八十三、八十四
　蕭一山　《清代通史》　卷中第十一章
　姜亮夫　《歷代人物年里碑傳綜表》
　麥仲貴　《明清儒學家著述生卒年表》
　費海璣　《錢竹汀傳記研究》

及師承、學侶及弟子之文集而詳考之，逐年排定，每項每條，頂格書寫，所

據史事，於每條之下，低二格書之，期使展卷了然。

2. 作品之繫年，書於該書之末，並列舉證據，期信而有徵。

貳、年　譜

雍正六年戊申（1728）一歲

△正月七日戊午戌時，先生生於嘉定望仙橋河東宅，時先生父年三十二。

按：〈先考小山府君行述〉：「先世諱鎡明，自常熟雙鳳里，徙居嘉定之
盛涇，生北郊公，諱浦。北郊公生順郊公，諱炳，移居望仙橋。」
大昕先世鳳里公，正德間，自常熟雙鳳里，贅嘉定之盛涇管氏，
遂世居嘉定，再傳析而二支，一居外岡，一居望仙橋。望仙橋鎮，
在縣城西十八里，〈跋玉峰誌〉云：「予先世自常熟雙鳳里徙嘉定
西鄉，逮予八傳矣。

《大清一統志》：「江蘇省，太倉州建置沿革：「嘉定縣漢婁縣地，
梁信義縣，隋唐崑山縣城鄉，宋，嘉定十年，析置嘉定縣。」

〈自訂年譜〉云：「先大夫年逾三十，尚未得子，姑夫沈組佩先生，
言房門不利，當閉之，而別啟戶焉。如其言，期年，而居士生。」

〈先考小山府君行述〉：「府君生於康熙三十六年（1697）丁丑三
月二日。」至是年三十二歲矣。

《碑傳集》四十九，君諱大昕，號竹汀，曉徵其字，生於雍正六
年正月初七日。

是年余蕭客仲林生。

雍正七年己酉（1729）二歲

△甫周歲能言，母沈太恭人指玉、而二字教之，更以他書覆試，皆指認不
誤。晬日，家人陳百物於盤，先生惟取一筆。

按：〈先大父贈奉政大夫府君家傳〉：「年踰六十，始得孫大昕，甫晬，
即教以識字。」

△是年朱筠竹君生。

雍正八年庚戌（1730）三歲

△沈太恭人歸甯，攜先生至外祖宅，外祖喜其慧了，引詣諸戚友家，見堂
上扁聯皆能成誦。

按：先生外祖沈處士，諱時俊，居青浦之黃渡鎮。錢太恭人，黃渡，
　　沈姓。

△畢沅秋帆生。

△李文藻素伯生。

雍正九年辛亥（1761）四歲

△姚鼐姬傳生。

△曹仁虎來應生。

雍正十年壬子（1732）五歲

△始從塾師曾獻若先生問字。

按：〈奉政大夫府君家傳〉云：「比五歲，授以經書，稍暇，即與講論
　　前代故事，詳悉指示，俾記憶勿忘乃止，如是者殆十年。」（曾公
　　諱佳，縣庠生，中憲公業師。）

雍正十一年癸丑（1733）六歲。

△桂馥冬卉生。

△翁方綱正三生。

雍正十二年甲寅（1734）七歲

△移居河西宅。

雍正十三年乙卯（1735）八歲

△錢塘學淵生。

△段玉裁若膺生。

乾隆元年丙辰（1736）九歲

△先生之父中憲公入學。

按：〈小山府君行述〉：年幾強仕，始受知於學使禮部侍郎桐城張公廷
　　璐。

乾隆二年丁巳（1737）十歲

△祖奉政公館望仙橋楊氏，先生即從受業，初學爲八股。

按：〈先大父贈奉政大夫府君家傳〉：「奉政公諱王炯，字青衣，號陳人，
　　世居嘉定西鄉之望仙橋，己卯歲十月卒，壽九十有二。以大昕貴，
　　贈奉政大夫翰林院侍讀加一級，著有字學海珠三卷，星命瑣言一

卷。」〈先考小山府君行述〉：「家故無負郭田，大父以授徒餬口……
泊府君弱冠後，亦出授徒……。」

△自夏至多，病疥廢學。

乾隆三年戊午（1738）十一歲

△應童子試，縣令爲黃公建中。

按：錢辛楣先生年譜慶曾注：是年邑令爲咸寧黃公建中。

△章學誠實齋生。

乾隆四年己未（1739）十二歲

△先生之父館外岡族父元禮齋，先生從其學。

按：慶曾注：元禮先生諱楷，國學生，與公同出北郊公，外岡鎮在縣
城西十二里。

乾隆五年庚申（1740）十三歲

△夏，再應童子試。邑尊永嘉林公上梓，面試大加獎賞，揭案名在第六，
乃父攜先生謁謝。林公曰：「令子遠大之器，不必欲其速售也。」

△是年崔述東壁生。

乾隆六年辛酉（1741）十四歲

△父青文公館族兄彥輝齋，先生仍從乃父學，乃父教以爲詩，示以唐人安
章宅句之法。

按：慶曾注：彥輝先生諱燿，國學生，與公同出順郊公，〈先考小山府
君行述〉：「初館族父元禮齋，後館族兄彥輝齋，皆攜不孝大昕自
隨，晨夕督課。當是時，舉業家皆不習詩，以爲妨於制義也。府
君獨喜教不孝爲詩，示以唐人安章宅句之法。

△是年王昶十八歲，應試以第一名入學。〔註1〕

乾隆七年壬戌（1742）十五歲

△負笈入城，從曹丹五先生學。同筆硯者，有陸授詩、韓本、徐瀛秀等人。
有〈徐毓洲讀書僧舍集杜工部句寄之四首〉。

△夏，復應童子試，學使劉公藻獎勵甚至。嘗語：「吾視學一載，所得惟王

〔註1〕 《王述庵先生昶年譜》：「乾隆六年辛酉，十八歲二月應院試學政工部侍郎，
桐城張公廷，以第一名入學」。

生鳴盛，錢生大昕兩人耳」，歲補博士弟子，有神童之目。

　　按：〈盧亭先生墓志銘〉：「大昕年十五，應童子試，先生極賞其文，西
　　　　莊亦謂子可與共學，因許以愛女招爲館生。」〔註2〕

　　　　鳴盛，字鳳喈，一字禮堂，別字西莊，嘉定人，生於一七二二年，
　　　　卒於一七九七年。

　　　　曹封翁諱桂芳，字丹五，號檀溆，歲貢生，爲大昕祖入室弟子，
　　　　而大昕又受業於檀溆公。

乾隆八年癸亥（1743 年）十六歲

△仍假館曹氏，曹封翁自縣之外岡徙居城東。

　　按：〈蓉鏡堂記〉：「檀溆先生，自縣之外岡，徙居城東清鏡塘之南，再
　　　　徙乃定居焉，是時，大昕方十五、六歲，從先生受經義。」〔註3〕

△與盧亭女有婚姻之約。

　　按：大昕自訂年譜七年壬戌條：外舅盧亭先生見居士文亦以爲不凡，
　　　　明年始有婚姻之約。

△邵晉涵生

乾隆九年甲子（1744 年）十七歲

△鄉試取一等第七名。

△是秋始與王昶定交，交情亙六十年之久。

　　按：王昶字德甫，號述庵，一字蘭泉，又字琴德，江蘇青浦人，卒於
　　　　一八○七年。

△十月先生之弟可廬生。

　　按：《清代樸學大師列傳》：「大昭字晦之，一字竹廬，嘉慶元年舉孝廉
　　　　方正賜六品服，好讀書，不汲汲於榮利，顏讀書之所日「可廬」，
　　　　取「隨寓自足義也」。

△汪中容甫生。

△梁玉繩生。

乾隆十年乙丑（1745 年）十八歲

△始授徒塢城顧氏，其家頗藏書，晨夕披覽，嘗援晉書，糾東坡戲作賈梁

〔註2〕《文集》卷四三，頁 676。
〔註3〕《文集》卷二一，頁 306。

道詩之失。

按：《養新錄》卷十六，「蘇東坡詩」條：「予弱冠讀晉書宣帝記，即疑
此詩之誤，蓋王凌爲司馬懿所殺，非司馬師也。懿字仲達，師字
子元，東坡誤記此爲司馬師事耳」，大昕糾其失曰：「後二十餘年，
讀查初白補注蘇詩，已先我言之矣」，然先生年未弱冠，考據已有
與前輩闇合者矣。

乾隆十一年丙寅（1746）十九歲

△仍授徒顧氏。

△讀李延壽《南北史鈔》撮故事爲《南北史雋》一冊。

按：慶曾注：「家藏公手書冊子十餘幅，皆節錄南北史語，并記云：『舟
中攜有此書，錄出數則，以備兒輩遺忘。』蓋公少年篤好此書，
大半能成誦，故取以爲傳家之學。」

乾隆十二年丁卯（1747）二十歲

△秋，應江甯鄉試，同考官曾公尙增得先生卷，奇之，薦主司，不見售。

按：王鳴盛偕大昕應江甯鄉試，是秋，錢氏鄉試不售，《詩續集》卷六
〈邵松阿舍人七十詩〉云：「同出南豐一瓣眞」，自注：「君鄉試出
長清曾公房，予出曾公薦，爲試官所黜。」

乾隆十三年戊辰（1748 年）二十一歲

△四月，學使尹公會一，歲試，取一等第六名。

按：尹公字元孚，甲辰進士，時官工部侍郎，據尹公年譜，三月歲試
常州府，而非四月。

乾隆十四年己巳（1749）二十二歲

△巡撫檄嘉定縣送優秀少年往紫陽書院肄業，先生列之，侍御王峻爲院長，
閱先生課義詩賦論策，歎賞不置曰：「此天下才也。」自是先生課試常居
第一。

按：江藩《漢學師承記》記之三：「王侍御峻詢嘉定人材於王光祿西沚，
以先生對，侍御告之巡撫雅蔚，文檄召至院中，試以周禮文獻通
考兩論，下筆千言，悉中典要，侍御歎爲奇才。」〔註4〕李果、趙

虹、惠棟、沈彤、許廷鑅、顧詒祿等，歛手敬之，吳中諸名宿，
引爲忘年交。

按：惠棟長先生三十，沈彤長先生四十。

乾隆十五年庚午（1750）二十三歲

△赴昆山科試，榮膺一等，時松江士子黃文蓮、趙文哲、張熙純、凌應曾，
亦赴昆山科試，因得與諸君交。

△秋，應江甯鄉試報罷，詩集有〈秋日舟行〉之作述之。

△江甯翁朗夫到吳門特來與先生交。

按：翁朗夫名照，號霽堂

△冬，娶先妻王恭人，贅居外舅宅。

按：王恭人爲虛亭先生幼女。〈亡妻王恭人行述〉：「恭人姓王氏，諱順
英，字正仲……虛亭先生爾達之女……予年十五，應童子，試出
場，先生見其文……先生乃以恭人許予爲配也……歲庚午，予始
贅外家。」

△紫陽書院易長，艮齋先生以疾辭去，代之者長洲沈德潛先生，先生以詩
送艮齋先生。

按：《詩集》卷二有〈用昌黎會合聯句韻送艮齋先生歸海虞〉之作。

△王昶補廩膳生。

△〈聞金川平定喜而有作〉四首、〈歸家〉二首，〈九日同潘璜谿、凌叔子、
張策時、王蘭成作〉、〈贈翁朗夫徵君〉、〈秋日舟行〉作於是年。

按：金川難平，故大昕〈喜而有作〉四首，赴崑山科試，因得與凌叔
子諸君交，此詩當作於此年。又，江甯鄉試報罷，大昕歸家，冬
娶妻王恭人，可証〈歸家〉作於此時。

△江甯，翁朗夫到吳門特來訂交，大昕贈以詩。

乾隆十六年辛未（1751）二十四歲

△大駕南巡，先生進賦一篇，學使莊公滋圃選入一等，有詔召試江寧行在，
特賜舉人，授內閣中書學習行走，其試作刻入南巡盛典。

按：《清代七百名人傳》：「乾隆十六年，召試舉人，授內閣中書」。《國
朝先正事略》卷三四：「乾隆十六年，高宗南巡獻賦，召試舉人以
內閣中書用。」

〈亡妻王恭人行述〉:「歲庚午,(乾隆十五年),予始贅外家,明年以獻賦召試行在,持賜舉人授內閣中書。」〔註5〕

△《詩集》卷三,有〈奉旨特賜舉人授中書舍人紀恩二首〉、〈御試賦得蠶月條桑賦〉、〈御試賦得指佞艸詩〉、〈辛未七夕用李義山韻〉、〈王次山先生輓詩二首〉、〈呈沈歸愚先生三首〉等作於是年。

按:王次山生於康熙甲戌年,卒於乾隆辛未年(十六年)大昕輓之云:

西台眞御史,東觀舊詞臣。賦艸凌雲筆,車埋當道輪。

平生尙風義,傲骨獨嶙峋。辛苦遺孤在,誰爲分宅人。

掌夢巫陽杳,催人鬼伯侵。訃來猶恐誤,悲極不成吟,

寥亮山陽笛,摧殘爨下琴。半生知己感,凄斷竟難禁。〔註6〕

△三月,束裝入都,過清江浦,文定公高斌復留住公署兩月,乃買舟送先生北行,同行者周天度、莊檞,抵京,僦舍繩匠衚衕,與褚鶴侶同寓。入內閣票籤房辦事,三日一入直,十日一直宿。

按:《詩集》卷八;〈清江浦懷舊〉詩,「壬申之夏渡清口,固哉亭前賦折柳」自注云:「是歲相國高文定公,具舟送予北上,同舟者,仁和周君天度、陽湖莊君檞,及予三人。」〔註7〕

△王昶有詩送之:

相送淮南去,迢迢千里程,北風吹五雨,幾日過蕪城,

東閣開樽口,南樓點屐餘,新詩供嘯咏,妙理析元虛。

三十三山客,憑君問起居,懸知對床處,詳晰考河渠。〔註8〕

△〈清口〉、〈清河道中〉、〈中河〉諸詩作於是年。〔註9〕

按:中河在江蘇淮陰縣西北,即運河下流,此三首係壬申夏文定公買舟送大昕北行時作。

乾隆十八年癸酉(1753)二十六歲

△在中書任,暇與吳杉亭,褚鶴侶兩同年講習算術,讀宣城梅氏文鼎書,寢食幾廢,因續歷代史志,從容布算,得古今推步之理。

〔註5〕《文集》卷五十,頁770。

〔註6〕〈王次山先生輓詩〉,《詩集》卷三,頁32。

〔註7〕《詩集》卷八,頁121。

〔註8〕〈送曉徵舍人之淮南總河幕府〉,《春融堂集》卷三。

〔註9〕《詩集》卷三,頁35〜36。

　　按：梅氏文鼎，清宣城人，號勿菴，有《歷算全書》、《大統書志》、《勿
　　　　庵歷算全書》。其弟鼎有《中西經星同異攷》。

△秋，移寓椿樹頭條衕衕，有〈移寓詩〉。〔註10〕

△冬初，王恭人自南至京，途中染病幾殆，至都調治兩月始癒。〈亡妻王恭
　　人行述〉：「恭人亦以次年入都，途間得病幾殆，舟至楊村，扶人肩輿，
　　舁至寓舍，調治兩月餘，病良已」。

△《元氏族表》於是年編始。

乾隆十九年甲戌〔1754〕二十七歲

△正月始補中書額缺。

△三月會試，中式第十九名，是科策問條目錢文敏所擬。闈中俊彥有王禮
　　堂、王蘭泉、紀曉嵐、朱竹均、姜石貞、翟大川。揭曉之日，午門謝恩，
　　文敏公謂諸公曰：「此科元魁十八人，俱以八股取中，錢生乃古學第一人
　　也。」殿試第二甲四十名，圓明園引見。特改翰林院庶吉士。

△王昶二甲七名，保和殿御試，欽取一名，以候銓選，仍寓秦氏味經軒。
　　〔註11〕

△是歲移寓橫街，讀《漢書》，撰次《三統歷術》四卷。

△無錫秦文恭公邀其商訂《五禮通攷》，時戴震入京，造先生寓，談竟日。
　　歎其學精博。翌日言於秦氏，為延譽之，自是知名海內。

△〈與戴東原書〉、〈跋史彌寧友林乙槀〉、〈送翟晴江同年還杭州〉作於是
　　年。

　　按：《戴東原年譜》、東原入都之年，蓋有二說，洪榜、段玉裁均以為
　　　　在乾隆二十年乙亥。〈洪狀〉謂：「先生於乾隆乙亥歲北上京師」。
　　　　《段譜》則於乙亥下云：「蓋是年入都」，而王昶、錢大昕，則謂
　　　　在乾隆十九年甲戌，王志云：「余獲交東原，蓋在乾隆甲戌之春，
　　　　維時秦文恭公蕙田，方纂《五禮通考》，延致味經軒，偕余同輯時
　　　　享一類，凡五閱月而別」。錢賓四先生以王錢二人所云皆屬親歷，
　　　　不容有誤，段撰《戴譜》，則距其事已逾六十年，又非親歷，更不
　　　　能得其詳。〔註12〕

〔註10〕《詩集》卷三，頁39。

〔註11〕《王述庵先生年譜》，頁12。

〔註12〕鮑國順，《戴東原學記》第一章第二節，政大博士論文，頁27。

〈跋史彌甯友林乙藁〉：「甲戌秋，予在都門，過金匱吳學士尊彝
齋有宋槧友林乙藁：假歸手錄其副藏之⋯⋯。」〔註13〕

翟晴川名灝，杭州人，與大昕同年成進士後還杭州，大昕有〈送
翟晴江同年還杭州〉詩送之，見《詩集》卷三。

△紀昀成進士改庶吉士。〔註14〕

乾隆廿年，乙亥（1755），二十八歲。

△在席常任，是歲平定準噶爾凱旋，恭進五言長律一百五十韵，頗爲朝士
傳誦。

按：見詩集卷三，有平定準噶爾告捷禮成恭記一百韵。

乾隆二十一年丙子（1756）二十九歲

△在庶常任，奉命與紀曉嵐任編纂之役。

△秋，大駕幸木蘭，奉旨扈從熱河，就近採訪排纂，途中恭和御製詩進呈，
乾隆帝嘉獎，由是有南錢北紀之目。

△《詩集》卷四有〈恭和御製熱河啓蹕之作元韻〉、〈丙子春帖子詞〉作於
是年。

乾隆廿二年丁丑（1757），三十歲。

△五月散館，御試正大光明殿，試題〈石韞玉〉賦，〈夏雲多奇峰〉詩。欽
取一等一名，授翰林院編修。公暇，入琉璃廠書市，購得漢唐石刻二三
百種，晨夕校勘，證以史事，輒爲跋尾，收藏金石文字自此始。

△〈中書舍人吳君墓志銘〉作於是年。

按：吳沁可生於康熙五十七年，歿於乾隆二十二年。〔註15〕《文集》
卷一，有〈御試石韞玉賦〉。

△王昶應試賦召，獲賜內閣中書舍人。〔註16〕

乾隆二十三年戊寅（1758）三十一歲

△三月，御試正大光明殿，試題〈瑾瑜匿瑕〉賦，〈野含時兩潤〉詩。

按：《文集》卷一，有御試石韞玉賦，《詩集》中不見野含時雨潤詩，

〔註13〕《文集》卷三一，頁485。
〔註14〕《碑傳集》卷三八。
〔註15〕《文集》卷四三，頁676。
〔註16〕《王述庵先生年譜》，頁14。

慶曾注謂：見詞恆集，該書未刻，今未見。

△欽取二等一名，擢右春坊右贊善，有旨協同何國宗潤色地球圖。

　　按：慶曾注：是時禮部尚書大興何公國宗，領欽天監，精於推步，每
　　　　與公論宣城梅氏之學，及明季利瑪竇、湯若望、羅雅谷、日離月
　　　　離五星諸表、公洞若觀火，於是有協同何公潤色地球圖之旨。

△是年奏充武英殿纂修官，又充功臣館纂修。

△冬，縣令介公玉濤，舉鄉飲酒禮，敦請奉政公爲大賓，黃髮即席，觀者
　聳然起敬。〈先大父贈奉政大夫府君家傳〉：「廿三年，有司舉行鄉飲酒禮，
　廷府君爲大賓，黃髮即席，觀者聳然起敬。」

△〈一等公佟公傳〉、〈一等伯傅公傳〉、〈惠棟傳〉作於是年。

　　按：《文集》卷三十七，傳一，有〈內大臣一等公謚忠勇佟公傳〉、〈都
　　　　統贈一等伯傅公傳〉。

　　　　是年，五月二十三日，惠棟定宇卒，爲之作〈惠棟先生傳〉。

　　〔註17〕

△在贊善任。

△春，平定回部，獻馘凱旋，恭進七言長律一百韻。

　　按：詩集卷五，有回部蕩平大功告成，恭紀一百韻。

△七月奉命充山東鄉試正考官，揭曉，得任銳錫、李文藻等六十九人。

　　按：〈李南澗墓誌銘〉：「己卯之秋，予奉命主山東鄉試，得益都李子南
　　　　澗，天下才也。」〔註18〕

△王昶充順天鄉試同考官後，詔修《通鑑輯覽》，充纂修官。

△〈山東鄉試錄序〉、〈送禮堂學士典試福建〉（詩卷四）、〈奉命典試山左出
　都述懷〉（詩卷四）、〈初春懷鄉褉詠四首〉，作於是年。

　　按：《文集》卷廿三序一，〈山東鄉試錄序〉云：「皇上御宇二十有四年，
　　　　歲在己卯，直省大比貢士，臣大昕奉命，偕戶部郎中臣葉宏往典，
　　　　山東試事。」

　　　　〈王西莊先生年譜〉：「乾隆二十四年六月，王鳴盛奉命充福建鄉
　　　　試正考官」，大昕此詩當爲送禮堂典試福建所作。

　　　　〈初春怀鄉褉詠四首〉，近藤光男云：「此庚辰（乾隆廿五年）初

〔註17〕《文集》卷三九，頁609。
〔註18〕《文集》卷四三，頁683。

春作。」〔註19〕

△是冬,十月,奉政公終於里第,年九十二。

按:《文集》卷五十,〈先大父贈奉政大夫府君家傳〉:己卯歲十月卒,
年九十有二,以大昕貴,誥贈奉政大夫,翰林院侍讀加一級。

乾隆二十五年庚辰（1760）三十三歲

△仍在贊善任。

△三月充會試同考官,尋充續文獻通考館纂修官,分修田賦、戶口、王禮
三攷,協修起居注。

△秋,遷翰林院侍讀。

按:慶曾注:文正好讀星學,詢公八字,公辭曰:頃新安友言,現行
巳運,為祿堂,又犯三刑,來年辛巳,必無幸矣。文正曰:八字
當論大局,刑衝未足為病,足下不久當遷官,斷無意外慮也,巳
而,果有侍讀之命。

△冬,奉旨署日講起居注官。

按:《詩集》卷七,乾隆廿八年,起居注書成,詣乾清門入奏恭紀六首
詩,其四注云:歲庚辰辛巳,大昕以署起居注官。

△是年王昶復充順天鄉試同考官,〔註20〕崔述即應順天鄉試,中副榜。

乾隆二十六年辛巳（1761）三十四歲

△在侍讀任。

△三月,乾隆帝恭謁秦陵,幸五台山,先生記注官特派扈從,途中恭和御
製詩,稱旨,上自五台迴蹕,出御製遊千佛洞五言古詩,得古體四十韻。

按:《詩集》卷五:有〈恭和御製奉皇太后謁秦陵,因至五台瞻禮卜吉
起程得詩八韻〉、〈恭和御製恭遊千佛洞得古體四十韻〉。

△冬,以皇太后聖壽七旬覃恩,中外京官,例加一級,循例得贈先生之父
奉政大夫,翰林院侍讀加一級,母為宜人。

△皇太后七十萬壽頌,作於是年。

按:《文集》卷一,有〈聖母皇太后七十萬壽頌〉,序文及頌,皆集經
語為之。

〔註19〕人文科學論集,近藤光男《潛研堂詩詮》,頁14。
〔註20〕《王述庵先生年譜》,頁17。

乾隆廿七年壬午（1762）三十五歲。

△仍在侍讀任。

△五月，奉命充湖南鄉試正考官，王杰為副，得丁壯、丁正心等四十六人。

△崔述兄弟中舉。

△〈湖南鄉試錄序〉、〈和雲巖詩〉、〈出都宿良鄉縣有作二首〉，作於是年。

　按：〈湖南鄉試錄序〉：「上御極之二十有七年，在壬午，當賓興之期。
　　　　閏五月有旨命臣大昕偕修撰臣王杰，典湖南試。」〔註21〕

△先是湖南士子場後以闈義謁學使吳雲巖前輩，雲巖決其必售者五人，曰
　　丁壯、丁正心、張德安、石鴻翥、陳聖清，比揭曉則五人皆中式，而五
　　魁之中，得其四焉，楚人傳以為盛事，雲巖因和其韻。

乾隆二十八年癸未（1763）三十六歲

△在侍讀任。

△五月御試翰詹諸臣於正大光明殿，題〈江漢朝宗賦〉、〈結網求魚詩〉，欽
　　取一等三名，擢侍講學士，尋充日講起居注官。

　按：有〈御試江漢朝宗賦〉、〈恭紀詩〉六首其四注云：「歲庚辰，辛巳，
　　　　大昕以署起居注官，癸未，甲申以充起居注官。」

△是年起居注告成，詣乾清門入奏，有恭紀詩。

　按：《詩集》卷七，有〈乾隆廿八年起居注書成，詣乾清門人入奏恭紀
　　　　六首〉，詩云：「時政年年注起居，編成常屆歲將除，尋常卷帙休
　　　　相擬，此是人間第一書」。詩之二注云：「起居注書成，例由本衙
　　　　門奏聞，即緘封送內閣，滿本堂庫收貯，不進呈御覽。」

△錫山秦文恭公奉詔修《音韻述微》，屬先生任編校，具草條例以進。

　按：慶曾注：《音韻述微》與欽定《音韻闡微》相表裏，闡微重字音，
　　　　而述微兼詳字義，字數亦較闡微為多，凡今義今音，亦皆纂入，
　　　　以補向來字書所未備云。是歲，先生之父與弟大昭入都，父子昆
　　　　弟聚首一堂，極家庭之樂。

△姚鼐成進士。

△焦循生。

乾隆二十九年甲申（1764）三十七歲

〔註21〕《文集》卷二三，頁327。

△在學士任。

△是歲先生之父還里，弟大昭留都門。

按：〈王恭人行述〉云：「我父於甲申歲來京師，我母未修一日之養，
公官京師，屢請堂上就養，沈太恭人以水土不習，不果行。中憲
公入都僅一年，亦以水土不習南旋。」〔註22〕

△〈郭冑構墓誌銘〉，作於是年。

按：〈郭冑構墓誌銘〉：「今春，肯構翁即世，將葬於城東十里之長甯原，
其從子興讓狀其行事，乞余銘。興讓與余同年進士，即樸村翁之
子也，讀其狀，質而無溢美，故樂得而書⋯⋯。君生于康熙三十
二年，卒於乾隆二十九年三月十六日。」〔註23〕

△秦蕙田卒，年六十三。

按：〈秦文恭公墓誌銘〉：「公生於康熙壬午（四一年）十月十九日，歿
時年六十有三。」據此則卒年為乾隆廿九年。〔註24〕

乾隆卅年乙酉（1765）三十八歲

△在學士任。

△正月陪祀祈年殿。

△四月與錢擇石、曹慕堂、積粹齋三先生赴涿州恭迎大駕，還宿良鄉，入
清涼寺，識〈清涼寺題名〉。

按：〈清涼寺題名〉：「乾隆乙酉四月，予與錢擇石學士、曹慕堂積粹齋
兩侍御赴涿州恭迎大駕，還宿良鄉之豆店，薄暮入清涼寺，聊紀
同遊歲月，以貽寺僧，且以補朱氏日下舊聞之闕。」〔註25〕

△六月，奉命充浙江鄉試副考官，既具摺謝恩，即奏請于使，旋日乞假十
日，順道省親，得旨俞允。

按：〈浙江鄉試錄後序〉：「歲乙酉之秋⋯⋯臣大昕承命貳祭酒，臣曹秀
先主浙江試事。」〔註26〕

〈邵君墓誌銘〉：「因憶乙酉秋，予奉命典試浙右⋯⋯。」〔註27〕

〔註22〕《文集》卷五十，頁 770。
〔註23〕《文集》卷四五，頁 706。
〔註24〕《文集》卷四十二，頁 656。
〔註25〕《文集》卷十八，頁 265。
〔註26〕《文集》卷廿三，頁 328。
〔註27〕《文集》卷四三，頁 686。

〈浙闈蕆事蒙恩給假省親恭紀〉四首，記其實。〔註28〕

△行過泰安，登泰山絕頂，盡覽日觀天門之勝。

　　按：〈泰山道里記序〉：「歲乙酉秋，予以使事，道泰安，留一日爲岱宗
　　　　游……是日出城北門，歷十八盤，登玉皇頂。抵莫而回，粗識岱
　　　　宗面目而已。」〔註29〕

△抵浙入闈，正考官曹秀先病店，臥床一月。校閱之事，皆先生一人任之。
　揭曉得陸飛、邵晉涵等九十四人。

△撤棘後，徧遊西湖諸名勝，各繫以詩。

　　按：《詩集》卷八：有遊浙諸詩，爲使浙集。

　　奉命典試浙江作三首

　　出廣甯門

　　趙北口

　　毛萇里

　　董子故里

　　周亞夫祠二首

　　途中偶作

　　即事

　　晏城

　　將至開山鋪

　　長清山行

　　登岱四首

　　程蘊山明府招飲白鶴泉上

　　羊流店謁羊太傅祠

　　宿遷道中

　　雨中過永濟橋

　　隄上

　　清江浦懷舊

　　漂母祠

　　題淮陰釣臺二首

〔註28〕《詩集》卷八，頁126。
〔註29〕《文集》卷廿四，頁362。

董江都祠和冰持前輩韻二首

同冰持前輩登金山次韻八首

游寄暢園

虎邱

山塘

游上方山

石湖

汎澹臺湖

入德清縣界，有橋曰望僊，喜其名與吾鄉同，作詩記之

初到杭州

試院戲題三首

食筍

填榜四首

汎湖

九日浙中當事招集小有天園登高即席得句

表忠觀

岳忠武墓四首

浙闈蕆事蒙恩給假省親恭紀四首

過青駝寺遇雨

口占

曉行

望岱宗殘雪

山行

十月二十八日河間道中遇雨

雪後過鄭州

趙北口殘雪

琉璃河

題查恂叔太守榕巢圖

漫成

△還至吳門，兼程抵家，父母年近七旬，聰明彊鑠，陳氏妹亦歸寧（按：
先生胞妹，配同縣躍雲陳公曦）。親朋酌酒稱慶，極天倫之樂。

△假滿，星馳入都復命，中憲公亦同往，順道游錫山、金山，抵淮上而還。

△〈秦文恭公墓誌銘〉、〈浙江鄉試錄後序〉、〈泰山道里記序〉、〈清涼寺題名〉，作於是年。

按：〈浙江鄉試錄後序〉、〈泰山道里記序〉、〈清涼寺題名〉，均見前述，知作於是年，〈秦文恭公墓誌銘〉：「歲甲申九月九日時薨于滄州……明年九月，孤子編修秦鈞等，將葬公于某原，先期遣一介走京師，述公遺言，請大昕爲文誌其墓，大昕于公爲年家子，又嘗主公邸第，日月不居，知己云逝，文雖不工，其何敢辭。」〔註30〕

乾隆三十一年丙戌（1766）三十九歲

△在學士任。

△三月，充會試同考官，得進士十人，館選三人，分部一人。

△九月，子東壁生。

按：王恭人以先生年近四旬尚無子，勸公署籠，爰納浦太孺人。詳見〈亡妻王恭人行述〉：「予年卅餘，尚無子，恭人屢勸予置籠，久之，乃納浦氏。」東壁乃浦氏出。

△〈答李南澗書〉、〈州判李君墓表〉、〈邢孺人墓志銘〉、〈舅氏沈君墓誌銘〉、〈孝廉胡君墓誌銘〉作於是年。

按：〈邢孺人墓誌銘〉：「益都李進士文藻喪其母邢孺人，葬有日矣，遣一介走京師以所爲狀乞予銘。乃序而銘之……孺人卒于乾隆丙戌六月。」〔註31〕

△〈州判李君墓表〉：「君歿之二十年，而邢孺人卒，孤文藻等將啓君之兆而祔焉。先期，文藻以書告曰：『先人捐館有年，而墓道之石未立，敢請吾子表之。』」〔註32〕

△〈舅氏沈君墓誌銘〉：「……舅氏沈君臣表之卒也，大昕爲哭于京邸，既而吾母以書至，命大昕汝宜爲銘，於是大昕泫然流涕，謹敘其事曰……，以乾隆三十一年八月二十三日卒。」〔註33〕

慶曾注：〈胡君墓誌銘〉作於是年。

〔註30〕《文集》卷四二，頁 656。
〔註31〕《文集》卷四九，頁 748。
〔註32〕《文集》卷四九，頁 750。
〔註33〕《文集》卷四八，頁 730。

按：胡君於癸未三月廿四日卒。

乾隆三十二年丁亥（1767）四十歲

△在學士任。

△三月得傷寒疾幾殆，吳生蔣源明醫理，晨夕來診視，愈得。

按：吳生蔣源，秀水人，先生乙酉浙闈所得士。

△六月，妻王恭人歿於京邸。

按：〈亡妻王恭人行述〉：「恭人生於雍正六年，卒於乾隆卅二年。祭亡
妻王恭人文：「自子歸我，寒暑十七」〔註34〕乾隆十五年冬娶先妻
王恭人，越十七寒暑，正於是年。

△先生幼多疾，不任勞劇，病後精力覺不支，重以伉儷之戚，益有歸田之
志。秋，遂以病乞假，十月始得准假之旨。

按：〈廿二史考異序〉：「丁亥歲，乞假歸里。」〔註35〕
〈集仙宮訪碑記〉：「丁亥冬予乞假歸里」。〔註36〕《潛研堂詩集・
序》：「歲丁亥將乞假南回。」

△冬至後，始抵家，時晦之已娶，舊宅不能容，權借族兄葵園屋東偏居住。

按：有詩記之云：「十年詞賦殿頭傳，一夜專鱸夢裡緣。竊比奎章虞閣
老，在朝應制又歸田。」〔註37〕

△是歲始撰《二十二史攷異》。

按：《二十二史攷異序》云：「丁亥歲，乞假歸里，稍編次之，歲有增益，
卷帙滋多，戊戌設教鍾山，講肄之暇，復加討論。」〔註38〕

△〈聖駕巡幸天津頌〉、〈集僊宮訪碑記〉、〈王恭人行述〉、〈祭王恭人文〉、
〈蓉鏡堂記〉，作於是年。

按：〈聖駕巡幸天津頌〉：「惟三十二載，丁亥之春，詔下三輔，式舉時
巡……。」〔註39〕〈集仙宮訪碑記〉：「丁亥冬，予乞假歸，僦居
縣城東之奎英坊……稍西為集仙宮，去所居不百步，飽食無事，

〔註34〕《文集》卷五十，頁770。
〔註35〕《文集》卷廿四，頁361。
〔註36〕《文集》卷二十，頁294。
〔註37〕〈到家作〉，《詩集》卷九，頁137。
〔註38〕《文集》卷廿四，頁361。
〔註39〕《文集》卷一，頁11。

則往游焉。」〔註40〕〈蓉鏡堂記〉：「檀漘先生自縣之外岡，徙居城東清境塘之南，再徙乃定居焉……又數年乃買常平倉廨，稍葺而新之，顏其堂曰蓉鏡，適大昕乞假里居（註：大昕於丁亥冬，乞假歸）。先生曰：「子蓋爲我記之，大昕不敢當，因名堂之義……因是以明。」〔註41〕《年譜》慶曾注謂作於戊子年，依蓉鏡堂記文，則應作於是年。

乾隆三十三年，戊子（1768）四十一歲

△始買城中孩兒橋衖宅，名其堂曰潛研，乞新建曹地山先生書扁。

△春，與妹婿陳葯耘偕爲西湖之遊，僦寓湖上，留連旬有五日。

按：陳葯耘見第二章，學術源流。《詩集》卷九有〈與陳公唱和湖上〉諸作，記西湖之遊：〈虎邱追和清遠道士韻同陳葯耘作〉、〈第三泉〉、〈游獅子林〉、〈鱄諸卷〉，〈虎邱觀玉蘭〉，〈同陳葯耘宿陸筱歙荷風竹露艸堂〉、〈同篠飲葯耘步至湖上泛舟登孤山放鶴亭〉、〈飛來峰〉、〈上巳日游靈隱諸山〉、〈湖上雜題〉、〈湖上寓樓〉、〈葛嶺〉、〈葛嶺詠古〉〈鳳凰山〉、〈水樂洞〉、〈三生石〉、〈韜光庵用白樂天招韜光禪師韻〉、〈重游飛來峰登絕頂疊前韻〉、〈神尼舍利塔〉、〈僧房偶題〉、〈學士橋〉〈寶成寺觀元人所鑿麻曷剌佛石像次葯耘韻〉、〈寶石山次韻葯耘〉〈游吳山紫陽洞〉、〈靈隱寺〉〈連日徧游湖上諸剎有怀古德各題一絕〉、〈智果寺〉、〈虎跑寺〉、〈聖果寺〉、〈法相寺〉、〈鳳林寺〉、〈龍井寺〉、〈瑪瑙寺〉、〈湖上對雨〉、〈歸舟口占〉、〈題王麓台蘇齋圖即用卷中查初日先生韻〉、〈題繡谷牡丹圖〉〈家中牡丹〉等，以上諸作均作於是年。

按：康熙己卯，蔣樹存先生邀諸名流于繡谷送春，庭中牡丹初放，馬元馭扶羲、楊晉子鶴、徐玫采若，及目存上人上睿各圖一花，乾隆戊子十月，先生孫應平出圖相示，爲賦二絕句，知此詩亦作於是年。

△八月，子東塾生。

△是歲編次《宋洪文惠公年譜》〔註42〕、《陸放翁年譜成》。〔註43〕

〔註40〕《文集》卷二十，頁294。

〔註41〕《文集》卷廿一，頁306。

〔註42〕見第四章：著作考述。

按：該二譜，成書於是年，然其刊刻，則李許齋於嘉慶八年癸亥所校
　　刊也。

△〈跋元大一統志殘年〉、〈翰林院侍讀邵先生墓誌銘〉、〈祭外舅盧亭先生
　文〉、〈外舅王盧亭先生輓詩〉，作於是年。

按：〈跋元大一統志殘本〉：「戊子春，從南濠朱氏，大一統志殘本……
　　因鈔其副而書之後云。」〔註44〕

　　〈邵先生墓誌銘〉：「先生卒於乾隆三十二年閏月三日……既歿之
　　明年八月……大昕以同郡後進，與先生同在書局有年，知先生之
　　生平為詳，乃籥銘之曰」。〔註45〕

按：〈盧亭先生墓誌銘〉：「以乾隆三十三年五月二十八日捐館。」〔註46〕

乾隆三十四年，己丑（1769）四十二歲

△是年五月先生與王光祿、吳竹嶼、岑渚、周松承諸先生，游虎阜，登千
　人石，酌第三泉。〔註47〕

△〈虎邱山石觀音殿提名〉、〈記湯烈女事〉、〈跋石刻鋪敍〉、〈跋藝圃搜奇〉、
　〈跋鳳墅法帖〉作於是年。

按：〈虎邱山石觀音題名〉：「己丑夏五月廿六日與王西莊、吳竹嶼、岑
　　渚、周松承遊虎丘山、微雨作，避石觀音殿……岑渚請予題壁間，
　　以諗後來者。」〔註48〕

　　〈記湯烈女事〉：「……王子濤為予述湯烈女事，乞予文記之……
　　乾隆三十四年五月日記。」〔註49〕

　　〈跋藝圃搜奇〉云：「己丑予如京師，道出吳門，從朱文游假得，
　　舟中無事，取讀之……。」〔註50〕

　　〈跋石刻鋪敍〉：「去春得宋廬陵曾氏鳳墅殘帖二冊於錢塘，今來

〔註43〕見第四章：著作考述。
〔註44〕《文集》卷廿九，頁450。
〔註45〕《文集》卷四三，頁686。
〔註46〕《文集》卷四三，頁674。
〔註47〕按：大昕於丁亥歲以病乞假，冬至後抵家，是時仍在里門侍養，而得以與諸
　　　　先生遊。
〔註48〕《文集》卷十八，頁266。
〔註49〕《文集》卷廿二，頁321。
〔註50〕《文集》卷三十，頁470。

都門，聞益都李南澗，抄得石刻鋪敘，亟假歸手抄而藏之（按大
昕於乾隆卅四年秋再入都）。」〔註51〕

△秋，再入都，先生之父以來歲逢國大慶，備員侍從，宜隨班朝賀，仍寓
官菜園上街。

△是年沈德潛歿，享壽九十七。〔註52〕

乾隆三十五年庚寅（1770）四十三歲。

△正月，先生與曹庵（慕堂）張繡堂、趙實君諸先生遊白雲觀。

按：《詩集》有〈正月十九日同曹習庵編修、張繡堂、趙實君兩上舍游
白雲觀次習庵韻〉。〔註53〕

△二月，在都門與慕堂朱竹君、陳伯思、史文量，有西山之游。

按：《詩集》卷十有〈同曹慕堂給諫、朱竹君學士、陳伯思戶部、史文
量孝廉、曹申之上舍為西山之游出郊，宿二老莊和竹君韻〉，蓋西
山在京兆宛平縣西卅里，亦名小清涼山，太行之支阜也，為京師
右臂，眾山連接，最著者為潭柘山、翠微山、香山……等，玉泉
山亦西山之一峰，佛寺累百。

△二月廿七日，同慕堂給諫、竹君學士、伯思戶部、登陶然亭有詩記其事。

按：詩云：「瀟瀟間亭子，登臨便不同。人來春樹杪，山落酒杯中。艸
細繷抽甲，池枯不滿弓。江鄉當此日，桃杏已青紅。」〔註54〕陶
然亭，京師外城南下窪，為遼金時所建之慈悲院，清江藻重修，
始有陶然之名，一名江亭，為士大夫遊宴之所。

按：戒壇，京兆宛平縣西五十里有壇山，其上有戒壇。

△〈和竹君戒壇讀遼法均大師碑，因弔學士王鼎三十韻〉、〈夜宿潭柘寺用
石刻金僧重玉韻〉、〈僧房偶題〉、〈潭柘寺〉，當亦作於是時。

△三月，同入法源寺觀花。

《詩集》卷十，有〈三月廿二日同錢宮詹撰、石記太僕心齋、朱學士竹
君、褚學士左峨、曹給事慕堂、馮刑部君弼入法源寺觀海棠，偶見旁院牆腳

〔註51〕《文集》卷三十，頁469。
〔註52〕袁枚〈太子師禮部尚書沈文愨公神道碑〉：「乾隆三十四年九月七日禮部尚書
太子傳沈文愨公薨於家」《小倉山房文集》卷三，頁50。
〔註53〕《詩集》卷十，頁161。
〔註54〕〈二月廿七日，同慕堂給諫竹君學士伯思戶部登陶然亭〉，《詩集》卷十，頁
162。

支瓮方石有異，撤而視之則遼大安十年觀音菩薩地宮舍利石函記也，心齋有詩紀其事，即次韻〉、〈法源寺看花〉、〈法源寺觀牡丹因懷琴德〉。

　　按：法源寺在北京宣武門外，西磚胡同，唐憫忠寺也，明正統時改名崇福寺，清雍正九年重修，賜額曰法源寺。乾隆間又修，寺有石壇，栽丁香花頗盛。時王昶在永昌。〔註55〕大昕因法源寺觀牡丹，因懷之而賦詩云：「蒲褐先生無恙否，何緣共坐話無生。」〔註56〕

△四月，作〈詩經韻譜序〉

　　按：茂堂乙未，（乾隆四十年，公元 1775 年）〈寄戴東原先生書〉曰：「《詩經韻譜》、《群經韻譜》各一帙……。至庚寅（乾隆三十五年，公元 1770 年），二月錢辛楣學士以為鑿破混沌，為作序。」〔註57〕段玉裁之生平及其學術成就，第三章著述考，慶勳按：錢序撰於乾隆三十五年四月九日。〔註58〕

△五月，手定《詩集》十卷，署曰《潛研堂詩集》，〈詩序〉不載文集中。

　　按：《潛研堂詩集・序》：「……茲取前後所作，鈔為一集……庚寅五月丁丑朔，大昕書。」

△八月，進〈萬壽頌〉。〔註59〕

△十月，訪菊城西，極一時友朋之樂。

△是歲始讀《說文》，研究聲音、文字、訓詁之原，閒作隸書。

　　按：先生論說文諸說，見《文集》卷十一，《答問》八，及《養新錄》卷四。

△〈記琉璃廠李公墓誌〉、〈與段若膺書〉、〈按察使宋公神道碑〉、〈儒林郎曹公墓表〉，作於是年。

　　按：《文集》卷十八〈記琉璃廠李公墓誌〉：「乾隆庚寅三月，琉璃廠窰戶，掘土得古墓……李公仕契丹，子姓皆通顯，而姓氏不載正史，恐後之人過此地者，不知為何許人也，故記其略。」

　　《文集》卷四一，〈按察使宋公神道碑〉：「……以三十五年三月戊寅朔合葬于馮家砦祖塋之次，先期公之長婿張子治，致書乞銘公

〔註55〕《王述庵先生年譜》乾隆卅五年條、《新編中國名人年譜集成》第四輯。
〔註56〕〈法源寺觀牡丹因懷琴德〉，《詩集》卷十，頁 169。
〔註57〕《六書音韻表》卷首。
〔註58〕林慶勳《段玉裁之生平及其學術成就》，文化大學博士論文。
〔註59〕《文集》卷一，頁 5。

墓道之石，大昕於公爲後進，同在書局，又同直講筵，與公爲文字交有年，故不敢辭。」

乾隆三十六年辛卯（1771）四十四歲

△在都門，充《一統志》纂修官

按：《大清一統志》，於康熙間敕修，乾隆八年始纂輯成書，二十年皇師平定伊犁，拓地二萬餘里，而府州縣之分併改隸，與職官之增減、移駐，亦多與舊制有異同，乃特詔重修，後西域諸回部，滇南諸土目相繼內附，又平定兩金川，輻員益廣亦並載焉。

大昕於乾隆三十六年，充纂修官，與一統志館同事書：「志局初開，未嘗與編摹之列，頃以白華侍讀出差，承乏攝事」。〔註60〕

△是歲撰次《金石文跋尾》六卷成。〔註61〕益都李南澗爲刊板。與坫校正《白虎通》、《廣雅》。

△〈與一統志館同事書〉、〈贈邵冶南序〉、〈王太宜人墓誌銘〉、〈徐良輔墓誌銘〉作於是年。

按：《文集》卷四九〈王太宜人墓誌銘〉：「以乾隆三十六年四月七日卒」。

《文集》卷二三〈贈邵冶南序〉：「今春，天下貢士集禮部，主司思拔汲古不爲俗學者，以救墨卷浮濫勦襲之失，而與桐褎然爲舉首。」

〈邵二雲先生年譜〉云：「乾隆三十六年辛卯，先生廿九歲……時藉安先生（二雲之父，字藉安，號冶南）年六十矣，先生過錢大昕，乞文爲壽，大昕因有贈冶南序。」

文集卷四八，〈徐良輔墓誌銘〉：「徐翁良輔……乾隆卅五年某月日，以疾終，孤子文范，寓書京師，乞予銘其墓……。」依墓誌銘銘文中所云，則應作於卅五年，非三十六年。

乾隆卅七年壬辰（1772 年）四十五歲

△春，補翰林院侍讀學士，會試充磨勘官，殿試充執事官，尋充三通館纂修官。

按：乾隆三十二年，敕撰《續通典・通志》，及《皇朝通典・通志》，其時《續文獻通考》已成，公手定《通志》凡例，分別子目，增

〔註60〕《文集》卷卅三，頁 524。
〔註61〕見第四章，著作考述。

刪皆臻盡善。

△〈擬續通志列傳凡例〉、〈續通志列傳總序〉、〈祭錢文敏公文〉、〈黃崑圃先生文集序〉，作於是年。

按：慶曾注：乾隆間敕撰《續通志》，凡五百二十七卷，續輯自宋迄明之事。又敕撰《皇朝通志》（今稱《清通志》）凡二百卷，兩書體例及分二十略之目，與鄭樵原本同，惟其中條例稍有損益耳。

又〈續通志列傳總序〉：「臣等按通志倣史記以成書，而列傳則用班氏之例。」《碑傳集》卷三十三：「錢維城卒於乾隆壬辰（三十七年），大昕有文祭之。」

《碑傳集》卷六十九：「生於康熙壬子（十一年），卒於乾隆丙子（二十一年）」，而〈黃崑圃先生文集序〉云：「今距公歿十五、六年……猶憶壬申歲入都，曾拜公於里第，公所以獎而期之者甚厚……。俯仰廿年，辱有三世之舊」，〔註62〕由此以推則大昕為此序當於是年，年譜慶曾注則誤入卅二年。

乾隆三十八年癸巳（1773）四十六歲

△在學士任。

△正月奉旨入直上書房，授皇十二子書，寓澄懷賜園，與汪閣學持齋同宅。
〔註63〕成親王贈書聯，儀親王亦同時出詩文相質，兼問小學篆隸源流。

△是歲端午，賜羽扇，蒲扇、貢葛、鄭宅茶、香袋等物。

△七月，先生鈔畢《易稽覽圖》、《寶刻類編》，序而藏之。

按：《文集》卷二四，〈易稽覽圖序〉：乾隆癸巳春，天子詔儒臣校《永樂大典》，擇世所未見之書，凡若干種，將刊布以嘉惠學者，《易稽覽圖》其一也。……是歲七月二十五日鈔畢。」而，《寶刻類編》亦於此時抄而序之。

乾隆卅九年甲午年譜慶曾注：公手鈔《易稽覽圖》、《寶刻類編》，序而藏之，二序兮見《文集》卷二四、二五。

△十一月，擢詹事府少詹事。

按：錢穆《中國近三百年學術史‧附表》，錢竹汀擢詹事府少詹事于三

〔註62〕《文集》卷卅六，頁382。
〔註63〕見第二章：學術源流（2）學侶。

十七年壬辰，章學誠上錢辛楣宮詹書，亦於壬辰年。〔註64〕然壬
辰年，錢不得被稱爲宮詹，據《竹汀先生年譜》亦自云十一月擢
詹事府少詹事，或章氏上錢辛楣宮詹書乃後人妄改。

△十二月二十三日，立春，進帖子，有湖筆銀硃彩牋之賜，二十七日召入
乾清宮西煖閣，賜御書大福字。

除夕，賜貂皮，鹿尾，全鹿，黃羊，雉魚等物。

△紀昀充纂修官，戴震、邵晉涵均入四庫館。〔註65〕

△〈中興學士院題名序〉、〈總兵官許公神道碑〉、〈盛涇光塋之碣〉、〈記趙
居廣畫〉，作於是年。

按：《文集》卷二四，〈中興學士院題名序〉：「大昕承之學士，十有餘
年，頗有意訪求前世掌故，因手錄學士院題名，藏之行篋，時乾
隆三十有八年十月二十七日。」

《文集》卷四一，〈鎮守江南狼山總兵官左都督，前提督，廣西全
省軍務總兵官許公神道碑〉：「鎮守江南狼山鎮總兵官，前廣西提
督，易州許公之葬，其孤子宏獻，宣獻等，既請禮部侍郎倪公承
寬爲銘，納隧中，復踵予門，泣請文其神道之石。」

《文集》卷四九，〈盛涇先塋之碣〉：「乾隆三十有八年，歲在癸巳，
冬十月，丙戌朔，二十九日甲寅……大昕謹述。」

《文集》卷十八，〈記趙居廣畫〉：「乾隆癸巳十有一月十四日，總
督倉場戶部侍郎倪公，招同年集城南寓邸，觀宋元人畫二十餘
種……獨居廣不著於陶宗儀、夏文彥之錄，一藝之傳，亦有幸，
不幸哉。予故表而出之。」

乾隆三十九年甲午（1774），四十七歲

△正月八日，上幸重華宮，賜宴內廷諸臣，以四庫全書爲題，聯句二十八
人，先生與焉。

〔註64〕見錢穆著：〈中國近三百年學術史附表〉，又見《章實齋年譜》。

〔註65〕《清史列傳》卷廿八、《邵二雲先生年譜》、《碑傳集》卷廿八、朱珪撰墓誌銘
云：「紀昀擢持讀，開四庫館，命爲總纂官」，又「開四庫館戴震以鄉貢士薦
入館，充纂修官，特命與會試中式者同赴廷對」。《漢學師承記》云：「詔修四
庫全書，邵晉涵召赴闕下，除翰林院庶吉士充纂修官」。洪北江詩文集云：「詔
開四庫館，校樂大典，郡晉涵以大學士劉統勳薦，特授庶吉士，充纂修官」
程易疇年譜云：「戴震，奉召入都，充四庫館纂修官」。

△四月，京察引見，奉旨充河南鄉試正考官，有〈河南鄉試錄序〉、〈奉命典試河南出都作〉。

　　按：《文集》卷二三，〈河南鄉試錄序〉：「皇上御極之卅有九年……臣大昕奉命，偕翰林院侍講臣白麟，典河南試事。」

　　　　《詩續集》卷二有〈奉命典試河南出都作〉云：

　　　　我馬皇華使，云秋落實繁，心仍依魏闕，夢偶到梁園。

　　　　灰嶺晴餘瀁，盧構漲後渾，主人頻忝竊，四出郭西門。

△撤棘後束裝將北行，復奉提督廣東學政之命，諭以即赴新任，不必由京請訓，隨取道江北江右入粵。於十一月到任。

△〈炙硯集序〉、〈跋新唐糾謬〉作於是年

　　按：《文集》卷二六〈炙硯集序〉：「炙硯集者，習庵先生，與其同年友為銷寒會，相與醻和之作也，旬日而一舉，會必有詩，或分題，或拈韻，始庚寅，訖癸巳，得詩若干篇，予受而讀之……。」

　　　　大昕〈跋新唐書糾謬〉〈紀王廟碑〉，斥廷珍讀書既少，用功亦淺，未達于地理、官制、史例、小學……等，尤斥廷珍之人品云：「但其沾沾自喜，祇欲快其胸臆，則非忠厚長者之道，歐公輕佻屛之，宜矣」，〔註66〕慶曾注《年譜》云：「公校錄《新唐書糾謬》，閒為疏証，刻入鮑廷博《知不足齋叢書》中。」

乾隆四十年乙未（1775），四十八歲

在廣東學政任，申嚴月課之令，每季親出題，又以士子多不讀全經，遇經義違失者輒斥之，並榜示某某卷以荒經遺落之，自是諸郡聞風，童子皆知讀全經之重要。

△五月，試韶州畢，將抵南雄，得父訃聞，以四月十四日下世。悲慟欲絕，即委屬齋印信交巡撫德公保代奏，星夜北歸，六月杪抵廬次，寢苫茹素，一如古禮。

　　按：〈先考小山府君行述〉：「去秋，不孝大昕奉命督學廣東，將迎府君就養。府君夙聞嶺南山水奇秀，又學使廨中有九曜石遺蹟，欣然規往，乃命不孝大昭偕諸幕友，先於今春赴粵，而自率諸孫以仲夏啟行，旻天不惠，四月中旬，偶感熱疾，荏苒旬有餘日，遽至

〔註66〕《文集》卷廿八，頁 428～429。

大故，……不孝大昕在韶州試畢，與不孝大昭，私計府君南行有
日，方遣人詣前途迓侍起居，乃舟行未一舍，急足至，得凶問……
即日委教授盧君文起，賫勑印至省城，交巡撫德公，而戴星北行，
雞斯徒跣，踰嶺涉江，歷三旬，始抵廬次。」

又曰：「府君生於康熙三十六年，丁丑三月二日，卒於乾隆四十年
乙未四月二十四日。」

△〈太子少保莊公墓志銘〉、〈優貢生楊君墓誌銘〉、〈先考小山府君行述〉、
〈雙節門銘〉，作於是年。

按：〈莊公墓志銘〉云：「乾隆卅二年七月二日，寢疾終於福州官署……
公歿後九年，公子士斌卜窆於某鄉之原，以某月日葬，先期屬大
昕爲銘，大昕久從公遊，今奉使嶺南，又得會公之葬，奚敢以不
文辭。」〔註67〕大昕奉使嶺南，得會公之葬而銘，故作於此年。

〈楊君墓誌銘〉云：「以乾隆四十年閏月十九日終於家……銘
曰……。」〔註68〕

〈雙節門銘〉云：「乾隆二十有九年，十有二日，禮部言，故淇
縣典史蕭山汪楷，繼妻王氏，守節二十四年，側室守節廿三年，
同志撫孤，孝義兼備，應如例旌表，制曰：可。明年禮部移文浙
江巡撫，巡撫檄所屬有司，承詔從事，建雙節坊於縣東四十里，
大義村聚奎橋北。大昕時以學士司記注，既大書兩節婦姓氏於
簡。越十年，其子輝祖成進士，述母事狀，請予爲之銘曰：……。」
〔註69〕《年譜》置於四十三年，依文中所述，當於四十年。

乾隆四十一年丙申（1776）四十九歲

△在家讀禮，髭鬢盡白。

△〈復倪敬堂書〉、〈李南澗墓誌銘〉作於是年。

按：〈復倪敬堂書〉云：「頃從俞嘯樓舍親處，接讀手教，慰問并蒙厚
儀，感愧之私，銜結肺腑，皇十二子所致賻儀，亦隨祇領……至
此項致賻，係前秋之事，乃因輾轉稽遲……。」〔註70〕

〔註67〕《文集》卷四二，頁651。
〔註68〕《文集》卷四六，頁713。
〔註69〕《文集》卷十七，頁242。
〔註70〕《文集》卷卅三，頁530。

〈李南澗墓志銘〉云：「去歲，南澗自粵西貽予書，言生癰於尻，
甚劇……今多其弟文濤使來告曰：吾兄以去年（乾隆四十三年）
八月四日，病癰終於官舍，遺命不作行狀，以自編年譜，乞先生
銘其墓。」〔註71〕據此，則墓誌銘不當作於此年，當作於乾隆
四十四年。

乾隆四十二年丁酉（1777）五十歲

△八月服闋，以沈太恭年屆八旬，不復入都供職。

△秋杪，游洞庭東西山。

按：有詩記遊〈莫釐峰〉（即胥母山峰，在今江蘇吳縣西南太湖中，所
謂洞庭東山也。姑蘇誌：莫釐山在洞庭之東，稱東洞庭山）。林屋
洞（在江蘇吳縣洞庭西山。吳地記：色山下有洞穴、潛行水底、
無所不通，號為地脈，即十大洞天之第九林屋洞天也）。〈縹緲峰〉
（廣輿記：縹緲峯洞庭之最高者）。〈包山寺〉（包山，所謂洞庭西
山，山上有包山寺）橫唐。〔註72〕

△是歲，以孝聖憲皇后升祔覃恩，贈先生之父為中憲大夫詹事府少詹事，
母進封太恭人，先生亦例授中憲大夫。妻王氏，賜恭人。是多，至婁東，
著納音說。

按：納音說：「丁酉，冬至前五日，偶往婁東舟中，攜抱朴內篇，反覆
思之，忽得其解，蓋納音之原，實之納甲……。」〔註73〕

△秋，婁東張秉忠為先生畫小像，王鶴谿補花木竹石，命曰吾廬真意圖。

△〈郭允伯金石史序〉、〈錢氏祠堂記〉、〈答盧學士書〉、〈跋陳文貞公詩卷〉、
〈同知彭君墓誌銘〉，作於是年。

按：〈郭允伯金石史序〉：「華州郭允伯金石史，鑒別精審……屬予題其
端云，時乾隆丁酉正月望日。」〔註74〕

〈錢氏祠堂記〉：「康熙中，始議春秋合族人祠於先塋。祠畢，餕
其餘於主祭者之家，而祠堂猶未建立。歲辛巳，先君子謀於族父
兄長者，卜地於外岡之西，練祁之陽，為堂三楹，門三楹……祠

〔註71〕《文集》卷四三，頁 683。
〔註72〕《詩續集》卷三，頁 28。
〔註73〕《文集》卷三，頁 44。
〔註74〕《文集》卷廿五，頁 366。

成，先君子嘗欲爲文記其歲月而不果。歲丁酉，秋饗畢，族父兄皆來會，僉謂大昕宜製文，刻之石，於時先君子下世，再期有五月矣，乃泫然泚筆而書之。」〔註75〕

〈答盧學士書〉，見於《文集》卷卅四，慶曾注云作於是年。

〈跋陳文貞公詩卷〉：「丁酉秋，於申浦黃氏齋，得見此卷，倘仿鳳墅之例，列入名相帖中，奚謝古人哉」〔註76〕

〈山東曹州府桃源同知彭君墓志銘〉：「越丁酉歲十一月丁丑，卜葬於吳縣十二都下六圖雅宜山下……嗣子希韓述事狀，乞大昕爲之銘曰。」〔註77〕

乾隆四十三年戊戌（1778）五十一歲

△春，紹興秦石公太守招游南鎮（即會稽山於紹興府東南）及蘭亭（在紹興府西南蘭渚山）

按：大昕因秦石公太守廷墪之招游南鎮及蘭亭，大昕有詩〈假榻郡齋偶成四首，東石公太守〉云：

僑居眞箇似蓬萊，碧磴層層眼界開。南鎮數峰排闥至，東谿幾派入城來。青松都學王蒙畫，奇石疑經懶瓚堆。恰稱風流賢太守，詩題側理紙千枚。

越州城內八芙蓉，獨佔玲瓏第一峰。紺塔當前尖似筆，青山回抱矯如龍。茂林修竹應猶昔，王室金堂或可逢。階下石泉清更白，酌來試點建茶濃。

高閣崢嶸邈莫追，嘉名猶記自微之。風雲指顧仍千里，金翠橫斜想昔時。訪古久迷希銑碣，述懷祇剩篤齋詩。翠微不憚經行徧，或有鴻都漢刻遺。

雲霞四面翠屏張，雪後春風入座涼。瑞室擬營何子季，丹經欲受賀知章。平生濟勝非無具，此度尋詩不厭忙。便合烏篷呼小艇，若邪谿水縠紋光。〔註78〕

而石公太守亦以過南鎮詩索和，大昕即次韻：

〔註75〕《文集》卷廿一，頁304。
〔註76〕《文集》卷卅二，頁514。
〔註77〕《文集》卷四四，頁689。
〔註78〕《詩續集》卷三，頁32。

雪後春山氣倍澄，逶迤五馬度連塍。職方第一揚州鎮，
文命千秋會計陵。梅逗疏花香細細，艸抽新甲碧層層。
使君守土修禋事，不比王猷興偶乘。〔註79〕

大昕亦有記游之詩：〈顯寧廟〉、〈鑑湖〉（位浙江紹興縣南三里，
又名鏡湖，太湖）、〈登望海亭〉、〈禹廟廿四韻〉、〈雲林寺借秋閣〉、
〈台城詠古〉、〈蔣忠烈廟〉、〈卞忠貞廟〉、〈劉越王廟〉、〈曹武惠
祠〉、〈衛國忠肅公祠〉、〈始興王墓碑歌〉……等。〔註80〕

△夏初，總督高文端公（名晉）延請為鍾山書院院長，先生雅不喜為師，
而家居貧約，不無藉束修以供甘旨，江寧去家不遠，歲時便於定省乃勉
應之。五月到院，與諸生講論古學，以通經讀史為先。

按：大昕不喜為人師，於〈與友人論師書〉可見：「孟子曰：人之患在好
為人師，古之好為師也以名，今之好為師也以利，好名之心，僕少
時不免，迄今方以為戒……僕自量文章道德不足以為足下師，而勢
力又不足以引拔足下。……他日以平交往還足矣。」〔註81〕然家居
貧約，藉束修以供甘旨，且書院所在之江寧，離家不遠，乃勉應之。

△暇，與袁簡齋（枚），嚴冬友（長明）諸公為文酒之會，城內外諸名勝游
幾徧。

按：袁枚年譜：「乾隆四十三年秋，先生至蘇州」。《隨園詩話》：「戊戌
九月，余寓吳中。」〔註82〕冬友，江寧人，以召試入中書，曾與
大昕參加纂修《一統志》、《熱河志》諸書，三人同游城內外諸名
勝，有詩記之：〈江寧城外作〉、〈東陽盧府君廟〉、〈牌灣記所見〉、
〈悼陳翠月〉、〈牛首山觀辟支佛塔〉、〈游靈谷寺〉、〈登翠微亭〉；
並有〈題隨園雅集圖〉、〈隨園鐙詞〉、〈題嚴子進（冬友之子）春
江送弟圖〉等。〔註83〕

△〈後漢書年表後序〉、〈跋僧明淨書心經及法華經序〉、〈跋義門讀書記〉、〈答
袁簡齋書〉、〈菩提寺碑記〉、〈汪南有傳〉、〈答汪進士輝祖書〉、〈槎溪程氏
支譜序〉（後二皆不載文集，見汪所著雙節堂贈言集錄），作於是年。

〔註79〕《詩續集》卷三，頁33～34。
〔註80〕《詩續集》卷三，頁32～36。
〔註81〕《文集》卷卅三，頁517。
〔註82〕《隨園詩話》卷五，頁137。
〔註83〕《詩續集》卷三，頁35～40。

按：〈後漢書年表序〉：「歙鮑君以文，得熊氏後漢書年表，手自讎校，
　　將以行世，以予粗涉史學，屬覆校焉，予弟晦之，尤熟於范史，
　　因與參考商畧。正其傳寫之訛脫者，兩閱月而畢事，乃識其後
　　曰……。」〔註84〕

〈跋僧明淨書心經及法華經序〉：「……因牽連書於後，歲戊戌正
　　月六日丁卯。」〔註85〕

〈跋義門讀書記〉：「予作是辨，在戊戌五月後讀七修類稿，乃知
　　義門亦有所本，今附其說於左云。」〔註86〕

〈答袁簡齋書〉云：「得手教，循環雒誦，懽喜無量，先生研精史
　　學，於古今官制異同之故，燭照數計，洞見癥結，而猶虛懷若谷，
　　示以所疑……謹就問目，述其一二。」〔註87〕檢視小倉山房文集、
　　尺牘、未得簡齋致大昕書函，係失收。依大昕自訂年譜云：此書
　　作於是年。當是大昕長鍾山書院之時，時枚亦寓吳中。

〈菩提寺碑記〉云；「介友人請予文記之……爰述梗槩刻之石，并
　　敘寺中舊石刻，以補縣志之闕，俾後來有所考。」〔註88〕

〈汪南有傳〉云：「汪進士輝祖之繼母王氏，生母徐氏，以雙節旌
　　門，予既爲銘，刻之石柱矣，已乃出其所述先人登仕君事狀，讀
　　之悚然曰：「世安得此長者乎……予特表而出之。」〔註89〕

乾隆四十四年己亥（1779）五十二歲

△在江寧訪求金石刻，手拓〈吳天璽紀功碑〉，及梁始興、安成、吳平三
碑，所得南唐、宋、元，石刻甚多。

按：〈吳天璽元年巖山紀功碑〉，在江寧縣學尊經閣下，梁始興忠武王碑，
　　在上元縣黃城村，安成康王碑、吳平忠侯蕭公碑亦在上元。安成碑
　　碑文已磨滅，獨其額存，故先生跋尾中不及。〔註90〕

△談泰（談孝廉，字階平），善算術，來從先生游，授以古今推步異同疏密

〔註84〕《文集》卷廿四，頁354。
〔註85〕《文集》卷卅二，頁513。
〔註86〕《文集》卷三十，頁476。
〔註87〕《文集》卷卅四，，頁537。
〔註88〕見《文集》卷二十，頁295。
〔註89〕見《文集》卷四十，頁629。
〔註90〕《錢辛楣先生年譜》慶曾注，頁27。

之旨（後談泰著《明算津梁》四卷、《天元釋例》四卷、《平方立方表》六卷、《圖經說》一卷、《疇人傳》三卷）。大昕有〈贈談階平序〉。

  按：〈贈談階平序〉云：「予少與海內士大夫游，所見習於數者，無如戴東原氏。東原歿，其學無傳。比來金陵，得談子階平，其於斯學，殆幾於深造自得者，乃不自足，而睊就予。予未老而衰，昏眊健忘，無能益於階平，然有願焉，則以爲歐邏巴之俗能尊其古學，而中土之儒，往往輕議古人也。蓋天之說，當時以爲疏，今轉覺其密……願階平勉之而已。」〔註 91〕據此，大昕授階平古今推步異同疏密之旨，並贈以序勉之也。

△冬，與孫季仇秀才星衍游茅山訪碑，尋陶隱居舊館壇碑不得。

  按：〈游茅山記〉：「予在金陵兩載，往來句容道中，屢欲爲茅山之游，輒以它阻不果，今冬，陽湖孫淵如約予同游，乃以十一月五日晨出通濟門……乃自金陵入茅山大路也。」〔註 92〕

△〈金陵石刻記序〉、〈贈談階平序〉、〈答盧學士書〉、〈施節婦傳〉、〈資政大夫王公神道碑〉、〈盧亭先生墓誌銘〉，作於是年。

  按：〈金陵石刻記序〉，乃大昕予江寧訪求金石刻，特譽道甫三子——子進。訪求拓藏金陵之地所存石刻，而序之云：「子進爲侍讀之長子，擩染家學，深造自得。其於金石刻，殆廢寢忘食以求之，尤以金陵桑梓之地，舊刻之湮沒者，既不可考，乃訪其見在者，拓而藏之，始漢訖元……使旁郡皆得子進其人者，彙而錄之，何渠不西北若哉。」〔註 93〕

  《潛研堂文集·答盧學士書》有二，一作於乾隆四十二年，一作於此年。

  〈盧亭先生墓誌銘〉：「外舅盧亭先生之葬，以乾隆四十四年十一月二十一日，先期，西莊鶴溪使來告曰……乃泫然出涕敘之曰……。」〔註 94〕

△王述庵先生年譜，乾隆四十四年：「聖憲皇后大祥謁泰東陵，先生從廿六

〔註 91〕《文集》卷廿三，頁 335。
〔註 92〕《文集》卷二十，頁 296。
〔註 93〕《文集》卷廿五，頁 369。
〔註 94〕《文集》卷四三，頁 674。

日回京師，先生因光祿公陸太夫人未葬，屢欲乞歸，不果。至是以廿八日具奏陳情，蒙恩允許……至五月初一日，依遷葬禮服緦且乞……錢曉徵撰神道碑」。大昕〈王公神道碑〉云：「今春從駕有事泰東陵，還朝，乃上書陳情請假，歸治先人窀穸事，天子嘉許，即於二月奉太夫人還里門，卜以七月壬辰葬資政公于崑山縣之雪葭灣……先期，具書狀請大昕為文表於神道。」〔註95〕知〈王公神道碑〉作於此年。

乾隆四十五年庚子（1780）五十三歲

△春，聖駕南巡，與在籍諸臣至淮上迎駕。進南巡頌一冊，賜緞二端，復還江寧。

按：〈張太夫人祠堂記〉云：「己亥歲，太夫人考終官齋，公扶襯歸里，越明年（庚子歲），天子省方東南，公在籍迎鑾」，是天子南巡，大昕與在籍諸臣，如畢公等，迎駕。〔註96〕

△春夏之交，兩目漸眩，引疾辭歸，總督薩公載固留之，會設局續修南巡盛典，因請先生總其事。

△《元氏族表》於是年編成，〔註97〕〈廿二史攷異序〉、〈淮南天文訓補注序〉、〈張太夫人祠堂記〉、〈王太夫人八十壽序〉，作於是年。

按：《文集》卷二四，〈廿二史考異序〉云：「予弱冠時，好讀乙部書。通籍以後，尤專斯業……丁亥歲，乞假歸里，稍編次之，歲有增益，卷帙滋多，戊戌設教鍾山，講肄之暇，復加討論……理而董之，庚子五月廿有二日。」

〈淮南天文訓補注序〉云：「秦火以降，典籍散亡、淮南一篇，略存古法，溉亭為引而伸之，觸類而長之，讀之可上窺渾蓋宣夜之原，旁究堪輿叢辰之應，但恐君山而外，無好之者，不免覆醬瓿之嘲爾。」〔註98〕

〈張太夫人祠堂記〉云：「己亥歲大夫人考終官齋……明年，天子省方東南……御書經訓克家四大字賜焉，公既承賜，乃擇靈岩之陽建樓，以奉御書。旁築祠宇……大昕與中丞公生同里，長同僚，

〔註95〕《文集》卷四一，頁645。
〔註96〕《文集》卷廿一，頁301。
〔註97〕見第四章：著作考述。
〔註98〕《文集》卷廿五，頁371。

嘗升後堂修猶子之敬。祠成，承命作記，乃不敢辭。」〔註99〕

〈王太夫人八十壽序〉，不見錢氏《文集》。王昶《年譜》，乾隆四十五年條云：「蓋太夫人以是年十二月十六日年八十，宗人鳳喈光祿、錢曉徵少詹，皆以先期作文介壽……。」知此壽文作於是年。

乾隆四十六年辛丑（1781 年）五十四歲

△夏末歸省，太恭人飲食漸少，先生遂不赴館，侍太恭人湯藥，兩月餘，九月十四日，太恭人竟不起。冬合葬先大夫及太恭人於練祁祖塋之右。

按：袁枚撰〈錢太恭人墓誌銘〉云：「乾隆乙未，錢辛楣先生督學廣東，奔封公喪，歸里服闋後，因太恭人年高，不復起，侍養七年。今秋，太恭人薨於嘉定里第」。〔註100〕由乙未年侍養七年，則為辛丑年。

△姚學甲為《續刊金石文跋尾》七卷（按先生《金石文跋尾》凡四集，此第二集也）。

△〈關中金石記序〉、〈凌竹軒墓誌銘〉，作於是年

按：〈畢公墓誌銘〉：「謂金石可証經史，宦跡所至，搜羅尤博，有關中中州山左金石記。」〔註101〕〈關中金石記序〉：「所得金石文字，起秦漢，訖於金元，凡七百九十七通。」〔註102〕自是多學而識以臻此，故大昕於序文備譽之矣。

△〈凌竹軒墓誌銘〉：「歿於乾隆四十五年，九月某日……以壬寅歲正月某日，卜葬於新阡，先期屬予銘之」〔註103〕其作當在四十七年前，四十五年後之四十六年。

乾隆四十七年壬寅（1782）五十五歲

△居憂，足不出戶，撰次《廿二史攷異》成。〔註104〕凡百卷。又撰次家藏金石刻目錄，〔註105〕以時為次，凡八卷，名日「金石後錄」。

△子東壁入縣學。

△友人王昶自為生壙。

〔註99〕《文集》卷廿一，頁 301。
〔註100〕《小倉山房文集》卷廿六，頁 456。
〔註101〕《文集》卷四二，頁 655。
〔註102〕《文集》卷廿五，頁 367。
〔註103〕《文集》卷四七，頁 727。
〔註104〕見第四章：著作考述。
〔註105〕見第四章：著作考述。

按：王昶《年譜》，乾隆四十七年條：「歲暮歸葬鄒夫人及許陸兩孺人
於雪葭灣新阡，而自爲生壙焉。」

△〈周氏族譜序〉、〈詹事府詹事盧公神道碑〉、〈墓志銘〉，作於是年。

按：〈周氏族譜序〉云：「予弟晦之，壻於周氏，述其外舅之言，令予
爲序，予不得辭」。〔註106〕

〈盧公神道碑〉：「詹事盧公之葬也，其孤孫達蔚，不遠三千里，
踵予門，求文志其墓。又請爲文，刻諸墓道之石。某舉禮部試，
謬爲公所薦，及登館職，公又爲教習……又嘗置酒召門下士，從
容言身後之文，當屬之錢生……言猶在耳，其敢忘諸……其葬以
乾隆四十七年十月廿六日。」〔註107〕

〈盧公墓誌銘〉：「諸孫等始卜十月二十六日……先期次孫達蔚，
踵門來求文志公墓。大昕，公門下士，知公最深，其何忍辭，乃
泣而序之日……。」〔註108〕

乾隆四十八年癸卯（1783年）五十六歲

△夏，黃符綵招游天台山（按：黃公乃公丙戌本房所得士），訪得元和智者
大師修禪道場碑。

△秋，親挈東壁至江甯應鄉試。

△臘月服除，有司敦勸入都供職，而兩目昏眊，衰疾日臻，遂無出山之志矣。

△〈記建炎官印〉、〈張先生墓志銘〉，作於是年。

按：〈記建炎官印〉：「乾隆癸卯春，瓜洲有浚河之役，掘地數尺得破船
一，中有古銅印六枚。……」〔註109〕

〈張先生墓誌銘〉：「吾邑詩老鈍閑張先生……以乾隆三十八年十
一月廿一日卒。又十年，子承鈞暨諸孫等，卜吉仲冬廿一日……
丁亥冬，乞假里居，往來尤密。嘗從容言，僕老矣，身後之文，
願以屬吾子。及大昕再入都門，奉諱南回，則先生謝世，再易寒
暑矣。茲先生之文孫璉，述事狀乞銘其藏。」〔註110〕

〔註106〕《文集》卷廿六，頁397。
〔註107〕《文集》卷四一，頁648。
〔註108〕《文集》卷四二，頁659。
〔註109〕《文集》卷十八，頁262。
〔註110〕《文集》卷四八，頁729。

乾隆四十九年甲辰（1784）五十七歲

△春二月，將往淮上，途中忽得風痹之疾，兩足不能行動。族弟希文善醫，投以東垣補中益氣湯，數劑後，漸有起色。調治百餘日，乃得扶杖而行。病中自編《年譜》一卷。

按：大昕自稱《年譜》編於是年，然慶曾註云：家藏本實訖於壬子，是後或每年增入，或壬子歲續編。

△又記生平所見碑刻，家中未有者三百餘種，附於《金石後錄》之末，凡二卷。〔註111〕秋後腰腳稍健，而目力益衰，入夜不能見物。

△是年乾隆帝大巡江浙，公與在籍諸公迎駕淮上，未達行在，邁疾而返。

△子東塾入縣學（按東塾此年年十七）

△〈跋能改齋漫錄〉、〈補瓢韓先生墓志銘〉、〈通議大夫陸公墓誌銘〉、〈侍郎汪公墓志銘〉，作於是年。

按：〈跋能改齋漫錄〉：「甲辰秋，於昆山書市見此本，喜劇，以善價買歸……。」〔註112〕

〈補瓢韓先生墓志銘〉：「乾隆十九年九月下旬捐館……先生歿之二年，卜葬吳縣香山祖塋之右。又二十四年以孫對貴，貤贈儒林郎。又三年，將奉陳安人之匶，啓先生窆而祔焉……其子崧乞予銘。」〔註113〕據此大昕作此銘當在乾隆四十八年矣。〈陸公墓誌銘〉：「乾隆四十八年十二月四日，無疾而逝，卜吉於次年十二月丁酉……乞大昕爲文銘其墓。」〔註114〕

〈汪公墓誌銘〉：「乾隆四十有八年，夏六月十九日卒……明年某月日葬公於州城北二十四都琅港之原，屬大昕爲文誌公之墓。」〔註115〕

乾隆五十年乙巳（1785）五十八歲

巡道章公（名攀桂）延主婁東書院。

△五月，竹初先生（姓錢氏，名維喬）招至甯波府，游天童、（在鄞縣

〔註111〕見第四章：著作考述。
〔註112〕《文集》卷三十，頁472。
〔註113〕《文集》卷四四，頁693。
〔註114〕《文集》卷四五，頁697。
〔註115〕《文集》卷四二，頁661。

東六十里）育王二寺（在鄞縣東五十里育王山下），爲竹初《春星
艸堂詩集》作序。

按：〈春星艸堂詩集序〉：「乙巳夏，大昕來鄞，先生出詩稿見示……爰
書數語於簡端。」〔註116〕

△八月長男東壁娶婦汪氏

按：汪氏係廷璵季女，通文翰，楷法甚工，常爲先生抄錄著述。

△〈跋黃山谷書范滂傳〉、〈跋太倉文略〉、〈記生朝〉、〈質直談耳序〉（此篇
不載文集）作於是年。

按：〈跋黃山谷書范滂傳〉：「乾隆乙巳六月，偶於四明范氏稻香樓，見
此搨本……并書以質之。」〔註117〕

〈跋太倉文略〉：「乙巳春，予主婁東講席，訪求鄉先生遺文，從
顧秀才懷祖，假得太倉文略四卷……。」〔註118〕

〈記生朝〉：「予生之年，正月七日戊午，今五十八歲，生朝丁巳
日」。〔註119〕按大昕生於雍正六年。雍正十三年，八歲。今五十
八歲，正乾隆五十年。

乾隆五十一年丙午（1786）五十九歲

在婁東，讀王元美（世貞）《四部稿續稿》，因爲撰《年譜》一卷（王弇
州世貞）歲暮撰《通鑑注辨正》二卷。

秋，挈子應江甯鄉試。阮元、李賡芸來謁。先生許阮、李兩公必售，榜
發果然。

△〈跋文壽承休承書〉、〈跋弇州四部稾〉、〈跋弇州山人續稾〉、〈資善禪寺
飯僧田記〉，作於是年。（此篇不收入文集）

按：《文集》卷卅二〈跋文壽承休承書〉：「丙午春，偶過聽松山人齋，
出示此本，及端容水墨花鳥冊，喜而題此。」

乾隆五十二年丁未（1787）六十歲

△正月，次兒東塾娶婦朱氏

按：國學生寶山寄園朱淮長女

〔註116〕《文集》卷廿六，頁 389。
〔註117〕《文集》卷卅二，頁 503。
〔註118〕《文集》卷卅一，頁 493。
〔註119〕《文集》卷十七，頁 256。

△三月，往甯波府，撰《鄞縣志》卅十卷。〔註120〕應竹初先生（錢維喬）
之邀，為總纂，五閱月而告成。有〈鄞縣志辨証〉、〈鄞縣志局與同事書〉。
△范懋敏招登天一閣，觀所藏金石刻，因為撰《天一閣碑目》二卷。〔註121〕
△尹壯圖自京還滇，迂道踵門，乞其先人墓誌。
△秋，復到婁東，歲暮歸里，撰次古今文人生卒年壽可考者，始鄭康成，
訖戴東原，凡四卷，名之曰《疑年錄》。〔註122〕
△〈跋薛氏義瑞堂帖〉、〈跋東坡書醉翁亭記〉、〈跋竹園壽集卷〉、〈跋石鼓文
宋拓本〉、〈漢瓦當硯銘〉、〈抱經樓記〉〔註123〕、〈天一閣碑目序〉、〈左氏
傳古注輯存序〉〔註124〕、〈史記志疑序〉〔註125〕、〈歸震川先生年譜序〉、
〈鄞縣志辨証〉〔註126〕、〈鄞縣志局與同事書〉〔註127〕、〈曹公神道碑〉、
〈學士曹君墓志銘〉、〈瞿封翁墓志銘〉、〈尹公墓志銘〉作於是年。
按：〈跋薛氏義瑞堂帖〉云：「薛晨刻義瑞堂帖，其石後歸天一閣范氏，
今亦殘闕不完。丁未四月，予在四明，訪張芑堂寓齋，因見此帖，
其卷首載史丞相浩與薛明龜一箚，予一見決為贗作……。」〔註128〕
〈跋東坡書醉翁亭記〉云：「據王宇泰跋，則明時已有真贗二本。
新鄭所藏係贗本，卻有松雪諸人跋，而此無之。……此卷蓋鬱岡
齋之物，後歸于潤甫，于以贈古琅范氏，范又贈華山王玉質，而
毘陵謝氏得之，今為竹初丈所有，丁未六日，觀於鄞署之餐柏齋。」
〔註129〕
〈跋竹園壽集卷〉云：「竹園壽集圖，予向讀匏翁家藏集，心識
之。比來甬東，屠君法田出以見示……。」〔註130〕大昕於此年往甯
波府。

〔註120〕見第四章：著作考述。
〔註121〕見第四章：著作考述。
〔註122〕見第四章：著作考述。
〔註123〕《文集》卷廿一，頁 309～310。
〔註124〕《文集》卷廿四，頁 344。
〔註125〕《文集》卷廿四，頁 352～353。
〔註126〕《文集》卷十九，頁 269～270。
〔註127〕《文集》卷卅五，頁 553。
〔註128〕《文集》卷卅二，頁 506。
〔註129〕《文集》卷卅二，頁 503。
〔註130〕《文集》卷卅二，頁 507～508。

〈跋石鼓文宋拓本〉云：「石鼓文，今國學搨本，僅二百五十四字……獨四明范氏藏本，得字四百有三，又有向傳師跋，其爲北宋搨本無疑。」〔註131〕

〈天一閣碑目序〉：「癸卯夏，予游天台，道出勤……甌叩主人，啓香廚而出之，浩如煙海，未遑竟讀。今年，復至鄞……因言天一石刻之富，不減歐趙，而未有目錄，傳諸後世，豈非闕事，乃相約撰次之。」〔註132〕

〈歸震川年譜序〉：「先生沒於隆慶辛未（隆慶五年，西元1571年），距今二百一十有七載矣。」〔註133〕據此以推，則由辛未至今正二百一十七年。

〈曹公神道碑〉云：「汾陽曹公學閔之葬……公子錫齡、祝齡，復遺書請予文其麗牲之石。予與公同登進士，久而以通義相取，譬諸艸木，臭味無差池也，公又嘗稱予文，以爲有法，述德感舊，後死者之責，其何敢辭。」〔註134〕

〈曹君墓誌銘〉云：「曹君習菴予同里總角交也……君少於予三歲，相視若昆弟然。已而同客吳門，先後以召試通籍，又同在詞館，應制詩文，互相商榷，游覽宴集，出入必偕……孤子臣晟，以誌銘見屬，誼不可辭……時乾隆五十二年八月八日。」〔註135〕

《清史列傳卷》七十二，「曹仁虎督學廣東，遭母喪以哀毀卒」，曹氏於乾隆五十二年，視學才半載，即以母喪，哀毀以卒，大昕有詩輓之述其事。

〈瞿封翁墓誌銘〉云：「瞿封翁學南，以乾隆五十一年九月乙未卒，其明年壬子，子兆騋等卜葬於長洲縣……先期乞予文，志其穿中之石……乃不辭而序之。」〔註136〕

〈尹公墓志銘〉：「越二年（丁未）九月乙丑朔，終於京邸，長子內閣學士壯圖，扶櫬南歸，縗絰踵門，述公遺言，屬予文其誌石。」

〔註131〕《文集》卷卅二，頁495。
〔註132〕《文集》卷廿五，頁366。
〔註133〕《文集》卷廿六，頁394。
〔註134〕《文集》卷四一，頁649。
〔註135〕《文集》卷四三，頁681。
〔註136〕《文集》卷四八，頁736。

－157－

〔註137〕

乾隆五十三年戊申（1788）六十一歲

△在婁東已三載，巡撫閔公（閔中丞名鶚元，嘉善人，己丑進士），延請明年主蘇州紫陽書院。

△十二月九日，東壁舉一子，先生之長孫，取名阿同（以大昕之父生於康熙戊申，大昕生於雍正戊申，今舉長孫亦以戊申，取康成小同之意，命之曰阿同）。

△是歲撰次《金石文跋尾》復得六卷。

△〈跋陶淵明詩集〉、〈跋咸淳毘陵志〉、〈習庵先生詩集序〉、〈知府張公墓誌銘〉、〈鶴谿子墓誌銘〉、〈贈青溪三子序〉，作於是年。

　按：〈跋陶淵明詩集〉：「戊申八月，讀靖節集竟，因書於後。」〔註138〕

　　〈跋咸淳毘陵志〉：「曩予於吳門，訪朱文游，見插架有此，亟假歸錄其副，尚闕後十卷，戊申夏，始假西莊光祿本鈔足之……。」〔註139〕

　　〈習庵先生詩集序〉：「歲丁未，習庵卒於粵東官廨，其子臣晟，扶櫬自南還寢門，卒哭之後，詢其遺文，頗有散失，搜訪而次第之，得若干卷……并書一通，以寄西莊，諒與我同一墮淚也。」〔註140〕

　　〈知府張公墓誌銘〉：「乾隆五十有一年，九月八日，故大理府知府張公晴沙，卒於里第……越三年孤子椁等卜某月某日葬公於某鄉之原，先期乞予文，刻之穿中……。」〔註141〕

　　〈鶴谿子墓誌銘〉：「歿於乾隆五十三年某月，日……。」〔註142〕

乾隆五十四年己酉（1789）六十二歲

△正月，到紫陽書院。諭諸生以「無慕虛名，勤修實學」，由是吳中士習為之一變。

△是春校勘應劭風俗通義，並剌取他書所引逸文補之。〔註143〕

〔註137〕《文集》卷四三，頁678。
〔註138〕《文集》卷卅一，頁479。
〔註139〕《文集》卷廿九，頁456。
〔註140〕《文集》卷廿六，頁385。
〔註141〕《文集》卷四七，頁723～724。
〔註142〕《文集》卷四八，頁735～736。
〔註143〕見第四章：著作考述（是書刻入盧文弨群書拾補中）。

△十月七日東墊舉一子，日阿詒，先生第二孫。

△冬，重訂金石錄，前後收藏共得二千通，著錄訖元而止。

　按：《年譜》注：「公自丁丑歲，收采金石文字，以攷正經史。凡知交
　　歷官居鄉之地，莫不徧託搜羅。至身所經歷山厓水畔，蠻宮梵宇，
　　有斷碑殘刻，必剔蘚拂塵，摩挲審讀。或手自椎拓，積三十餘年
　　遂成巨富。著跋尾八百餘篇，每積二百餘篇輒爲門弟子轉寫付梓，
　　故先後共成四集，其目錄八卷，隨時增補。」至先生歿後，瞿中
　　溶，許希沖校刊又不止二千通。

△〈放生池古泉記〉、〈東晉疆域志序〉、〈東晉南北朝輿地表序〉、〈跋霜哺
　遺音〉（此篇文集卷末收）作於是年。

　按：〈放生池古泉記〉：「吳郡向有放生會，每月朔望，諸善士各攜水族，
　　縱之石湖。湖距城稍遠，漁者嗜利，恐仍不免網罟，乃議於白蓮
　　涇同仁堂左，鑿池四畝……得古井焉……予適假館吳門，因介友
　　人請記其事。」〔註144〕大昕於乾隆五十四年己酉正月到紫陽書院。
　　《東晉疆域志》，係陽湖洪稚存所撰，大昕歎其「才大而思精，誠
　　史家不可少之書，雖衰病仍序之。」〔註145〕
　　《東晉南北朝輿地表》，徐仲圃所撰，以大昕亦嘗從事於斯，故每
　　成一篇，輒就商榷，攷辨同異，必得其當然後已，大昕於序文言
　　之甚詳。〔註146〕

乾隆五十五年庚戌（1790）六十三歲

△三月校錄五代會要

△仍在紫陽書院，是秋恭遇聖壽八旬大慶，六月中由水道入都，七月廿九
　日抵京，寓謝金圃先生邸，又移寓邵二雲編修邸。

　按：〈棠樾鮑氏宣忠堂支譜序〉云：「憶庚戌秋，以祝釐入都。」〔註147〕
　　〈嵇靜園墓誌銘〉：「乾隆庚戌，予以祝嘏抵都門。」〔註148〕

△八月十三日，乾隆帝升殿受賀，二十二日出都門，由清苑至定州，游曲陽

〔註144〕《文集》卷廿一，頁311。
〔註145〕《文集》卷廿四，頁356～357。
〔註146〕《文集》卷廿四，頁358。
〔註147〕《文集》卷廿六，頁398。
〔註148〕《文集》卷四五，頁709。

嶽廟（有曲陽道中，謁北嶽廟詩）自眞定至隆平縣（有〈眞定道中詩〉），
取道廣平大名。至濟甯登舟，十月抵家，舟次手錄《安南志略》五十五卷。

按：《年譜》注：「六月初北上，遇山舟學士於淮上，連舟抵都，迎駕
南石槽，所進頌冊，特蒙宸覽，載入萬壽盛典，還過定州，游天
甯寺，訪得蘇過題名。

△〈群書拾補序〉、〈杜詩雙聲疊韻譜序〉、〈甌北集序〉、〈跋翰苑群書〉、〈荊
宜施道陳公墓志銘〉、〈跋清華齋趙帖〉（文集中未收），作於是年。

按：〈盧氏群書拾補序〉：「客有復於先生者，謂古人校理圖籍，非徒自
適，將以嘉惠來學……因檢四部群書，各取數條，譌脫尤甚者，
次第刊布，貽書吳門，屬大昕序之。」〔註149〕

〈荊宜施道陳公墓志銘〉：「乾隆五十有二年六月二十七日，陳公
永齋卒於里第。越三年，將卜葬於吳縣某鄉。先期，公之仲弟中
書舍人希哲，屬予志其墓石。」〔註150〕

〈杜詩雙聲疊韻譜序〉見于《文集》卷廿五，〈甌北集序〉見於《文
集》卷廿六，〈跋翰苑群書〉見《文集》卷二十八，慶曾注云：「皆
作於是年」。

乾隆五十六年辛亥（1791）六十四歲

△在紫陽書院，三月次孫阿詒殤。又第三女及長孫女相繼殤。東塾亦患病
甚劇，幸醫治無恙。

△讀洪氏《翰苑群書》，因爲補〈唐學士年表〉、〈五代學士年表〉、〈宋學士年
表〉各一卷（按三表李方伯校刊於嘉興），撰《元氏族表》四卷、《補元藝
文志》四卷。〔註151〕

△〈虎阜志序〉（文集所未收）、〈御史王先生墓志銘〉，作於是年。

按：〈江西道監察御史王先生墓志銘〉：「乾隆十六年二月十七日，終於
里第，久未克葬……先生歿垂四十年，而大昕來主紫陽……援筆
泫然，情見乎詞……。」〔註152〕

△瞿中溶隨婦往嘉定歸甯，始從外舅錢大昕問史學。

〔註149〕《文集》卷廿五，頁372。
〔註150〕《文集》卷四四，頁690～691。
〔註151〕見第四章：著作考述。
〔註152〕《文集》卷四三，頁671。

乾隆五十七年壬子（1792 年）六十五歲

△仍在紫陽書院

閏四月八日，東塾舉一子，名之曰阿閏。公手定年譜，止於是年。後十二年慶曾所述。

△〈世緯序〉、〈古文尚書攷序〉、〈西魏書序〉、〈跋徐蠡釣磯文集〉、〈跋楊忠愍公獄中與鄭端簡手簡〉、〈何桐蓀墓志銘〉，作於是年。

按：〈古文尚書攷序〉：「其所撰述，都次第刊行，獨是編伏而未出。頃宋生子尚得之江處士艮庭許，亟梓而傳之，而屬序於予……乾隆壬子三月既望序。」〔註153〕

〈西魏書序〉：「謝蘊山先生曩在史局，編摹之暇，與閣學翁公，議補是書。泊宛陵奉諱家居，乃斟酌義例，排次成編，既蕆事，介翁公屬序於予。」〔註154〕〈跋徐蠡釣磯文集〉：「壬子十月，籤黃孝廉假讀，因記於卷尾。」〔註155〕〈何桐蓀墓誌銘〉：「錢塘何元錫與余交十年矣，今冬，卜葬其尊人明經君於西湖普福嶺之陽，啓元配陸儒人之窆而合祔焉。先期，至吳踵門，屬銘其藏。」〔註156〕

跋楊忠愍公獄中與鄭端簡手簡，年譜慶曾注云作於是年。

乾隆五十八年癸丑（1793）六十六歲

△仍在紫陽書院，〈經義雜記序〉、〈夏烈女傳〉、〈張太儒人墓誌銘〉、〈跋鳳墅法帖三〉、〈述庵先生七十壽序〉、〈邵松阿舍人七十詩〉，作於是年。

按：《拜經堂文集》卷首，臧庸在蘇州從錢大昕，王昶、段玉裁講學，（時乾隆五十八年）而大昕〈臧玉林經義雜識序〉云：「文孫在東擩染祖訓，好學深思，益有以昌先生之學，頃來吳門，出是書屬予校定……」〔註157〕

慶曾年譜續編謂，大昕校定臧氏《經義雜識》序，於嘉慶四年，依《拜經堂文集》及〈經義雜識序〉所云：當於此年校定《經義雜識》。

〈夏烈女傳〉云：「癸丑秋，顧子禮璜為予述其事，去烈女之歿，

〔註153〕《文集》卷廿四，頁341。
〔註154〕《文集》卷廿四，頁359～360。
〔註155〕《文集》卷卅一，頁482。
〔註156〕《文集》卷四五，頁702～703。
〔註157〕《文集》卷廿四，頁347～348。

四十餘年矣。」〔註158〕

按：〈張太孺人墓誌銘〉：「以乾隆五十八年六月廿有八日，丁大母張太孺人憂，即以其年十有二月十七日，奉匶合葬於大父忍伯公之新阡，先期自述事狀，乞予銘其藏……。」〔註159〕

王昶生於雍正二年甲辰（1724），至今年正七十歲矣，〈述菴先生七十壽序〉云：「歲癸丑，請假省墓，以五月返里門……越十有一月，公七十初度之辰，士大夫咸思稱觴爲壽，公先期固卻之，而詩文投贈，誼不可辭，大昕從公游最久，始同學，繼同舉進士，又同官於朝，嗜好亦略相同，其可無一言乎。」〔註160〕

邵松阿（齊熊）生於雍正甲辰（1724）至是年（1793）則七十歲矣。大昕有〈邵松阿舍人七十〉詩二首，其二云：「同出南豐一瓣眞，白頭感舊話酸辛。損簁共羨洪文敏，圖畫今歸白舍人。老尙著書元是癖，性非諧俗偶忘嗔，蘭亭合準羲之例，觴詠重逢癸丑春。」〔註161〕重逢癸丑春正是年也。

乾隆五十九年甲寅（1794 年）六十七歲

△春，校刊《廿二史攷異》，至新舊五代史。

△六月，偕段茂堂等閱道藏於元妙觀，羽士袁月渚，導觀宋孝宗御書通神庵石刻，並拓本見詒，校《長春眞人西游記》，並爲之跋。

按：劉盼遂段玉裁先生年譜：「六月與錢大昕、袁廷檮、戈宙襄、瞿中溶等，閱道藏於元妙觀。」〈跋長春眞人西遊記〉：「長春眞人西遊記二卷，其弟子李志長所述，於西域道里風俗，頗足資考証，而世鮮傳本，予始於道藏鈔得之……。」〔註162〕

〈跋錢竹汀鈔本西遊記〉：「憶昔與竹汀游元妙觀閱道藏，竹汀借此鈔訖而爲之跋，今轉瞬已十載，竹汀於今歲十月廿歸道山矣，甲子十一月十八日，硯北居士段玉裁識。」〔註163〕則大昕〈跋長春眞人西遊記〉當作於此年。

〔註158〕《文集》卷四十，頁 634。
〔註159〕《文集》卷四九，頁 749。
〔註160〕《文集》卷廿三，頁 336～337。
〔註161〕《詩續集》卷六，頁 90。
〔註162〕《文集》卷廿九，頁 460。
〔註163〕《經韻樓文集補編》上（百鶴樓叢書所收）。

△十月至朱家角訪王昶，昶年七十致仕歸，居青浦原籍。時先生主講紫陽書院與青浦相距不百里，而王鳴盛居憂在家服闋，三人每興至輒扁舟互訪。聚首之歡，不啻同官京華時也，吳中文酒宴會，每延三先生爲領袖，有江南三老之目。

按：王昶七十致仕歸，時乾隆五十八年癸丑，名其堂曰春融。〈述庵先生年譜〉：「上鑒其老病允之以原品休致，且謂歲暮苦寒宜竣，明歲春融回籍……五十九年甲寅七月二十三日抵家，乃以春融顏其堂。」

△〈黃陶庵先生像贊〉、〈跋范忠宣公除右僕射告〉、〈跋長春眞人西遊記〉、〈吳興閔氏家乘序〉，作於是年。

△〈黃忠節公年譜序〉、〈李書田詩集序〉、〈識雲樓詩合刻序〉、〈問字堂集序〉、〈明金元忠詩集序〉、〈賈太夫人壽序〉、〈張太夫人夏氏傳〉、〈王芍坡墓誌銘〉，不載集中。亦作於是年。

按：〈跋范忠宣公除右僕射告〉：「乾隆甲寅六月，敬觀於公裔孫芝巖編修齋……。」〔註164〕

〈吳興閔氏家乘序〉：閔氏之譜，刱於明宮保尙書莊懿公……乾隆乙未，莅江藩時，首任刊修，彭芝庭尙書，既序而傳之矣。閱今又二十年，正當增修之期，而先生方解組退閒，復增而茸之，郵書令大昕爲之序。」〔註165〕

乾隆六十年乙卯（1795）六十八歲

△自春至夏，覆校《宋史攷異》付刊

△秋，始患兩耳失聰，〈棠樾鮑氏宣忠堂支譜序〉、〈跋元統元年進士題名錄〉、〈跋四書纂疏〉、〈跋潛虛〉、〈跋宋拓鐘鼎款識〉、〈黃松石先生墓誌銘〉、〈孝廉蔣君墓誌銘〉、〈陸松園墓誌銘〉、〈知府馮公墓誌銘〉，作於是年。

按：〈棠樾鮑氏宣忠堂支譜序〉：「憶庚戌秋，以祝釐入都，竹虛言里居刱立紫陽書院，多得誠一相助之力，予既重其高義，而以未訂交爲憾，今春誠一復介吳玉松太史，以斯譜屬予序，……爰不辭而序之……。」〔註166〕

〈跋宋拓鐘鼎款識〉：「乾隆乙卯嘉平月，吳門蔣春皋，攜此冊相

〔註164〕《文集》卷卅二，頁502。
〔註165〕《文集》卷廿六，頁396。
〔註166〕《文集》卷廿六，頁398。

示古色古香，允爲希世之寶，竹垞前輩攷之悉矣……此冊當是王厚之順伯所彙次。」〔註167〕

〈黃松石先生墓誌銘〉：「今夏，小松奉梁太宜人之諱（按其卒年乾隆六十年，閏二月五日）扶櫬將歸里，先遣其兄子元鼎踵門來告……敢匄文納諸穸中，予受其事狀。」〔註168〕

〈孝廉蔣君墓誌銘〉：「今冬君之兄郡司馬雲亭來告君之訃，乞予銘……二雲爲序乙酉典試所得士，君出其門，與予有通家之誼，不敢以不文辭。」〔註169〕

〈陸淞園墓誌銘〉：「陸子嵩庚，卜以乙卯歲十月二十五日，合葬其考淞園，公姚錢宜人，於本邑崧塘之原，宜人於予爲族姊，故於兩家行實，知之爲詳，系以銘曰……。」〔註170〕

嘉慶元年丙辰（1796）六十九歲

△是歲，恭逢朝廷授寶歸政。

按：王述庵昶先生年譜：「元旦，太上皇帝御太和殿王公大臣百官稱賀行禮，頃之行歸政。」

△有詔舉山林隱逸孝廉方正之士、江南諸大吏以先生之弟大昭應徵。

按：大召生於一七四四年，少大昕十六，事兄如嚴師，得公指授，著作等身。大昭舉山林隱逸孝廉方正時，有兩蘇之比。

△夏，手校《元史攷異》並付刊。

按：其批評《元史》（1）陋劣，（2）錯誤，（3）互異，（4）兩名實一人，（5）不諳地理。〔註171〕

△秋，阮元刪訂《山左金石志》書成，凡若干卷，錢大昕爲撰序。

△冬，十月朔，邑令舉鄉飲酒禮，延先生爲大賓，首唱四詩。〔註172〕

△是年，王昶主婁東書院，邵晉涵卒，年五十四。

△〈山左金石志序〉、〈半樹齋文槀序〉、〈跋黃陶庵札〉、〈顧桐井墓誌銘〉、

〔註167〕《文集》卷卅二，頁 495。
〔註168〕《文集》卷四五，頁 700。
〔註169〕《文集》卷四五，頁 708。
〔註170〕《文集》卷四八，頁 738。
〔註171〕《養新錄》卷九，頁 479。
〔註172〕〈丙辰孟冬朔本縣舉鄉飲禮，忝預賓席口占，呈當事暨同飲諸君〉詩四首，《詩續集》卷七，頁 102。

〈孝廉范君墓志銘〉、〈邵君墓志銘〉，作於是年。

按：〈邵君墓志銘〉：「予比歲衰病，預戒兒輩必求二雲銘我，孰意天實祝予，轉以才盡之筆，納君穿中也。」〈邵二雲先生年譜〉云：「先生體素羸弱，又兼諸館，晨入暮出……由是體益不支，是年三月，感寒疾，醫者誤投藥，以六月十五日卒於邸第。」〔註173〕墓誌銘應作於此年，慶曾續譜則謂作於四年。

〈山左金石志序〉：「嘉慶元年丙辰秋，書成，凡□□卷，寓簡於大昕，俾序其顛末。」〔註174〕

〈顧桐井墓志銘〉：「君生於雍正乙卯，卒於嘉慶丙辰，行年六十有二也……」〔註175〕

〈孝廉范君墓志銘〉：「今春，吾家竹初先生書來，達君之訃。而孤子懋賢等，復狀君行實，乞予志其銘。」〔註176〕

蔣君卒於乾隆六十年十二月二十日，翌年大昕爲其銘。

〈跋黃陶庵札〉：「予婿瞿生安槎，好藏前賢手跡，購得此本，重裝而新之，屬予識其歲月。」〔註177〕

嘉慶二年丁巳（1797）七十歲

△正月，至嘉興弔閔中丞喪。丁巳人日作七十生辰，漫成四首詩。〔註178〕

△二月，讀《洪武實錄》，因補校《四史朔閏考》，手校《金史考異》付刊。

按：大昕以嘉慶九年，將及成書而歿，遺稿由李銳增補，侗及東垣續成之。

△七月七日，集袁又愷上舍五硯樓，見其所藏碑刻，並爲作〈五硯樓記〉。

按：〈跋太室石闕銘〉：「丁巳七月七日，觀於楓橋袁氏之五硯樓。」〔註179〕

〈五硯樓記〉：「丁巳歲，青浦王侍郎，以所藏清容居士硯贈又愷……是夏，又愷移歸楓橋舊居，甫卸裝，即謀藏書之所……名其樓曰五

〔註173〕《新編中國名人年譜集成》十七輯，清《邵二雲先生年譜》嘉慶元年條。
〔註174〕《文集》卷廿五，頁368。
〔註175〕《文集》卷四四，頁696。
〔註176〕《文集》卷四六，頁716。
〔註177〕《文集》卷卅二，頁512。
〔註178〕〈丁巳人日七十生辰漫成四首〉，《詩續集》卷七，頁103。
〔註179〕《文集》卷卅二，頁497。

硯，屬予記之。」〔註180〕慶曾年譜注置於嘉慶三年，有誤。

△八月，瞿涉齋廣文，招爲洞庭西山之游，遂游支硎天平靈巖，徧歷諸刹訪碑。

△十一月，復游洞庭，憩宿靈祐觀，諸同游秉燭入林屋洞，得石鐘石鼓題名。

　　按：《詩續集》卷七，〈洞庭雜詠詩廿首〉記事。〔註181〕

　　　　其〈雜詠詩廿首〉之四：

　　　　皓月當頭洞不緘，曲肩曳足入空嵌。少年濟勝眞堪羨，秉燭公然到隔凡。（其注曰：謂瞿壻鏡濤，次兒東塾輩）。

　　　　其之五：

　　　　白家宦況太蕭然，怪石區區寶一拳。若得此山作提舉，也應鐘乳聚三千。（其注曰：林屋洞中多鐘乳）。

　　　　憩宿靈祐觀，有詩記之：

　　　　神景三唐舊，天禧榜特更。書藏雲笈富，境想王盧清。香火今非昔，湖山澹有情。眼中釘未拔，太息認銜名。〔註182〕

△過黃丕烈家，又相偕顧廣圻，往謁程瑤田，求書「學耕堂」扁額，丕烈取案頭鈔本《吳都文粹》四冊報之。

　　按：顧千里先生年譜：「嘉慶二年丁巳，是月十五日偕黃蕘圃謁歙縣程易疇。」

△是年爲兩湖制軍畢公沅校刊《續資治通鑑》，未藏事而畢氏卒，遂以其本歸畢氏子。

△〈十國宮詞序〉、〈跋楊譓崑山郡志〉、〈跋太室石闕銘〉、〈跋北山小集〉，作於是年。

　　按：〈跋楊譓崑山郡志〉：「嘉慶丁巳十月，假同邑陳孝廉妙士所藏舊鈔本讀之，歎其簡而有要，爰綴數言於末。」〔註183〕

　　　　〈跋北山小集〉：「黃孝廉丕烈，買得宋槧本北山小集四十卷……讀之不忍釋手，嘉慶丁巳冬日。」〔註184〕

〔註180〕《文集》卷廿一，頁311～312。
〔註181〕《詩續集》卷七，頁104。
〔註182〕〈靈祐觀〉同上，頁106。
〔註183〕《文集》卷廿九，頁457。
〔註184〕《文集》卷卅一，頁483。

〈跋太室石闕銘〉:「丁巳七月七日,觀於楓橋袁氏之五硯樓。」
〔註185〕

〈吳香巖十國宮詞序〉見《文集》卷廿六。又《詩續集》卷七有〈題吳香巖詩藁〉。

嘉慶三年戊午（1798）七十一歲

△三月,與袁廷檮、王述庵、潘榕皋、段懋堂、蔣立厓諸先生集漁隱小圃看花,各有唱和詩。

按:《詩續集》卷九,有〈三月十一日,袁又愷招同王述庵、潘榕皋、段懋堂、蔣立厓諸君集漁隱小圃,賞牡丹,分韻得惠字〉,〈十六日戈小蓮招集范邨別墅賞牡丹,分韻得酒字〉。

△七月,尹壯圖自京還滇,迂道踵門,乞其先人墓志,留數日而去。

按:大昕〈尹公墓志銘〉云:「長子內閣學士壯圖,扶襯南歸,繞経踵門。述公遺言,屬予文其誌石。」〔註186〕

△〈與梁曜北論史記書〉、〈小學攷序〉、〈感應篇箋注序〉、〈三國志辨疑序〉、〈太子太保畢公墓志銘〉、〈冀甯道沈公墓志銘〉,作於是年。

按:〈畢公墓誌銘〉:「嘉慶二年,秋七月庚午鎮洋畢公以疾終於辰陽行館……越明年三月十有八日,卜新阡於吳縣靈巖鄉上里……請文刻諸貞石、大昕泫然不敢辭。」〔註187〕

〈沈公墓誌銘〉:「……公之子培,嘗從予游,因請予志其墓,予不得辭……。」〔註188〕沈公以嘉慶三年三月三日,以其年七月十五日葬。

〈三國志辨疑序〉:「予弟晦之,孜孜好古,實事求是,所得殊多於予。其用力精勤,雖近儒何屺瞻、陳少章未能或之先也,鈔撮甫畢,屬予點次,喜而序之。」〔註189〕

嘉慶四年己未（1799）七十二歲

△仁宗親政,詢先生在家狀,朝臣寓書勸駕,先生辭以老病。

〔註185〕《文集》卷卅二,頁497。
〔註186〕《文集》卷四三,頁678。
〔註187〕《文集》卷四二,頁665。
〔註188〕《文集》卷四七,頁721~722。
〔註189〕《文集》卷廿四,頁355~356。

△七月校刊《金石文跋尾》三集成。〔註190〕重加編定《十駕齋養新錄》。
〔註191〕

△〈太康甎硯銘〉、〈海鹽縣瑞麥記〉、〈經籍纂詁序〉、〈說文新附攷序〉，作
於是年。又有〈石梁詩草序〉、〈衣德堂詩集序〉、〈養新錄序〉、〈一潛居
制義序〉、〈黃忠節公墓田記〉、〈侍郎吳公墓誌銘〉，不載集中。

　按：為瞿長生作〈鈕匪石所贈晉太康甎硯銘〉，見《文集》卷十七；〈海
　　鹽縣瑞麥記〉，見《文集》卷廿；〈說文新附攷序〉，見《文集》卷
　　二十四。

△〈經籍纂詁序〉：「乃於視學兩浙之暇，手定凡例……書成凡百有十六卷。
公既任滿赴闕，將刊梨棗，以予粗習雅故，貽書令序其緣起……嘉慶四
年，夏六月，嘉定錢大昕序。」〔註192〕

嘉慶五年庚申（1800）七十三歲

△二月游西湖，與中丞阮公、臬使秦公、梁山舟曜北、陳曼生諸先生唱詠，
流連旬日乃歸。

△八月，應邀至吳江之盛澤鎮一行

　按：《詩續集》卷九有〈生朝偶作〉詩云：「我今七十三，風燭須臾化。」
　　知此詩作於是年。並有〈吳江夜泊〉，〈題三高祠〉，〈雨後攜東塾
　　游吳山入紫陽洞〉，西湖，〈喜晤山舟前輩即以留別〉，題開元寺古
　　佛等詩作。

△汪志伊好談星學，言申運不和。先生作〈星命說〉斥子平之妄。

　按：《文集》卷三，〈星命說〉云：「中丞汪公稼門，今年五十有八，公
　　生於乾隆癸亥，月甲寅，日己巳，時癸酉。術者言現行申運，申寅
　　巳相刑，又直庚申歲，恐不利。公雖不信，而未免見諸吟詠，郵筒
　　遠寄。予因憶庚辰春，與朱石君先生，同事禮闈。石君好談命，詢
　　予八字，予辭之曰：頃新安友言，現行巳運，巳為祿堂，又犯三刑，
　　來年辛巳，必無幸矣。石君曰：八字當論大局，刑衝未足為病，足
　　下不久將遷官，斷無意外慮也。已而果如石君言。今忽忽又四十年，
　　三刑之不驗，予既親試之矣，願公之勿介意也。昔呂才祿命篇，但

〔註190〕見第四章：著作考述。
〔註191〕見第四章：著作考述。
〔註192〕《文集》卷廿四，頁349。

論年月。李虛中輩，始論日時。較之古法爲密，然以四海之大，生
齒日繁，而八字之變，不過五十一萬八千四百，則年、月、日、時
之相同者多矣。八字同，而智愚貴賤必有大不同者，豈子平膠固之
術，所能前知而概論乎？由月起運，其理本屬難信，就令可信，亦
當以十年爲一運，謂一字管五年者，術家孟浪之談也。公於戊運，
既利，而戊申納音亦土也。歲直庚申，土金相生，何不利之有。聖
賢知命，而又能立命，故不爲禍福所動，公誠內省不疚，出其所學，
以仁壽斯民，享大年，膺多福，固分內事耳。子平淺術，本不足道，
即以其術推之，亦無不利，故書以復公，願公之勿介意也。」

△〈嚴半庵墓志銘〉、〈嵇靜園墓志銘〉，作於是年。

按：〈嚴半庵墓誌銘〉云：「今冬，元照墨縗至于館舍稽顙而言曰：吾
父以今年六月十三日棄養，行且卜葬，思所以不朽吾親者，惟先
生之文是賴，予辭不獲已，乃即其行狀稍詮次之。」〔註193〕

〈嵇靜園墓誌銘〉：「今又聞君之訃，孤子峻踵門求銘，俛仰交情，
轉瞬四世，老成久逝，蘭蕙俄摧？……。」〔註194〕

又有〈重刊國語序〉、〈元史藝文志序〉、〈旌孝集序〉、〈施小鐵詩
集序〉、〈廿二史箚記序〉、〈小蓬萊金石文字序〉、〈徐尚之詩序〉、
〈顧南雅時文序〉、〈與顧千里論平宋錄書〉、〈海甯馮氏兩世墓
碣〉，不載集中，慶曾注謂「作於此年。」

嘉慶六年辛酉〔1801〕七十四歲

△三月黃丕烈爲先生訂補《元史藝文志》，成，作後序。

阮宮保爲刊《三統術衍》。

△四月，游虞山

按：虞山即吳山，《詩續集》卷九，有〈雨後攜東塾游吳山入紫陽洞〉。

△是年，長興令邢澍延先生及其弟可廬總修縣志，並留館邢署，於課士之
暇，泛舟茗餕、商榷條例。

按：邢澍，階州人，字雨氏，號佺山，延大昕與弟可廬修《長興縣志》，
留館邢署，有〈晤邢長興佺山即留宿官齋〉詩、〈題佺山松林讀書

〔註193〕《文集》卷四五，頁705～706。
〔註194〕《文集》卷四五，頁709。

　　圖〉。〔註195〕

△爲黃丕烈〈跋元本廣記〉、〈跋宋本東家雜記〉。〔註196〕

△《文集》〈跋胡氏詩傳附錄纂疏〉〔註197〕、〈唐六如像贊〉〔註198〕、〈熊
　　太夫人墓誌銘〉、〈儒林郎董君墓表〉，作於是年。

　　按：〈熊太夫人墓誌銘〉：「……先期貽書屬大昕文其竁中之石，大昕
　　　　夙從文達公游，不敢以病廢才盡辭……。終於嘉慶六年八月三日」
　　　　〔註199〕〈儒林郎董君墓表〉：「嘉慶六年三月，景沛訪予吳門紫
　　　　陽書院，出所撰事狀，稽首而言曰：先考妣合葬縣西五十里，王
　　　　犀山之原有年矣，而墓表尙闕，唯先生幸憐之……予感其意，爲
　　　　慨然敘次之，不復辭也。」〔註200〕

△又〈邵西樵懷舊集序〉、〈王氏世譜序〉、〈儀禮蒙求序〉、〈陸豫齋家傳〉，
　　不載集中。亦作於此年。

嘉慶七年壬戌（1802）七十五歲。

△四月先生以六十年前博士弟子偕新生輩重謁先聖先師，禮成，賦詩〈四
　　月廿有六日重游泮宮賦贈新先輩，因追懷西莊光祿〉。〔註201〕

　　按：朱駿聲年十五，始入紫陽書院附課肄業，時錢大昕主講席，錢氏
　　　　亦十五歲入泮，是年重游泮宮，初謁時，有傳衣鉢之語，極蒙獎
　　　　借，以國士目之，並許受業（見石隱山人自訂年譜）。又《清史列
　　　　傳》卷六九：「朱駿聲年十五，爲諸生，從大昕遊，大昕一見奇之
　　　　曰：「衣鉢之傳，將在子矣。」

△九月，至長興，旋至南潯鎭，觀劉氏桐藏書。

　　按：劉桐，字舜輝，一字疏雨，少好聚書，其藏書樓曰「暝琴山館」。
　　　　此年大昕以七十五老翁前往觀書，劉桐深感異數。而次年，劉桐
　　　　一病遽歸道山，其子幼弱，爲人煢惑，舉十餘萬卷之書，畀之他
　　　　人，聞者莫不慨嘆。

〔註195〕《詩續集》卷十，頁130。
〔註196〕《黃堯圃年譜》嘉慶辛酉年條，頁58。
〔註197〕《文集》卷廿七，頁403。
〔註198〕《文集》卷十七，頁244。
〔註199〕《文集》卷四九，頁743～744。
〔註200〕同上。
〔註201〕《詩續集》卷十，頁135。

嘉慶八年癸亥（1803）七十六歲

△正月，往青浦訪何澹安國醫，閏月復往，感寒疾，時作時止。兩目益衰眊，屢以老病不支，力辭講席，中丞鄂濟公岳起固留之。

△夏秋之間，疾屢作。

△《金石文跋尾》四集刊成。

按：嘉慶四年己未，校刊《金石文跋尾》三集成，三續六卷，則成於此年，凡廿五卷，追題爲元享利貞四編。

△多，《長興縣志》成，十二月始刊《養新錄》未定本，凡二十卷，李方伯將錢著洪文惠、文敏、陸放翁年譜付梓。

按：嘉慶六年長興令刑澍延公及可廬先生總修縣志，至此年多志成。

△〈西沚先生墓志銘〉、〈敬亭弟墓志銘〉，作於是年

按：〈西沚先生墓誌銘〉：「今窀穸有期，而予視息猶在人世，誌石之銘奚敢辭。」〔註202〕西沚以嘉慶二年十二月二日捐館，大昕誌石於此年。

△〈敬亭弟墓誌銘〉：「今衰病垂盡，而其事不見於集中，恐無以相見地下，口授腹藁，令東塾甄錄，寄其子，俾刻諸封中之石。」〔註203〕

嘉慶九年甲子（1804）七十七歲

△春，到書院後，仍患寒熱，即歸醫治，臥病達二旬之久。病起，即赴吳門，以中丞厚誼，不忍言辭館事。

按：汪公素與大昕交厚，情甚殷拳，嘉慶八年撫吳。大昕病中常寓書慰問，大昕亦有詩見寄，〈稼門中丞以近薰見示卻寄〉、〈和稼門中丞見贈之作〉等。〔註204〕

△是歲，江甯鄉試，向例停課，先生乃歸家，逢趙北嵐邀觀所藏金石，遂鼓興前往，展玩竟日，並爲題記，榜後復至書院。

△是年十月二十日，閱鷁元詩評就，手書小箋報之，俄覺勞倦，命侍者扶掖登牀，神色有異，閔中丞趕至，命灌以熱湯，竟不復甦。

嘉慶十年乙丑（1805）十二月，合葬王恭人於外岡鎮李十五圖火圩，青浦

〔註202〕《文集》卷四八，頁732。
〔註203〕《文集》卷四八，頁740。
〔註204〕《詩續集》卷十，頁140。

王少司寇（王昶）為撰墓志銘。

> 按：王昶〈錢君大昕墓誌銘〉：「東壁等自蘇州奉柩歸家，將以今年十二月初十日，合葬王恭人於城西外岡鎮李字之原」，〔註205〕王述庵先生昶年譜：「嘉慶十年乙丑，曉徵少詹卜兆有期，同人偕其兄（東壁、東塾）求撰墓志，先生以六十年舊好作二千言，存歿之感，溢於楮墨。」

嘉慶十二年丁卯（1807）四月，奉旨入祀鄉賢祠，事蹟入《國史儒林列傳》。

參、大昕著作繫年

清帝紀元	甲子	西元	年歲	作　　品
乾隆七年	壬戌	1742	15	徐毓州讀書僧舍集杜工部句寄之四首（《詩集》卷一） 芥舟山房記（《文集》卷二一）
乾隆十一年	丙寅	1746	19	南北史雋一冊
乾隆十三年	戊辰	1748	21	閏七夕（《詩集》卷二）
乾隆十五年	庚午	1750	23	用昌黎會合聯句韻送王艮齋先生歸海虞（《詩集》卷二） 贈翁朗夫徵君（《詩集》卷二） 歸家二首（《詩集》卷二） 聞金川平定喜而有作四首（《詩集》卷二） 九月同潘璜谿、凌叔子、張策時、王蘭成作（《詩集》卷二） 秋日舟行（《詩集》卷二）
乾隆十六年	辛未	1751	24	奉旨特賜舉人授中書舍人紀恩二首（《詩集》卷三） 蠶月條桑賦 理學真偽論 御試賦得指佞艸詩（《詩集》卷三） 辛未七夕用李義山韻（《詩集》卷三） 王次山先生輓詩二首（《詩集》卷三） 呈沈歸愚先生三首（《詩集》卷三）
乾隆十七年	壬申	1752	25	清口（《詩集》卷三） 清河道中（《詩集》卷三） 中河（《詩集》卷三）
乾隆十八年	癸酉	1753	26	移寓（《詩集》卷三）
乾隆十九年	甲戌	1754	27	撰次三統歷術四卷 送翟晴江同年還杭州（《詩集》卷三） 與戴東原書（《文集》卷三三） 跋史彌甯友林乙藁（《文集》卷三一）

〔註205〕《碑傳集》卷四十九。

乾隆二十年	乙亥	1755	28	平定準噶爾告捷禮成恭紀一百韻（《詩集》卷三） 三統術衍序
乾隆廿一年	丙子	1756	29	恭和御製熱河啓蹕之作元韻（《詩集》卷四） 丙子春帖子詞（《詩集》卷四）
乾隆二二年	丁丑	1757	30	御試石韞玉賦（《文集》卷一） 中書舍人吳君墓誌銘（《文集》卷四三）
乾隆二三年	戊寅	1758	31	內大臣一等公諡忠勇佟公傳（《文集》卷三七） 都統贈一等伯傅公傳（《文集》卷三七） 惠先生棟傳（《文集》卷三九）
乾隆二四年	乙卯	1759	32	回部盪平大功告成恭紀一百韻（《詩集》卷五） 己卯除夕（《詩集》卷五） 山東鄉試錄序（《文集》卷二三） 送禮堂學士典試福建（《詩集》卷四） 奉命典試山左出都述懷（《詩集》卷四）
乾隆二五年	庚辰	1760	33	初春懷鄉襍詠四首（《詩集》卷五）
乾隆二六年	辛巳	1761	34	恭和御製恭奉皇太后謁泰陵因至五台瞻禮卜吉起程得詩八韻（《詩集》卷五） 恭和御製遊千佛洞得古體四十韻（《詩集》卷五） 聖母皇太后七十萬壽頌（《文集》卷一） 廣東雷州府知府馮公墓誌銘（《文集》卷四七）
乾隆二七年	壬午	1762	35	湖南鄉試序（《文集》卷二十三） 奉命典試湖南出都宿良鄉縣有作二首（《詩集》卷六） 楚南士子場後以試文謁學使吳雲巖前輩，雲巖決其必售者五人，揭曉則五人皆中式……雲巖有詩因和其韻（《詩集》卷七）
乾隆二八年	癸未	1763	36	御試江漢朝宗賦（《文集》卷一） 乾隆二八年起居注書成，詣乾清門入奏恭記六首（《詩集》卷七） 結網求魚詩
乾隆二九年	甲申	1764	37	郭耳構墓誌銘（《文集》卷四十五）
乾隆三十年	乙酉	1765	38	清涼寺題名（《文集》卷十八） 泰山道里記序（《文集》卷二四） 浙江鄉試錄後序（《文集》卷廿三） 秦文恭公墓誌銘（《文集》卷四二） 奉命典試浙江作（《詩集》卷八） 浙闈蕆事蒙恩給假省親恭記四首（《詩集》卷八）
乾隆三一年	丙戌	1766	39	答李南澗書（《文集》卷三三） 候選州判李君墓表（《文集》卷四九） 邢儒人墓誌銘（《文集》卷四九） 舅氏沈君墓誌銘（《文集》卷四八） 孝廉胡君墓誌銘（《文集》卷四六）

				詹事府詹事盧公墓誌銘（《文集》卷四二） 丙戌禮闈即事用壁間韻呈望山相國漫士少司農鳧川少宰及同分校諸公四首（《詩集》卷八）
乾隆三二年	丁亥	1767	40	二十二史考異 聖駕巡幸天津頌并序（《文集》卷一） 集僊宮訪碑記（《文集》卷二十） 〈亡妻王恭人行述〉（《文集》卷五十） 祭亡妻王恭人文（《文集》卷五十） 到家作（《詩集》卷九） 蓉鏡堂記（《文集》卷廿一）
乾隆三三年	戊子	1768	41	虎邱追和清遠道士韻同陳藥耘作 第三泉 游獅子林 鱘諸巷 虎邱觀玉蘭 同陳藥耘宿陸篠飲荷風竹露草堂 同篠飲藥耘步至湖上泛舟登孤山放鶴亭 上巳日游靈隱諸山 飛來峰 湖上雜題二首 湖上寓樓 葛嶺 葛嶺詠古二首 鳳凰山二首 水樂洞 三生石 重游飛來峰登絕頂疊前韻 韜光庵用白樂天招韜光禪師韻 神尼舍利塔 僧房偶題二首 學士橋 寶成寺觀元人所鑿麻曷葛刺佛石像次藥耘韻 寶石山次韻藥耘 游吳山紫陽洞 湖上對雨連日徧游湖上諸刹有懷古德各題一絕 法相寺、聖果寺、靈隱寺、鳳林寺、瑪瑙寺、龍井寺、智果寺、虎跑寺 歸舟口占 題王麓台蘇齋圖即用卷中查初白先生韻 題王石谷蘇齋圖 題繡谷牡丹圖二首

				家中牡丹（以上諸作均見《詩集》卷九） 宋洪文惠公年譜 陸放翁年譜 跋元大一統志殘本（《文集》卷廿九） 翰林院侍讀邵先生墓誌銘（《文集》卷四三） 祭外舅虛亭先生文（《文集》卷五十） 外舅王虛亭先生輓詩二首（《詩集》卷九）
乾隆三四年	己丑	1769	42	虎邱山石觀音殿題名（《文集》卷十八） 記湯烈女事（《文集》卷二二） 跋石刻鋪敘（《文集》卷三十） 跋藝圃搜奇（《文集》卷三十） 跋鳳墅法帖（《文集》卷三二） 跋鳳墅法帖二（《文集》卷二三） 臘八日同曹習庵編修吳白華侍讀陸耳山宗人集趙實君齋消寒小飲即席口占索和 翌日諸公和詩未到疊前韻催之 同人約爲詩會遲而未果習庵疊前韻見示依其數答之二首。 題寓齋壁疊前韻二首 再題寓壁仍疊前韻四首 柬習庵二首 曹劍亭刑部和韻見贈即奉答 二十二日吳彬亭舍人招同褚鶴侶刑部蔣漁邨編脩陳寶所給諫小飲疊前韻 答嚴跂堂和韻見贈之作二首 己丑除夕疊前韻四首（以上諸作均爲《詩集》卷十）
乾隆三五年	庚寅	1770	43	正月十九日，同曹習庵編修張繡堂、趙實君兩上舍游白雲觀次習庵韻 同曹慕堂給諫朱竹君學士陳伯思戶部史文量孝廉曹申之上舍爲西山之游出郊宿二老莊和竹君韻 二月二十七日同慕堂給諫竹君學士伯思戶部登陶然亭 張忠烈王輔墓 山行疊前韻二首 戒壇二首 和竹君戒壇讀遼法均大師碑，因弔學士王鼎三十韻 姚少師祠 夜宿潭柘寺用石刻金僧重玉韻 妙嚴公主拜甎 僧房偶題 潭柘寺

				三月廿二日，同錢宮詹籜石紀太僕心齋、朱學士竹君、褚學士左峨、曹給事慕堂、馮刑部君弼入法源寺觀海棠，偶見傍院牆腳支瓷方石有異，撤而視之，則遼大安十年，觀音菩薩地宮舍利石函記也，心齋有詩記其事，即次韻。 游善果寺 法源寺看花 法源寺觀牡丹因懷琴德（以上諸作均見《詩集》卷十） 萬壽頌（《文集》卷一） 與段若膺書（《文集》卷三三） 甘肅提刑按察使司按察使宋公神道碑（《文集》卷四一） 贈孺林郎翰林院檢討曹君墓表（《文集》卷四九） 記琉璃廠李公墓誌（《文集》卷十八） 詩經韻譜序（《文集》卷二四） 與段若膺書（《文集》卷三三） 潛研堂集序 徐良輔墓誌銘（《文集》卷四八） 送趙雲松出守鎮安二首（《詩集》卷八）
乾隆三六年	辛卯	1771	44	與一統志館同事書（《文集》卷三三） 贈邵冶南序（《文集》卷二三） 王太宜人墓誌銘（《文集》卷四九） 金石文跋尾六卷
乾隆三七年	壬辰	1772	45	擬續通志列傳凡例（《文集》卷十八） 續通志列傳總序（《文集》卷十八） 祭座主錢文敏公文（《文集》卷五十） 黃崑圃先生《文集》序（《文集》卷廿六）
乾隆三八年	癸巳	1773	46	易稽覽圖序（《文集》卷廿四） 寶刻類編序（《文集》卷廿五） 中興學士院題名序（《文集》卷廿四） 鎮守江南狼山總兵官左都督前提督廣西全省軍務總兵官許公神道碑（《文集》卷四一） 盛涇先塋之碣（《文集》卷四九） 記趙居廣畫（《文集》卷十八）
乾隆三九年	甲午	1774	47	河南鄉試錄序（《文集》卷二三） 奉命典試河南出都作（《詩續集》卷二） 炙硯集序（《文集》卷二六） 跋新唐書糾繆（《文集》卷二八）
乾隆四十年	乙未	1775	48	優貢生候選儒學訓導楊君墓誌銘（《文集》卷四六） 〈先考小山府君行述〉（《文集》卷五十）

乾隆四一年	丙申	1776	49	巡撫福建兵部右侍郎都察院右副都御史前太子少保協辦大學士刑部尚書莊公墓誌銘（《文集》卷四二） 雙節門銘（《文集》卷十七） 復倪敬堂書（《文集》卷三三）
乾隆四二年	丁酉	1777	50	納音說（《文集》卷三） 錢氏祠堂記（《文集》卷二一） 郭允伯金石史序（《文集》卷二五） 答盧學士書（《文集》卷三四） 跋陳文貞公詩卷（《文集》卷三二）
乾隆四二年	丁酉	1777	50	椰源同知彭君墓誌銘（《文集》卷四四） 莫釐峰（《詩續集》卷三） 橫塘（《詩續集》三） 林屋洞（《詩續集》卷三） 縹緲峰（《詩續集》卷三） 包山寺（《詩續集》卷三）
乾隆四三年	戊戌	1778	51	後漢書年表後序（《文集》卷二四） 跋僧明淨書心經及法華經序（《文集》卷三二） 跋義門讀書記（《文集》卷三十） 答袁簡齋書（《文集》卷三四） 菩提寺碑記（《文集》卷二十） 汪南有傳（《文集》卷四十） 答汪進士耀祖書 雙節堂贈言集錄 槎溪程氏支譜序 假榻郡齋偶成四首柬石公大守（《詩續集》卷三） 顯甯廟（《詩續集》） 登望海亭（《詩續集》卷三） 禹廟二十四韻（《詩續集》卷三） 石公以過南鎮詩索和即次韻（《詩續集》卷三） 雲林寺借秋閣（《詩續集》卷三）台城詠古（同上） 蔣忠烈廟（同上） 卞忠貞廟（同上） 劉越王廟（同上） 曹武惠祠（同上） 衛國忠肅公祠 始興王墓碑歌 慕堂同年六十寄詩壽之，即用其自壽韻二首（《詩續集》卷三） 劉越王廟

乾隆四四年	己亥	1779	52	游茅山記（《文集》卷二十） 金陵石刻記序（《文集》卷二五） 贈談階平序（《文集》卷二三） 答盧學士書二（《文集》卷三四） 施節婦傳（《文集》卷四十） 封資政大夫大理寺卿加十四級王公神道碑（《文集》卷四十一） 盧亭先生墓誌銘（《文集》卷四十三） 李南澗墓誌銘（《文集》卷四三） 遊茅山三首（《詩續集》卷三）
乾隆四五年	庚午	1780	53	元氏族表 廿二史考異序（《文集》卷二四） 淮南天文訓補注序（《文集》卷二五） 張太夫人祠堂記（《文集》卷二一） 王太夫人八十壽序 秋颿中丞招游靈巖山館（《詩續集》卷四） 送香亭之官粵東（《詩續集》卷四） 嚴道甫五十壽詩二首（《詩續集》卷四）
乾隆四六年	辛丑	1781	54	關中金石記序（《文集》卷二五） 凌竹軒墓誌銘（《文集》卷四七） 金石文跋尾七卷
乾隆四七年	壬寅	1782	55	周氏族譜序（《文集》卷二十六） 詹事府詹氏盧公神道碑（《文集》卷四一） 詹事府詹氏盧公墓誌銘（《文集》卷四二） 廿二史考異 金石後錄（後更名金石文字目錄）
乾隆四八年	癸卯	1783	56	記建炎官印（《文集》卷十八） 鈍閑詩老張先生墓誌銘（《文集》卷四八） 贈儒林郎刑部雲南司小京官加一級補瓢韓先生墓誌銘（《文集》卷四四）
乾隆四九年	甲辰	1784	57	跋能改齋漫錄（《文集》卷三十） 封通議大夫日講起居注官文淵閣直閣事翰林院侍讀學士加三級陸公墓誌銘（《文集》卷四五） 工部左侍郎汪公墓誌銘（《文集》卷四二）
乾隆五十年	乙巳	1785	58	跋黃山谷書范滂傳（《文集》卷三二） 跋太倉文略（《文集》卷三一） 春星艸堂詩集序（《文集》卷廿六） 記生朝（《文集》卷十七） 質直談耳序

乾隆五一年	丙午	1786	59	跋文壽承休承書（《文集》卷三二） 跋弇州四部藁（《文集》卷三一） 跋弇州山人續藁（《文集》卷三一） 跋弇州山人續藁二（《文集》卷三一） 資善禪寺飯僧田記 王世貞年譜 通鑑注辨正二卷
乾隆五二年	丁未	1787	60	跋薛氏義瑞堂帖（《文集》卷三二） 跋東坡書醉翁亭記（《文集》卷三二） 跋竹園壽集卷（《文集》卷三二） 跋石鼓文宋拓本（《文集》卷三二） 漢瓦當硯銘（《文集》卷十七） 抱經樓記（《文集》卷二一） 天一閣碑目序（《文集》卷二五） 左氏傳古注輯存序（《文集》卷二四） 史記志疑序（《文集》卷二四） 歸震川先生年譜序（《文集》卷二六） 鄞縣志辨証（《文集》卷十九） 鄞縣志局與同事書（《文集》卷三五） 曹公神道碑（《文集》卷四一） 天一閣碑目二卷 鄞縣志三十卷 疑年錄 題范氏天一閣（《詩續集》卷四） 侍講學士曹君墓誌銘（《文集》卷四三） 瞿封翁墓志銘（《文集》卷四八） 尹公墓誌銘（《文集》卷四三）
乾隆五三年	戊申	1788	61	跋陶淵明詩集（《文集》卷三一） 跋咸淳毘陵思（《文集》卷二九） 習庵先生詩集序（《文集》卷二六） 大理知府張公墓志銘（《文集》卷四七） 鶴谿子墓志銘（《文集》卷四八） 贈清溪三子序 簡齋小疾作詩自輓，并編索同人輓章依韻戲答四首（《詩續集》卷六） 金石文跋尾六卷
乾隆五四年	己酉	1789	62	放生池古泉記（《文集》卷二一） 東晉疆域志序（《文集》卷二四） 東晉南北朝輿地表序（《文集》卷二四） 跋霜哺遺音 風俗通義逸文

乾隆五五年	庚戌	1790	63	盧氏群書拾補序（《文集》卷二五） 杜詩雙聲疊韻譜序（《文集》卷二五） 甌北集序（《文集》卷二六） 跋翰苑群書（《文集》卷二八） 荊宜施道陳公墓誌銘（《文集》卷四四） 跋清華齋趙帖 哭褚宗鄭同年二首（《詩續集》卷六） 眞定道中（《詩續集》卷五） 聞溉亭姪金陵之訃二首（《詩續集》卷五）
乾隆五六年	辛亥	1791	64	監察御史王先生墓誌銘（《文集》卷四三） 補唐學士年表一卷 元氏族表四卷 補元史藝文志四卷 宋學士年表一卷 五代學士年表一卷 古文尚書攷序（《文集》卷二四） 西魏書序（《文集》卷二四） 跋徐貴釣磯文集（《文集》卷三一） 跋楊忠愍公獄中與鄭端簡手簡（《文集》卷三二） 何桐蓀墓誌銘（《文集》卷四五）
乾隆五七年	壬子	1792	65	世緯序（《文集》卷二五）
乾隆五八年	癸丑	1793	66	臧玉林經義雜識序（《文集》卷二四） 夏烈女傳（《文集》四〇） 張太儒人墓誌銘（《文集》卷四九） 述庵先生七十壽序（《文集》卷二三） 跋鳳墅法帖三（《文集》卷三二） 邵松阿舍人七十二首（《詩續集》卷六） 薜石侍郎輓詩二首（《詩續集》卷七）
乾隆五九年	甲寅	1794	67	黃陶庵先生像贊（《文集》卷十七） 跋范忠宣公除右僕射告（《文集》卷三二） 跋長春眞人西遊記（《文集》卷二九） 吳興閔氏家乘序（《文集》卷二六） 黃忠節公年譜序 李書田詩集序 織雲樓詩合刻序 問字堂集序 明金元忠詩集序 賈大夫人壽序 張大夫人夏氏傳 王芍坡墓誌銘 秋晚訪述庵司寇……飲歸途得詩四詩（《詩續集》卷六）

乾隆六十年	乙卯	1795	68	堂樾鮑氏宣忠堂支譜序（《文集》卷二六） 跋元統元年進士題名錄（《文集》卷二八） 跋四書纂疏（《文集》卷二十七） 跋潛虛（《文集》卷二十七） 跋宋拓鐘鼎款識（《文集》卷三二） 黃松石先生墓誌銘（《文集》卷四五） 孝廉蔣君墓誌銘（《文集》卷四五） 陸松園墓誌銘（《文集》卷四八） 知府馮君墓誌銘（《文集》卷四五） 重修寶山縣學宮記 網師園記 熊氏家譜序 熊封翁家傳 謝金圃侍郎輓詩二首（《詩續集》卷八） 盧抱經學士輓詩（《詩續集》卷八） 袁簡齋八十壽詩四首（《詩續集》卷七）
嘉慶元年	丙辰	1796	69	山左金石志序（《文集》卷二五） 半樹齋文槀序（《文集》卷二六） 跋黃陶庵札（《文集》卷三二） 顧桐井墓志銘（《文集》卷四四） 孝廉范君墓誌銘（《文集》卷四六） 丙辰孟冬朔本縣舉鄉飲禮忝預賓席口占呈當事暨同飲諸君四首（《詩續集》卷七） 同人枉和拙作幾及百首疊韻答之四首（《詩續集》卷七） 可盧峰孝廉方正誌喜（《詩續集》卷九）
嘉慶二年	丁巳	1797	70	吳香巖十國宮詞序（《文集》卷二六） 跋楊譔崑山郡志（《文集》卷二九） 跋太室石闕銘（《文集》卷三二） 跋北山小集（《文集》卷三一） 丁巳人日七十生辰漫成四首（《詩續集》卷七） 五硯樓記（《文集》卷二一） 題吳香巖詩藁（《詩續集》卷七） 袁簡齋前輩輓詩三首（《詩續集》卷九）
嘉慶三年	戊午	1798	71	與梁燿北論史記書（《文集》卷三四） 小學考序（《文集》卷二四） 重刻太上感應篇箋注序（《文集》卷二五） 三國誌辨疑序（《文集》卷二四） 太子太保畢公墓誌銘（《文集》卷四二） 冀甯道沈公墓誌銘（《文集》卷四七） 鶴書堂集序 鮑君墓誌銘

				戊午除夕立春二首（《詩續集》卷九） 三月十一日袁又愷招同王述庵、潘榕皋、段懋堂、蔣立厓諸君集漁隱小圃賞牡丹，分韻得惠字（《詩續集》卷九） 十六日戈小蓮招集范邨別墅賞牡丹分韻得酒字（《詩續集》卷九）
嘉慶四年	己未	1799	72	太康甎硯銘（《文集》卷十七） 海鹽縣瑞麥記（《文集》卷二十） 經籍纂詁序（《文集》卷廿四） 說文新附攷序（《文集》卷廿四） 學士邵君墓志銘（《文集》卷四三） 石梁詩草序 衣德堂詩草序 養新錄序 一潛居制義序 黃忠節公墓田記 侍郎吳公墓誌銘
嘉慶五年	庚申	1800	73	星命說（《文集》卷三） 嚴半庵墓誌銘（《文集》卷四五） 秬靜園墓誌銘（《文集》卷四五） 重刊國語序 元史藝文誌序 旌孝集序 施小鐵詩集序 廿二史箚記序 小蓬萊閣金石文字序 徐尚之詩序 顧南雅時文序 與顧千里論平宋錄書 海甯馮氏兩世墓碣 庚申元日（《詩續集》卷九） 吳江夜泊（《詩續集》卷九） 題三高祠（《詩續集》卷九） 雨後攜東塾遊吳山入紫陽洞（《詩續集》卷九） 西湖（《詩續集》卷七） 喜晤山舟前輩即以留別（《詩續集》卷九） 題開元寺古佛（《詩續集》卷九）
嘉慶六年	辛酉	1801	74	跋胡氏詩傳附錄纂疏（《文集》卷廿七） 唐六如像贊 熊太夫人墓誌銘 儒林郎董君墓表

				邵西樵懷舊集序 王氏世譜序 儀禮蒙求序 陸豫齋家傳 辛酉新年作（《詩續集》卷十） 上元夜二首（《詩續集》卷十） 題可廬對床風雨圖（《詩續集》卷十）
嘉慶七年	壬戌	1802	75	與王石臞論廣雅書 元史本證序 拜經樓詩集序 杜詩注釋序 王冶山墓誌銘 汪對琴墓表 沈宿昭墓誌銘 壬戌元日（《詩續集》卷十） 吳槎客七十（《詩續集》卷十） 梁山舟前輩八十（《詩續集》卷十）
嘉慶八年	癸亥	1803	76	西沚先生墓誌銘（《文集》卷四八） 敬亭弟墓誌銘（《文集》卷四八） 慕陵詩槀序 三松堂詩序 吳柳門詩序 寒碧莊宴集序 重刊戰國策序 跋析里橋郙閣頌 跋鄒南皋書趙文毅公傳 跋史通王實庵傳 癸亥新春二首（《詩續集》卷十） 述庵侍郎八十仍疊虎邱唱和韻（《詩續集》卷十） 次孫師康十一歲好誦余詩喜而有作（《詩續集》卷十） 和稼門中丞見贈之作（《詩續集》卷十）
嘉慶九年	甲子	1804	77	馮補亭詩序 石鼓文讀序 九容廣注序 楊氏家譜序 與張古餘書 見嚴氏觀所著江甯金石記 汪崇陽墓誌銘 甲子元旦二首（《詩續集》卷十） 題黃蕘圃除夕祭書圖（《詩續集》卷十）

第四章　著作考述

　　大昕博極羣書，不專治一經，而無經不通，不專攻一藝，而無藝不習，凡經史之義、音韻、訓詁，歷代典章制度、官職、氏族、地理、金石、遼金國語，以及中西曆算之法，莫不洞悉其是非。著述之富，約略記之，不下數十種之多，其中有未成者，有未刻者，著作書目略見《嘉定縣志‧藝文志》、《吳縣志‧藝文考》及諸家傳志序文，如東壁、東塾〈竹汀府君行述〉、王昶〈錢君大昕墓誌銘〉、王念孫〈錢先生神道碑〉、阮元〈錢大〉、江潘《漢學師承記》、李元度《國朝先正事略》、張維屏《國朝詩人徵略》、支偉成《清代樸學大師列傳》、蔡冠洛《清代七百名人傳》、吳蘭修《十駕齋養新錄‧跋》等，至其編輯大昕著作結集出版者有：

（一）乾隆嘉慶間刊本

　　該書今未見，惟於《京都大學人文科學研究所漢籍目錄》著錄，計收大昕著作：史部十三種，子部二種，集部一種。其著錄如下：

1. 史

《廿二史攷異》一百卷，乾隆十四年、十五年刊。

《諸史拾遺》五卷，嘉慶十二年嘉定李氏刊。

《元史氏族表》三卷，嘉慶十一年嘉定黃鐘等刊。

《元史藝文志》四卷。

《通鑑註辨正》二卷，乾隆五十七年元和戈氏刊。

《洪文惠公年譜》一卷，嘉慶八年，嘉定李氏刊。

《洪文敏公年譜》一卷，嘉慶八年，嘉定李氏刊。

《陸放翁先生年譜》一卷，嘉慶八年，嘉定李氏刊。

《潛甫先生年譜》一卷，嘉慶十二年嘉定李氏刊。

《弇州山人年譜》一卷，嘉慶十二年嘉定李氏刊。

《潛研堂金石文跋尾》六卷，續六卷，三續六卷。

《潛研堂金石文字目錄》八卷，嘉慶十年嘉定瞿氏、青浦許氏同刊。

2. 子

《十駕齋養新錄》二十卷，餘錄三卷，嘉慶十年儀徵阮氏刊（按：依阮序應爲九年）十六年孫師康補葺，餘錄十一年子東塾刊。

《三統術衍》三卷，鈐一卷，嘉慶六年儀徵阮氏刊。

3. 集

《潛研堂文集》五十卷、《詩集》十卷、《詩續集》十卷，嘉慶十一年，嘉定黃氏刊。

（二）道光廿年孫師光重修印本

該書今藏故宮，七十四冊，二百七十五卷，收大昕著作廿二種，計經部一種，史部十五種，集部二種。其著錄如下：

1. 經

《經典文字攷異》三卷原未刻

《唐石經攷異》一卷原未刻

《聲類》四卷原未刻，今補

2. 史

《二十二史攷異》百卷附修唐書史臣表一卷

《三史拾遺》五卷

《諸史拾遺》五卷

《南北史雋》一卷原未刻

《唐學士年表》一卷原未刻

《五代學士年表》一卷原未刻

《宋中興學士年表》一卷原未刻

《元史氏族表》三卷

《元史藝文志》四卷

《四史朔閏攷》四卷原未刻，今補

《通鑑注辨正》三卷

《洪文惠年譜》一卷

《洪文敏年譜》一卷

《陸放翁年譜》一卷

《王伯厚年譜》一卷

《王弇州年譜》一卷

《天一閣碑目》二卷_{原未刻}

《疑年錄》四卷_{原未刻，今補}

《吳興舊德錄》四卷_{原未刻}

《先德錄》四卷_{原未刻}

《日記》六十卷_{原未刻}

《金石文跋尾》二十卷_{原分四集，總二十五卷}

《金石文字目錄》八卷，附識一卷，附識_{原未刻}

3. 子

《十駕齋養新錄》二十卷，餘錄三卷

《三統術衍》三卷，鈐一卷

《風俗通義逸文》一卷_{原未刻}

《恆言錄》十卷_{原未刻，今補}（按：目錄著錄十卷，按覈內文實但六卷）

4. 集

《文集》五十卷

《詩集》十卷《詩續集》十卷

《詞垣集》四卷_{原未刻}

（三）光緒十年長沙龍氏家塾重刊本

該書今藏台大文學院圖書館及中研院史語所，共八十冊，二百六十六卷，收著作廿二種，計經部一種，史部十五種，子部四種，集部二種，其著錄如下：

1. 經

《經典文字攷異》三卷_{原未刻}

《唐石經攷異》一卷_{原未刻}

《聲類》四卷_{原注云：別刻板存安慶府署，今補}

2. 史

《二十二史考異》一百卷附修唐書史臣表一卷

《三史拾遺》五卷

《諸史拾遺》一卷

《南北史雋》一卷原未刻

《唐學士年表》一卷原注云：別刻板存德清徐氏

《五代學士年表》一卷原注同上

《宋中興學士年表》一卷原注同上

《元史氏族表》三卷

《元史藝文志》四卷

《四史朔閏攷》四卷原注云：別刻板存廣東今補

《通鑑注辨正》二卷

《洪文惠年譜》一卷

《洪文敏年譜》一卷

《陸放翁年譜》一卷

《王伯厚年譜》一卷

《王弇州年譜》一卷

《天一閣碑目》二卷原未刻

《疑年錄》四卷原未刻，今補

《吳興舊德錄》四卷原未刻

《先德錄》四卷原未刻

《日記》六十卷原未刻

《金石文字目錄》八卷，《附識》一卷附識原未刻

3. 子

《十駕齋養新錄》二十卷，《餘錄》三卷

《三統術衍》三卷，《鈐》一卷

《風俗通義逸文》一卷，原目作二卷，注云別刻盧氏抱經堂群書拾補中，今據盧本補

《恆言錄》十卷原目作十卷，注云別刻板存儀徵阮氏，今據阮本補

4. 集

《文集》五十卷

《詩集》十卷，《詩續集》十卷

《詞垣集》四卷原未刻

綜計大昕之著作，自著三十六種，纂校者四種，參與編纂商討之作者十種。自著自纂類，依全書著錄先後之序，茲略作考述，並列舉其版本於後，俾治錢學者有所資焉。次列其題跋批校之屬，雖非自著，略見其精於校讐賞鑑之一斑也。至其參與編纂商訂之屬，另列一類。以別於己撰己纂。另有全書未錄，於諸家傳志序文，存其目者，註明資料來源，爰殿諸末，以求全之意耳。

壹、自著類（包括己纂）

（一）《經典文字攷異》三卷

《叢書子目類編》列經部字書之屬，是編未見傳本，見《錢氏藝文志略》，錢師璵曰：「此書糾正諸經相沿俗字，以許氏說文為準」。《許學考》云：「案錢竹汀先生此書，考証經典，如經字本作某，又作某，即某之類。其分部始曰部，終鼠部，末有雜部，又附存其弟晦之、從子東垣、侗及盧紹弓、孫淵如之說，曾見傳鈔本，未分卷」。〔註1〕

《古學彙刊書目提要八》：「此書約分天、地、人、物為四類，以經字為綱，而以《說文》、《玉篇》、《廣韻》及隋以前經說文注，詳考其異同，大有裨於讀經假借之助。據《潛研堂全書總目》及《錢氏藝文志》，是書未經鋟版，此尚當時從手藁傳錄，眉間有其弟大昭、獨子侗、門人東垣及孫星衍諸人之說，辨析精微，足徵前輩好學之篤」。〔註2〕舊鈔本一卷未刊，《古學彙刊》收錄，乃據鈔本排印成三卷。

《古學彙刊本》：據舊鈔本一卷，排印成三卷。（台灣力行書局影印）

（二）《唐石經考異》不分卷，附補不分卷

是書原為袁廷檮手寫大昕稿本，不分卷第，亦無序跋，《續修四庫全書提要》云：「其校勘諸經，依唐石經《周易》、《尚書》、《毛詩》、《周禮》、《儀禮》、《禮記》、《春秋左氏傳》、《公羊》、《穀梁》、《孝經》、《論語》、《爾雅》十二經之次，惟移孝經於論語之後，定〈月令〉於諸經之末，其各經中所分之段落，亦依唐石經」，〔註3〕原刻未經磨改之卷數，分《周易》為九、《尚書》為十、《毛詩》、《周禮》各為十二、《儀禮》為十七、《禮記》為二十、《春

〔註1〕 林明波《清代許學考》，第三編，專考類，頁127。
〔註2〕 《古學彙刊》，頁2035。
〔註3〕 《續修四庫全書提要》經部頁947。

秋左氏傳》爲三十、《公羊》、《穀梁》各爲十二、《論語》爲十、《孝經》爲一、《爾雅》爲三，與唐石經原刻對勘，最便檢閱。冊中校勘之字，於磨改旁注及與釋文岳本、監本、毛本、坊本異處，皆逐字校出，間加考訂，《論語》則更於各本之外，兼以皇疏本校之。至〈月令〉則因原文刪定頗多，另錄於後，備載全文，不使與諸經相混，以見其增損之處。其於原損之字處，各留空格，係屬大昕原稿。旁注之字，據冊尾臧庸堂所記，則其依朱子《儀禮集注》所引唐月令及《禮記》據補者也。臧庸堂云：「朱子《儀禮集傳》、《集注》錄《禮記・月令》，以《呂氏春秋》、《淮南子》、《唐月令》三書參校，極其細致，小異同，如于、於之類，無不備載。今以所載〈月令〉，校之石刻並同。若《禮記》所無，而〈唐月令〉有者，則云唐有。《禮記》所有，而〈唐月令〉無者，則云唐無。故先以石刻所闕，據朱本補之，凡朱所未及者，即可以《禮記》補之，亦的然爲〈唐月令〉之原文，而不致以其所無者羼入矣。癸丑（乾隆五十八年）四月廿五日，臧庸堂識」。〔註4〕冊中尚有臧庸堂、顧千里、瞿中溶、袁廷檮諸人所加籤校，業經孫毓修董理，另爲考異補別行。孫毓修考異跋云：「其書未經刊行，流傳絕少，此爲袁又愷（袁廷檮之字）手寫本，復經臧庸堂、顧千里、瞿木夫諸人籤校，洵爲秘帙，惟夾籤殘闕失序，至不可讀，董而理之爲《唐石經考異補》，附于卷末。大約《易》、《詩》、《書》出臧氏手，《三禮》以下則未詳其名，〔註5〕俱有顧、瞿二氏按語。

校勘《唐石經》文字者，此書之外，有顧炎武《九經誤字》，及《金石文字記》中所記《唐石經》文字，王昶《金石萃編》中之〈唐石經跋〉，嚴可均之〈唐石經校文〉，馮登府《石經補考》中之〈唐石經誤字辨〉等，而大昕之斥旁添字之謬誤，辨磨改字之異同，又據石本以正版本，皆精審不苟，發前人所未發者也。

1. 涵芬樓祕笈本：在第六函第六集四十五－四十七冊，景袁又愷手抄本，後有戊午九月，無錫孫毓修跋。
2. 清次歐山館抄本：（見《北京圖書館善本書目》）
3. 袁廷檮抄本：一冊（見《北京圖書館善本書目》臧庸堂、瞿中溶、顧廣圻校）。次歐山館及袁廷檮二抄本皆爲十三卷。

4. 古學彙刊本（第十七冊）。

（三）《聲類》四卷

《叢書子目類編》列經部小學類音韻之屬古今音說，此書採綴極豐，而出所見以正前人之訛誤者，僅十之一、二。門人汪恩跋稱：「蓋當時止輯以備用，故其說散見諸書」（《廿二史考異》、《金石跋尾》、《養新錄》等），考洪稚存《卷菔閣集》有讀書倦後偶題齋壁詩自注：「時正寄書錢少詹，索所作聲類」，〔註6〕則同時名流已甚重此書矣。道光辛巳，汪恩守安慶，遇文孫祁門訓導師康，從乞夫子未刻書，陶雲汀夫子捐資，屬汪恩付梓，汪恩跋云：「適安化陶雲汀夫子撫皖，公餘之暇，以此書進見而愛之，首捐資屬恩付梓，因於簿書鞅掌中，籤灯讐校，略加詮次，壽之梨棗，以仰副雲汀夫子之至意，即酬竹汀夫子之舊德於萬一，道光五年歲次乙酉秋七月。」此書共四卷，道光乙酉兩開雕，流佈未廣，南海任崇曜於咸豐壬子，特重梓之。

1. 《潛研堂全書》家塾重刊本：經類十二冊
2. 《潛研堂全書》：孫師光重修印本
3. 文學山房刊：，道光間
4. 粵雅堂叢書本：初編第四集，道光廿九年刊本，第36～37冊
5. 叢書集成簡編本：景《粵雅堂叢書》本
6. 江氏聚珍本：四集
7. 清抄本：見北平圖書館善本書目

（四）《廿二史考異》一百卷，附修《唐書史臣表》一卷

大昕四十歲（乾隆三十三年），始撰《廿二史考異》，其自編《年譜》乾隆二十二年丁亥，年四十歲條云：「是歲始撰《廿二史考異》」，〔註7〕而《考異·自序》述其編纂過程云：「予弱冠時好讀乙部書，通籍以後尤專斯業。自史漢迄金元，作者廿有三家，反覆校勘，雖寒暑疾疢，未嘗少輟，偶有所得，寫於別紙。丁亥歲（時大昕年四十），乞假歸里，稍編次之，歲有增益，卷帙滋多。戊戌（乾隆四十三年）歲，設教鍾山，講肄之暇，復加討論，間與前人闇合者，削而去之，或得於同學啟示，亦必標其姓名。」〔註8〕蓋其一生精力所注也。其書分《史

〔註6〕洪亮吉《卷菔閣集》卷三。
〔註7〕《錢辛楣先生年譜》，頁30。
〔註8〕《文集》，卷廿四，序二，頁361。

記》五卷、《漢書》四卷、《後漢書》三卷、《續漢書》二卷、《三國志》三卷、《晉書》五卷、《宋書》二卷、《南齊書》、《梁書》、《陳書》各一卷、《魏書》三卷、《北齊書》一卷、《周書》一卷、《隋書》二卷、《南史》、《北史》各三卷,《唐書》十六卷、《舊唐書》四卷、《五代史》六卷、《宋史》十六卷、《遼史》一卷、《金史》二卷、《元史》十五卷,編成一百卷,《續修四庫全書提要》云:「大昕嘗謂天下學者,但治古今,略涉三史,三史以下,茫然不知,得謂之通儒乎,則是編固有爲而作也」,〔註9〕蓋大昕以正史文字煩多,義例糾紛。輿地則今昔異名,僑置殊所。職官沿革迭代,冗要逐時。氏族譜牒失誣,世次多舛。先就本書証之,復証之以他書及石刻,更徵引互證友朋之言,條理貫穿,瞭如指掌。他凡文字之訛謬,無不訂正,律術之參稽,無不考定,而於典制事蹟,亦必探原索微。至遼、金、元三史,蕪陋乖舛,要皆史臣不諳掌故,不通繙譯。更有一人兩傳,而彼此互異者,皆一一糾正之。故《提要》云:「考史之書,固未有優於是編者矣」,〔註10〕宜哉其言。據序文:「庚子〔乾隆四十五年,大昕五十三歲〕五月廿有二日,嘉定錢大昕序」,所署年月,則《考異》編定之時,在乾隆四十五年,較《年譜》之說早二年。《年譜》四十七年壬寅年五十五歲條云:「居憂,足跡不出戶,撰次《廿二史考異》成凡百卷」,〔註11〕二文小異,當是大昕於乾隆四十五年寫成序文之後,仍續有修定,迄四十七年始正式編定之故。前後共歷十六年,《考異》刊行後,甚獲好評,畢沅、沅元、李慈銘等皆加以推許。《清續文獻通考》評廿二史考異云:「是書評論四分三統以來諸家術數。精確不刊,當是時如畢沅、沅元咸有記撰,而大昕熟於歷代官制損益,地理沿革,暨遼金國語、蒙古世系,故其考據精審,非他人所及」。附:《唐書史臣表》一卷,起慶曆四年至嘉祐五年,分提舉官、刊修官、編修官分別次列。大昕按謂:「宋景文公登科入禁林,皆在歐陽公之前,寄祿官亦高於歐陽,而進表列銜,歐陽在宋之前者,歐公見掌內制,宋公帶職出守,內任重於外任故也,書成後,范王二人各轉一官,史不言轉何官。依宋制敘遷格,范官禮部郎中,當轉戶部郎中。王官刑部郎中,當轉兵部郎中也。皇祐二年,明堂恩范、王、宋三人,亦應轉官,而史無明文,姑闕之」。以見大昕修表之嚴謹。

1. 《潛研堂全書》乾嘉刊本

〔註 9〕 《續修四庫全書提要》八,史部,頁 3400。
〔註10〕 同上。
〔註11〕 《養新錄》,頁 29。

2. 《潛研堂全書》道光重修印本

3. 《潛研堂全書》家塾重刊本，光緒十年，長沙龍氏家塾重刊本（第三～廿六冊）。

4. 《廣雅書局叢書》本，第三百三十七冊～三百六十冊。

5. 《歷代地理志彙編》本

   甲編附收《廿二史考異・漢書二》

   乙編附收《廿二史考異・續漢書二》

   丙編附收《廿二史考異・晉書二》

   丁編附收《廿二史考異・宋書一》

   戊編附收《廿二史考異・南齊書》

   己編附收《廿二史考異・魏書二》

   庚編附收《廿二史考異・隋書一》

   辛編附收《廿二史考異・舊唐書二、唐書四》

   壬編附收《廿二史考異・五代史五》

   癸編附收《廿二史考異・宋書三》

   子編附收《廿二史考異・遼史、元史三四、金史一》

（五）《三史拾遺》五卷

大昕《廿二史考異》刊成後，續有所得，編為此書。凡《史記》一卷、《後漢書》一卷、《續後漢書》一卷。《史記》後附宋本跋二篇，《續漢書》後附宋本牒一篇，所以補《考異》之未備（指《考異》所未及，及《考異》意猶未盡之處），故曰「拾遺」。《年譜》四十七年壬寅，五十五歲條，慶曾注：「《廿二史考異》於是年編定，後有所得，為考史拾遺，凡三史五卷」。〔註12〕沒後，其門人李賡芸略加校訂，序而刊行之。李賡芸序《三史拾遺》云：「先師少詹事錢先生，少眈乙部之書，嘗博覽群籍，積數十年之心力，撰《廿二史考異》百卷，以乾隆庚子（四十五歲）五月刊成，自為序，嗣後續有所得，又撰《史記》、《兩漢書》，為《三史拾遺》，先師存日，曾以副墨寄示。先師損館後……賡芸郡政之暇，略加校刊，版而行之，用以嘉惠海內同志焉，嘉慶十有二年歲次丁卯冬十月」，〔註13〕其所據之本，《史記》則宋淳熙八年耿秉所刊，及乾隆七年，蔡夢弼刻本。《後漢書》則宋乾興元年國子監刊本也。其書自天文、輿地、制度沿革，

〔註12〕 《錢辛楣先生年譜》壬寅年條，頁29。
〔註13〕 《廿五史補編》。

以及歲月之參差，名姓之錯誤，皆一一詳徵博引，以折衷其是非。先列本文，次為駁正，條分縷析，多所發明，決疑定舛，於史學深有裨益。至其體例，則與《考異》無二。卷一《史記·平準書》，有侗謹案字樣，是其族子錢侗曾為整理也。

1. 《潛研堂全書》嘉定刊本
2. 《潛研堂全書》家塾重刊本
3. 《史學叢書》本：有光緒二十八年、上海煥文書局、文瀾書局、點石齋本
4. 《稻香吟館》刊本：考史拾遺十卷四冊，內附三史拾遺。

（六）《諸史拾遺》五卷

是編凡《三國志》、《晉書》一卷、《宋、南齊、梁、陳、魏書、南北史、唐書》一卷、《五代史》一卷、《宋史》一卷、《遼、金、元、史》一卷，亦《考異》刊成後續有所得，撰為此書。《年譜》四十七年壬寅，年五十五歲條，慶曾注：「《廿二史考異》於是年編定，後有所得，為《考史拾遺》，凡三史五卷」。〔註14〕歿後，其門人李賡芸校訂而刊行之者也。李賡芸序《三史拾遺》云：「先師損館後，又得見所撰諸史拾遺，則自《三國志》以迄《元史》咸具，皆所以補《考異》之未備……賡芸群攷之暇，略加校刊，版而行之」。〔註15〕

《晉書》後附修晉書詔一篇，《唐書》後附嘉祐五年編修刊修提舉，及校對校勘銜名，暨崇甯五年董衝進〈新唐書釋音序〉，則與《考異》體例稍異，亦所以補前書之未逮也。其與《史》、《漢》分為二書者，以三史卷帙居其半也，所考皆引據精核，而博贍通貫也。

1. 《潛研堂全書》乾嘉刊本：史部
2. 道光廿年孫師光重修印本
3. 嘉慶稻香吟館刊本：李慈銘校，見國立北京圖書館，由滬運回中文書局目錄第八九〇三頁內，《三史拾遺》五卷、《諸史拾遺》五卷。
4. 《潛研堂全書》，家塾重刊本
5. 史學叢書本：光緒廿八年，文瀾書局、煥文書局、點石齋本

〔註14〕 《錢辛楣先生年譜》壬寅年條，頁29。
〔註15〕 《廿五史補編》。

（七）《南北史雋》一卷

《年譜》乾隆十一年，丙寅年十九歲條：「讀李延壽《南北史鈔》，撮故事爲《南北史雋》一冊」，慶曾注云：「家藏公手書冊子十餘幅，皆節錄《南北史》語，并記云：舟中攜有此書，錄出數則，以備兒輩遺忘，蓋公少年篤好此書，大半能成誦，故取以爲傳家之學」〔註16〕，今不見此書。道光廿年孫男師光重修印本及光緒十年家塾重刊本，《潛研堂全書》著錄此目，並注云原未刻。〈竹汀府君行述〉亦謂未刻。

（八）《唐學士年表》一卷、《五代學士年表》一卷、《宋中興學士年表》一卷

此三書，《潛研堂全書》道光廿年，孫師光重修印本，但錄其目未刊其文，並注云原未刻。光緒十年長沙家塾重刊本，亦著錄此目，並謂原注云，別刻板，存德清徐氏，〈竹汀府君行述〉、〈錢先生神道碑銘〉皆錄此目，惜今未見其書。

（九）《元史氏族表》三卷

公少讀史，見《元史》陋略謬鼇，因搜羅元人詩文集、小說筆記、金石碑板諸書，考其得失，審其異同，欲別爲編次，以成一代信史。後恐有違功令，改爲元史記事，屬稿未成，先成是編及藝文志，皆舊史所未備，大昕特創補之。《年譜》乾隆五十六年辛亥，年六十四歲條，慶曾注：「公少讀史，見《元史》陋略謬鼇，欲重纂一書。又以元人氏族，最難考索，創爲一表（補元史氏族表）」〔註17〕〈跋元氏略〉云：「夫考氏族於遼金，難矣，而於元爲尤難，遼有耶律蕭兩族，金雖有白號黑號之別，然皆繫姓於名，猶不至於混淆。元之蒙古，據陶九成輟耕錄所載，有七十二種，又有色目三十一種，但以名行，不兼稱氏。其見於史者，僅十之三、四，而譯字無正音，紀載互異，讀史者病焉。」〔註18〕《續修四庫全書提要》云：「大昕以元之氏族，有似異而實同者，有似同而實異者，于正史雜史之外，兼取碑刻文字，廣搜博采，仿《唐書‧宰相世系表》例，取元代譜系可考者，臚列成表，疑者闕之。」〔註19〕江藩《漢學師承記》注：「補《元史‧氏族表》，依唐書宰相

〔註16〕　《錢辛楣先生年譜》，頁5。
〔註17〕　同上，頁34。
〔註18〕　《文集》，卷廿八，頁440。
〔註19〕　《續修四庫全書提要》八，史部，頁3400。

世系之例，取譜系可考者列爲表。」〔註20〕成《元史氏族表》三卷，上卷蒙古、中卷色目、下卷部族無考者。《元史藝文志》序：「大昕向在館閣，留心舊典，以洪武所葺元史，冗雜漏落，潦草尤甚，擬仿范蔚宗、歐陽永叔之例，別爲編次，更定目錄，或刪或補，次第屬草，未及就緒。歸田以後，此事遂廢，唯《世系表》、《藝文志》二稿，尚留篋中」。〔註21〕是大昕在館閣之時，即感於《元史》之冗雜漏落，而有重寫元史之計劃，並且已次第屬草，進行撰寫，所惜未克定稿耳。《世系表》、《藝文志》二稿，即屬于其稿之中。屬稿始於乾隆癸酉，《年譜》十八年癸酉年廿六歲條，慶曾注：「公著《元氏族表》於是年編始」〔註22〕成于庚子。《年譜》乾隆四十五年庚子條注：「《元氏族表》於是年編成」。〔註23〕弟子黃鍾《元氏族表》跋云：「明初諸臣，修纂元史，開局未及匝歲，草率藏事，其中紕繆頗多，如速不台即雪不台，完者都即完者拔都，石抹也光即石抹阿辛，皆一人兩傳，阿剌赤、忽剌出、昂吉兒、重喜、阿尤魯、譚澄六人，皆附傳之外，別有專傳，爲後來讀史者所譏。先生嘗欲別爲編次，以成一代信史，稿已數易，而尚未卒業。其藝文志及此表皆舊史所未備，先生特觔補之，則以元之蒙古色目人命名多溷，非以氏族晰之，讀者范乎莫辨，幾如瞽者之無相，往往廢書而歎矣。故此表尤爲是史不可少之子目，〔註24〕大昕屬稿於乾隆癸酉（十八年）七月，成於庚子（四十五年）五月，幾及三十年。

1. 《潛研堂全書》，乾嘉刊本
2. 《潛研堂全書》，道光二十年，孫師光重修印本
3. 《潛研堂全書》，家塾重刊本
4. 江蘇書局刊本
5. 史學叢書本：在史學叢書一九七～一九八冊，景光緒中廣雅書局史學叢書本，今藝文《百部叢書集成》收錄二十二函。
6. 廣雅書局叢書本：第三百一十六～三百一十八冊二卷
7. 五省官書局本：《元史》附
8. 《廿五史補編》：開明書店排印本，元史部份第六冊

〔註20〕 江藩《漢學師承記》，記之三，頁273。
〔註21〕 《廿五史補編》。
〔註22〕 《錢辛楣先生年譜》，頁21。
〔註23〕 《錢辛楣先生年譜》，頁37。
〔註24〕 《廿五史補編》。

（十）《補元史藝文志》四卷

大昕以洪武所葺《元史》，冗雜漏落，潦草尤甚，擬仿范蔚宗、歐陽永叔之例，取當時文士撰述，別爲編次，更定目錄，或刪或補，以補元史之闕。而遼金作者，亦附見焉。是書前有大昕自記云：「《元史》不立〈藝文志〉，國朝晉江黃氏，上元倪氏，因承修《明史》，並搜訪宋元載籍，欲裨前代之闕，終格於限斷，不得附正史以行」。次第屬草，未及就緒。唯《世系表》、《藝文志》二稿，尚留篋中，吳門黃君蕘圃，並爲糾其踳駮，證其異同。《黃蕘圃先生年譜》：「嘉慶五年，庚申夏，爲錢大昕訂補元史藝文志」，〔註25〕且將刻以問世。此書收羅至富，考訂精審。嘗自述：「予補撰元史藝文志，所見元明諸家文集志乘小說，無慮數百種，而於焦氏《經籍志》、黃氏《千頃堂書目》、倪氏《補金元藝文》，陸氏《續經籍考》、朱氏《經義考》，采獲頗多。其中亦多爲譌踳不可據者，略舉數事以例其餘，非敢指前人之瑕疵，或者別裁苦心，偶有一得耳」。〔註26〕

據《年譜》乾隆五十六年辛亥，年六十四歲條，慶曾注：「是年精力少差，先以《氏族》、《藝文》二槀繕成清本」。是其成書在乾隆辛亥年，而刻以問世，則在嘉慶六年辛酉三月。《年譜》云：「三月，曹部黃丕烈，爲刊《元史藝文志》成，作後序」。〔註27〕蕭一山云：「所著《三史拾遺》，亦主勘誤，足補《考異》之所不及，而所作諸史志表亦頗佳，尤以《元史藝文志》爲最著，以其收羅甚富，且能考訂精審也」。〔註28〕

1. 《潛研堂全書》，乾嘉刊本。
2. 《潛研堂全書》，道光二十年重修印本。
3. 同治十三年，江蘇書局刻元史附刻本。
4. 日本文政八年刻《八史經籍志》本。
5. 《八史經籍志本》（光緒八、九年間，鎮海張壽榮校印日本文政八年刻，《八史經籍志》本）
6. 《潛研堂全書》光緒十年，家塾重刊本。
7. 《廣雅叢書》刻本。

〔註25〕《黃蕘圃年譜》，《新編中國名人年譜集成》，頁 38。
〔註26〕《養新錄》卷十四。
〔註27〕《竹汀居士年譜續編》，頁 51。
〔註28〕《清代通史》卷中，第三篇，經學隆盛之清代學術，頁 625。

8. 《叢書集成初編》本。

9. 《中國歷代藝文志》本。

10. 《廿五史補編》本。

11. 燕京大學圖書館藏章氏四當齋，舊藏霜根老人手批，清光緒十一年蘇書局刊本一冊。

（十一）《四史朔閏考》二卷（《潛研堂全書》本作四卷，嘉慶庚辰刻本作二卷）

宋、遼、金、元四朝時憲，屢有更改，置閏置朔，遂爾不同。遼與五代及宋，各自爲術，而遼之耶律儼陳大任，雖同用祖沖之大明術，又復時有牴牾，而其牴牾之所以然，其詳不可得而考。大昕邃于史學，精於推步，於諸史朔閏，尤所究心，中西數理，剖析至精。以宋、遼、金、元四史，甲子不殊，而朔閏互異，前人未有考及此者。探之正史，及稗官雜史。證以金石文字。並名人詩文集。倣元修遼史，天文志有閏考、朔考之例，著爲是考。至年七十，仍補校之，《年譜》嘉慶二年丁巳年七十歲條：「二月讀《洪武實錄》，因補校《四史朔閏考》」，〔註29〕然《清續通考》卷二六一列本書，誤以大昭撰，云：「大昭是書未蕆厥事，爲錢侗續成。侗字同人，大昕弟子，亦長於史學者也」，〔註30〕《續修四庫全書提要》云：「大昕於中西數理，剖析至精，用以觀史。自太初三統四分，中至太衍，下迄授時，朔閏薄蝕，凌犯進退，強弱之殊，指掌立辨，悉爲抉摘，而考定之。將及成書而沒，其門人李銳，從子侗及東垣續成之」〔註31〕大昕以嘉慶九年十月卒，遺稿未全，弟子李銳爲之增補。侄侗精於考核，於秝算之學，亦能究其原本，覆加編次。據其從子垣跋稱：「李銳假抄後，時爲增補，共得五十八條。侗又將正雜諸史，覆加編次，乃博稽載籍，參互考訂，釐補十之七八。又以紀志雖書干支，逆推即可知月朔。其餘則以此書之記甲子，證以本書之記朏望而朔明，計所增者一千三百十八條。侗卒，東垣補增及以前後逆推得者，又一百二十六條，而後是書，燦然大備」，〔註32〕嘉慶二十五年，阮福刻於廣州，阮福序刊是書云：「大昕因四朝時憲，甲子不殊，朔閏互異，而作此考，若至元十四年，滅宋之後，無所謂互異者矣。且是時，用郭守敬授時術，

〔註29〕 《竹汀居士年譜續編》，頁 49。
〔註30〕 《清續通考》卷二六一。
〔註31〕 《續修四庫全書提要》八，史部，頁 3402。
〔註32〕 《粵雅堂叢書》，頁 1939。

朔閏不忒，何考之有。尙之、同人二君，未達此意耳。今刪至元十四年以後之
閏朔，至宋德祐二年而止，付之梓人云」〔註33〕是此考又經阮福刊行時加以刪
訂者，故續修四庫全書提要云：「凡此一書，經三數人手眼而後成，其足資考証
也」。

1. 廣東刊本：嘉慶二十五年，儀徵阮氏刊
2. 潛研堂全書家塾重刊本
3. 粵雅堂叢書本，初編第四集，第卅七冊
4. 廣雅書局刊本一卷：覆潛研堂本
5. 史學叢書本：上海煥文書局，點石齋石印本，景廣雅書局刊本第一一
   冊
6. 二十五史補編本：第六冊，開明書店排印本

（十二）《通鑑注辨證》二卷

增訂四庫全書云：錢大昕有通鑑辨誤四卷，書名卷數與《年譜》所載均不
同。蕭一山《清代通史》卷中作通鑑胡注辨証三卷，今見道光廿年大昕孫師光
重修印本作二卷。《年譜》乾隆五十一年丙午年五十九歲條：「在婁東，歲暮撰
《通鑑注辨正》二卷」，〔註34〕大昕〈跋資治通鑑〉云：「予嘗有《通鑑注辯證》
二卷，於地理糾舉頗多，非敢排詆前賢，聊附爭友之義爾」。〔註35〕可知該書係
二卷。大昕於胡身之糾舉頗多，〈跋資治通鑑〉：「姑舉其尤甚者，如漢建安十九
年，劉備以軍師中郎將諸葛亮爲軍師將軍，益州太守南郡董和爲掌軍中郎將，
竝署左將軍府事，注以益州太守屬上讀，謂此益州太守，非漢武帝所置之益州
郡。蓋劉璋置益州太守，與蜀郡太守竝治成都郭下也。考蜀志諸葛亮傳，不云
爲益州太守，惟董和傳云：遷益州太守與蠻夷從事，務推誠心，南土信而愛之。
此益州，即漢武所置之郡，非別治成都也，和自益州徵爲掌軍中郎將，與亮竝
署左將軍府事，史文甚明，益州太守四字，當屬下句，胡不得其句讀，而臆造
此說，失之甚矣。陳太建五年，前鄱陽內史魯天念克黃城，注引地形志，譙州
下蔡郡有黃城縣，東魏置譙州於渦陽，則黃城亦其屬縣。予按陳本紀，黃城既
降之後，詔以黃城爲司州治下，爲安昌郡，又立漢陽、義陽二郡，竝屬司州，
則黃城當亦齊之重鎮。隋志黃陂縣，後齊置南司州，後周改曰黃州，又有安昌

〔註33〕同上 1919。
〔註34〕《錢辛楣先生年譜》，頁 41。
〔註35〕《文集》卷 28，頁 431。

郡,則黃城即黃陂城,因後齊嘗置南司州,改仍其名耳。漢陽郡,蓋即後齊所置產州、義陽郡,則隋木蘭縣地,若下蔡之黃城,與漢陽、義陽,又何與乎?當時北征,元有兩路,吳明徹大軍,由壽陽趨彭沛,而周炅魯天念輩,別取江北蘄黃之地,注家於此欠分曉矣」。〔註36〕

胡身之景參以地理名家而疏於小學,其音義大率承用史氏舊文,偶有更改,輒生罅漏。如秦之范雎,本千餘切,而胡改音雖。唐之李芃,本滿紅切,而胡改居包翻,使雎、雖莫別、芃芄互淆。(按今新舊書通鑑皆作芃字)有意抑史注,又蹈文人相輕之習,大昕一一糾舉之。

乾隆五十七年壬子,元和戈上舍宙襄為刊之,《年譜》乾隆五十七年,慶曾注云:「是年元和戈上舍宙襄為刊《通鑑注辨正》」。〔註37〕戈氏云:「竹汀先生熟於全史,正史之外,獨愛溫公《通鑑》,謂天台胡氏注,援引詳贍,最有功於是書,亦不能無千慮之失,因摘其尤甚者,辯而正之,得百有四十餘條,置巾箱中,未曾出以示人也,宙襄於撰杖之暇,受而讀之,乃知梅磵以地理名,而疏踳處殊不少。如漢建安之益州郡在南中,非僑治成都郭下。晉咸和之東海郡僑治京口,非海虞耿令貴刺。南郢州,在今隋州,非東魏之南郢。魯天念克黃城,在今黃陂縣,非淮北之黃城。梁二十三州,當舉衡桂霍,不當數宛、冀、秦、揚三十二郡,沔中七郡、荊州四郡、豫三十四郡,晉史歷歷可據,而注妄以意揣之,非先生剖析精到,必且疑誤後學。至於聲音、文字、職官、氏族,偶舉一隅,良多啟悟,讀明氏注者,兼讀是編,庶無偏信之失乎。爰鐫諸木,以貽同好者,壬子十月元和受業生戈宙襄。」〔註38〕

1. 《潛研堂全書》,乾嘉刊本,乾隆五十七年,元和戈氏刊
2. 《潛研堂全書》道光刊本
3. 《潛研堂全書》,家塾重刊本

(十三)《洪文惠年譜》一卷

適字景伯,初名适,字溫伯,亦字景溫,饒州鄱陽縣人。皓之子,與弟遵、邁,先後中詞科,同中書門下平章事,兼樞密使。為時名臣,未幾乞退,起浙東安撫使,奉祠卒,謚文惠。是譜乃大昕就其所著各書,間參以咸淳臨安志、會稽志、四朝聞見錄、宰相編年錄諸書,捃摭而成,端末頗具,簡而

〔註36〕同上,頁 430～431。
〔註37〕《錢辛楣先生年譜》,頁 45。
〔註38〕光緒十年家塾重刊本潛研堂全書三十四冊,通鑑注跋。

有法，可補宋史本傳之闕。續修四庫全書提要云：「譜中適提舉洞霄在乾道四年，官觀文殿學士，非資政殿學士。淳熙初元以資政奉祠洞霄者，乃其弟遵也，可以證朱彝尊洞霄宮提舉題名記之誤。又適子九人，皆詳其官秩，可以補宋史本傳之闕。雖篇帙寥寥，其有裨於考證，固非淺鮮」，〔註39〕是書成於乾隆卅三年戊子，時大昕年四十一。譜云：「是歲（卅三年戊子）編次宋洪文惠公年譜，及陸放翁年譜成」。然其刊刻則在嘉慶八年癸亥。年譜續編八年癸亥年七十六歲條：「李許齋方伯爲刊洪文惠、文敏、陸放翁年譜」，〔註40〕清儒學案卷八十四：「竹汀所著洪陸王五譜，先生（李賡芸）所校刊也」。

1. 《潛研堂全書》乾嘉刊本
2. 嘉慶十八年，宜黃、洪氏三瑞堂活字印本
3. 《潛研堂全書》道光廿年重修印本
4. 《潛研堂全書》家塾重刊本
5. 宣統元年，洪氏晦木齋叢書本
6. 屛守齋所編年譜五種本
7. 舊鈔本，中圖九五七

（十四）《洪文敏年譜》一卷

邁與其兄適、遵，承藉家學，並掇詞科，世有三洪之目。其卒也，諡文敏，是譜乃大昕就邁所著《容齋五筆》、《夷堅志》二書。參以《繫年要錄》、《玉海》、《祠山事要》諸書，采輯而成，然王昶爲大昕志墓，江藩爲大昕作記，所載大昕著述，均無適、邁二譜之名，而本書前後，亦無序跋。《續修四庫全書提要》謂：「蓋其不甚關意，草創促速，故人不甚知之。」〔註41〕故譜中所記，不免少有牴牾。續提要云：「野處類稿二卷，自序云：甲戌之春云云，竟係之紹興二十四年三十二歲下，檢稿中謁普照塔詩，又有庚戌紀年，上推則高宗建炎四年庚戌。邁僅八歲，即其早慧能詩，亦不應詩句中有重來寓目之語。下推則光宗紹熙元年庚戌，不應編及後來之詩。且《容齋三筆》記紹興十九年，在福建貢院與葉晦叔所作詩，正在甲戌之前。而集中並未載。蓋書賈割取朱松《韋齋集》首、次二卷，僞立書名，以湊入《名賢小集》中，非邁自編之詩也。大昕於所著《養新錄》中，謂此集不出文敏之手，又以稿中有呈元聲、如愚、起莘三兄

〔註39〕　《續修四庫全書提要》五，史部，頁630。
〔註40〕　《竹汀居士年譜續編》，頁52。
〔註41〕　《續修四庫全書提要》五，史部，頁631。

及懷舍弟逢年時歸婺源詩，與文敏兩兄字全別，爲益可疑。而于此譜，忽又不白別之，何也？然譜中所載乾道四年六月，除大中大夫集賢殿撰宮觀，及嘉泰二年以端明殿學士致仕，未幾年，補闕正訛，多足與《宋史》本傳參證，學者取其長短可也。」〔註42〕

《年譜》乾隆五十一年丙午年五十九歲云：「在婺東讀王元美《四部稾續稿》，因爲撰《年譜》一卷」，〔註43〕慶曾注：「公著洪文敏、王伯厚年譜，不載手編譜中，當係壬子以後所編」。〔註44〕李許齋刊刻於嘉慶八年癸亥。《年譜》續編八年癸亥條：「李許齋方伯爲刊洪文惠、文敏、陸放翁年譜。」〔註45〕

1. 《潛研堂全書》，乾嘉刊本。（嘉慶八年李氏刊本）
2. 道光廿年重修印本
3. 《潛研堂全書》家塾重刊本，第卅五冊
4. 宣統元年洪氏晦木齋叢書本
5. 屏守齋所編年譜五種本
6. 《歷代名人年譜大成》本（清稿本見國圖二三一）

（十五）《陸放翁年》譜一卷

陸游字務觀、越州山陰人，早有文名，才氣超逸，人譏其頹放。因自號「放翁」，卒年八十五，是譜乃大昕就其所著各書，間參以宋史，及趙翼放翁年譜而成，較詳於趙翼所撰事實，考証亦多確。如父宰卒於紹興十八年六月丙午，以右從事郎爲敕令所刪定官，在紹興二十五年春，除大理司直在紹興三十一年七月，皆據繫年要錄，又如初娶妻唐氏，不獲於舅姑，被出，放翁不能忘情，於紹興廿五年春出遊，相遇於禹跡寺南之沈氏園，爲賦釵頭鳳詞。紹熙三年，偶過禹跡寺南沈氏園，又作詩，有「林亭感舊空回首，泉路憑誰說斷腸」之句，開禧元年十二月二日夜夢遊沈氏園，有「玉骨久成泉下土，墨痕猶鎖壁間塵」之句，其長子子虡，生於紹興十八年，仲子子龍，生於紹興二十年，趙譜俱未載，大昕獨詳之，〔註46〕尤要者，《直齋書錄解題》謂其嘉定庚午八十六而終，與《宋史》異，大昕據集中〈題藥囊詩〉，以補正《宋

〔註42〕同上。
〔註43〕《錢辛楣先生年譜》，頁31。
〔註44〕同上，頁44。
〔註45〕《錢辛楣先生年譜續編》，頁7。
〔註46〕《續修四庫全書提要》五，史部，頁628。

史》本傳之闕。〔註47〕大昕所引《繫年要錄》、《中興百官題名》，皆趙氏所未見，書成於乾隆三十三年戊子，時大昕年四十一，譜云：「是歲編次《宋洪文惠公年譜》，及《陸放翁年譜》成」，〔註48〕其刊刻則在嘉慶八年癸亥。《年譜》云：「李許齋方伯爲刊洪文惠、文敏、陸放翁年譜」。〔註49〕

1. 《潛研堂全書》，乾嘉刊本，嘉慶八年李氏刊
2. 《潛研堂全書》道光廿年重修印本
3. 《潛研堂全書》光緒十年家塾刊本
4. 屠守齋所編年譜五種本
5. 廣文書局四家年譜本

（十六）《王伯厚年譜》一卷

王應麟爲南宋大儒，《宋史》儒林有傳，晚號深甯叟，見其子昌世所爲壙記。大昕撰譜多據《四明志》，是志多失實，故中多舛錯。《續修四庫全書提要》云：「是譜意主簡覈，採摭未博。中多舛錯，如紹定三年，庚寅八歲下，係弟應鳳生與先生同日，據宏簡錄道學本傳，父撝同日雙生二子，曰應麟、應鳳，按即俗稱孿生也。言同日生者，不問而決爲同歲，若不同歲而同日，乃偶然之事，曷爲而特著之，不言所據。案寶祐登科錄，應鳳名下稱年二十七，七月廿九日寅時，大昕當本於此。不知應舉年歲多有減少，幾成習例，殊不足據。又據四明文獻集，有應麟撰〈浚儀遺民自誌〉文云：先民擢第之歲，與弟太常博士應鳳生同日，嘉定癸未七月也，是同歲同日之的證，大昕想未見此文」。〔註50〕大昕之移後八歲，未言所據。按應鳳與文天祥同榜進士，寶祐登科錄，應鳳名下稱年二十七，七月二十九日寅時。據此以推，恰生於紹定三年庚寅。然應舉者多減少其歲，此風至晚近猶然，不知始於何時，本不足援以爲據。況別有灼然可據者乎？又寶祐癸丑三十一歲下，係丁吏部公憂。注云年月無可考。按壙記云：淳祐十二年差浙西提舉常平茶鹽司，主管帳司，是歲丁吏部公憂，寶祐三年服闋，差楊州州學教授。案吏部以十二月三日卒，年六十九，若卒於寶祐

〔註47〕《放翁年譜》，嘉定三年，庚午八十六歲，是歲先生卒，大昕據其題藥囊詩有「殘暑纔屬爾，新春又及茲」之句，又末題詩云：嘉定三年正月後不知幾度醉春風，則正月間先生尚亡恙，陳氏《直齋書錄解題》謂嘉定庚午年八十六而終者，蓋得其實。宋史本傳云：嘉定二年，年八十五，殆考之未審爾。
〔註48〕《錢辛楣先生年譜》，頁 20。
〔註49〕《竹汀居士年譜續編》，頁 7。
〔註50〕《續修四庫全書提要》五，史部，頁 632。

元年，癸丑十二月，則己卯十二月方再期，不得除服赴差，皆舛誤之大者。他如遷太常主簿，及忤丁大全，應在開慶己未，通判各州應在景定庚申，又俱誤係寶祐戊午，又遷主管三省樞密院架閣文字，應在寶祐丁巳，乃誤係寶祐丙辰，因人日雪奏言春雪過多，民生多寒，宜謹感召應在咸淳丙寅，乃誤係咸淳丁卯。因多雷奏言命令不專，姦邪竝進，在遷起居舍人後，應係咸淳丁卯，乃誤係咸淳戊辰，此皆年序小小差失。蓋大昕是譜，多據四明志，而不知是志多失實也。然而允愜者亦不少，則創始者難爲功也。《年譜》慶曾注：「公著《王伯厚年譜》，不載手編譜中，當係壬子以後所編。其刊刻在嘉慶十二年」。《四家年譜》跋云：「先生（大昕）既歸道山，〈行狀〉中載所著書目錄，方知又有王伯厚、王元美兩先生年譜，亟索諸先師之家，僅得《元美譜》，其《伯厚譜》，久之始撿得寄來，迺續刊之。……嘉慶十有二年，受業弟子李賡芸謹跋。」〔註51〕

1. 《潛研堂全書》乾嘉刊本
2. 《潛研堂全書》道光廿年重修印本
3. 《潛研堂全書》家塾重刊本
4. 屛守齋所編年譜五種本
5. 四明叢書本
6. 《歷代名人年譜大成》本（清稿本，見國圖二三一）
7. 浙江書局本，附刊於玉海之首。

（十七）《王弇州年譜》一卷

王世貞字元美，號弇州，一號鳳洲，太倉州人，爲晉始興文獻公之裔。大昕該譜完成於乾隆五十一年丙午，時大昕年五十九，譜云：「在婁東讀王元美四部槀，因爲撰年譜一卷」。〔註52〕其刊刻則李賡芸於大昕歸道山後。《續修四庫全書提要》：「大昕既輯洪适，與邁、陸游、王應麟四譜，又以世貞一生出處，備見于其四部稿中，從而采摭事蹟，分年件繫，作爲是譜，粲然有條……門人李賡芸取而合刻於嘉興郡齋，時嘉慶十二年。」〔註53〕大昕參以《明史》，更驗諸王文肅公所撰〈神道碑〉，知其卒於萬曆十八年，它書云萬曆二十一年卒則誤。〔註54〕其刊刻，於《伯厚年譜》中析之詳，此不贅述。

〔註51〕《廣文四家年譜》，頁15，李賡芸跋。
〔註52〕《錢辛楣先生年譜》，頁31。
〔註53〕《續修四庫全書提要》五，史部，頁645。
〔註54〕見《弇州年譜》，萬曆十八年，庚寅六十五歲條注。按：世貞與王錫爵同姓，

1. 《潛研堂全書》乾嘉刊本
2. 《潛研堂全書》道光廿年重修印本
3. 《潛研堂全書》家塾重刊本
4. 孱守齋所編年譜五種本

（十八）《天一閣碑目》二卷

乾隆五十二年丁未《年譜》六十歲條：「范上舍懋敏招登天一閣，觀所藏金石刻，因爲撰《天一閣碑目二卷》。」〔註55〕范上舍即范四郎，天一閣主人。其藏書名重海內，藏弆碑刻尤富。癸卯夏，大昕游天台，道出鄞，叩天一閣主人，未遑竟讀。丁未年復至，〈天一閣碑目序〉云：「今年（乾隆五十二年丁未）予復至鄞，適海鹽張芑堂，以摹石鼓文寓范氏，而侍郎之六世孫葦舟，亦耽嗜法書，三人者晨夕過從，嗜好略相似，因言天一石刻之富不減歐趙，而未有目錄，傳諸後世，豈非闕事，乃相約撰次之。」〔註56〕拂塵祛蠹，手披目覽，去其重複者，自三代訖宋元，凡五百八十餘通，以時代先後爲次，并記撰書人姓名，俾後來有考，明碑倣歐趙之例，以近不著錄也。《潛研堂詩續集》也有爲范氏寫詩一首：

> 天一前朝閣，藏書二百年。丹黃經次道，花木陋平泉。
>
> 聰聽先人訓，遺留後代賢。誰知旋馬地，寶氣應奎躔。〔註57〕

大昕與友人張燕昌助范欽六世孫葦舟編撰《天一閣碑目》一書，當是六十歲應聘往寧波府撰《鄞縣志》登天一閣時所爲也。

1. 舊鈔本：一卷，大昕編次。張燕昌、范懋敏參訂，清天石樓徐氏丹黃校讀舊抄本，有天石徐克餘，天石樓及黃景周、唐鴻學等印。又一部……民國大邑張氏世留堂過錄怡蘭堂藏舊抄本
2. 石刻史料新編本，第二輯第廿冊
3. 新文豐本，影印中央圖書館珍藏之善本

（十九）《疑年錄》四卷（後簡稱正錄）

《年譜》乾隆五十二年丁未年六十歲條：「秋，復到婁東，歲暮歸里，撰次

　　異望，一爲琅邪，一爲太原，兩家世澤緜遠，代有聞人，大昕又嘗作二王氏世系表，廣芸跋稱別入養新錄者，今未之見，蓋已佚。
〔註55〕《錢辛楣先生年譜》，頁41。
〔註56〕《文集》卷廿五，頁366。
〔註57〕〈題范氏天一閣〉，《詩續集》卷四，頁53。

古今文人生卒壽可考者，始鄭康成，訖戴東原，凡四卷。取左氏有與疑年使之年語，名之曰疑年錄」〔註58〕是編大抵取古今文人之有功經史者錄之，係考史之餘事，故慶曾注：「故功名節義，才技奇能，雖盛有名，或亦不登，此考史之餘事，所以志景行也。」所錄始鄭康成，迄戴東原，共三六四人，考核其間重要學者之生卒年月，按年排列，頗便檢查。惜不完備，錢氏生前未刻，蓋為未定之本。先生卒後，弟子吳修初刻於嘉慶十八年（1813），繼刻於嘉慶二十三年（1818）。詹事亡後，海鹽吳君思亭，得其稿，吳氏云：「謹為校訂原本，不敢易一字，偶有所見，附注左方，數年瀏覽所及，輒為續編亦得四卷，大抵多殫研經史之士與詩古文詞名家以及書畫知名之人，猶先生意也」，〔註59〕姚鼐序《疑年錄》云：「嘉定錢辛楣少詹事，嘗考求古今名人生卒之年，核其壽數，取左氏傳有與疑年之意，作《疑年錄》四卷。詹事亡後，海鹽吳君思亭得其書，頗增益所闕失，又推廣為《續錄》四卷。」〔註60〕案：今海鹽吳氏刊本《疑年錄》，東原先生後有邵晉涵等六人，則是後所續錄也。

1. 《中國歷代名人年譜彙編》本（嘉定十八年，海鹽吳氏刊二十三年補錄本）
2. 粵雅堂叢書本
3. 天壤閣叢書本（第十一冊）
4. 小石山房叢書本（第八一九冊）
5. 潛研堂全書家塾重刊本
6. 古學彙刊本
7. 嘉慶戊寅自刊本，販書偶記（四庫書目續編）僅一卷
8. 清抄本：吳騫增補校注，一冊見《國立北京圖書館善本書目》
9. 汪彥份手抄清稿本（國圖二一一）
10. 黃氏擘荔軒抄本：（《國立北京圖書館由滬運回中文書籍目錄》）

（二十）《吳興舊德錄》四卷、《先德錄》四卷

皆為未刻書，道光廿年重修印本，光緒十年家塾重刊本，潛研堂全書皆存目，並注原未刻。

〔註58〕 《錢辛楣先生年譜》，頁 41。
〔註59〕 《粵雅堂叢書》，頁 6725。
〔註60〕 《粵雅堂叢書》，頁 6762。

（二一）《日記》六十卷

未刻書，道光廿年重修印本，光緒十年家塾重刊本，皆但存目，而注原未刻，惟錢塘何元錫彙刻《日記鈔》三卷，詳見《竹汀先生日記鈔》三卷考述。

（二二）《潛研堂金石文字目錄》八卷

《年譜》乾隆四十七年壬寅，年五十五歲條：「居憂足跡不出戶……又撰次家藏金石刻目錄以時為次，凡八卷，名曰金石後錄。」〔註 61〕是編以家藏拓本，跋尾未及其半，因仿歐陽氏集古錄之例，統有跋無跋者，以時代、年月次序，合編為八卷，因時有增補，後更名《金石文字目錄》。及身未經梓行，至沒後，其婿瞿中溶，許仲叔，始取以付印，時嘉慶十年歲次乙丑秋七月既望。其跋云：「外舅少詹錢先生，博採金石文字，以考証經史之學，多歐趙前賢所未逮。中溶隨侍甥館十三、四年，親蒙先生指授。間嘗撰杖從游，所過山厓、水畔、蠻宮、梵宇，得一斷碑殘刻，必剔蘚拂塵，摩挲審讀而後去，其好殆至老而益篤。云：「家藏拓本二千餘種，著有跋尾八百餘篇，每積二百餘篇，輒為門弟子轉寫付梓。故先後共成四集，其目錄八卷，因時有增補，尚未登之梨棗。今歎先生已歸道山，而海內未獲讀此書，無以見先生搜羅之富，與記載之勤，猶為闕事，與僚壻許君蔭堂，急謀剞劂，用廣其傳，庶幾無負先生津梁後學之意歟。」〔註 62〕

可見其搜羅之富與記載之勤，惟校以元常編次跋尾，則有有跋尾而目錄失載者三十四種：

北齊一——保定四年九月造像記

唐　四——開元十四年十一月，銀青光祿大夫口憲墓誌

　　　　　貞元十五年，貞元無垢淨光塔銘

　　　　　乾甯四年正月，升遷廟興功記

　　　　　王夫人墓誌

後周二——顯德六年七月，匡國軍節度使，贈太尉白延遇碑

　　　　　尊勝陀羅尼幢

吳越一——竹林寺石幢

後蜀一——石經殘字

〔註 61〕《錢辛楣先生年譜》，頁 38。
〔註 62〕光緒十年家塾刊本四十六冊，金石文目錄瞿中溶跋。

宋十三——龍新寺鑄金銅像菩薩并蓋大悲閣序

　　　　熙寧四年十月，張琬題名

　　　　熙寧八年十月，米黻五言絕句

　　　　元祐七年，顏魯公新廟記

　　　　元符己卯，程閎中等題名

　　　　浯溪黃庭堅題名

　　　　紹興九年二月，連南夫等提名

　　　　淳熙開蘄忠武王韓世忠碑

　　　　淳熙戊午孟冬，范至能題名

　　　　淳祐丁未，李良等題名

　　　　淳祐辛亥仲春，蔡抗題名

　　　　姑熟帖

　　　　留忠寅帖

遼三——重熙十六年四月，釋迦佛舍利鐵塔記

　　　　安德州刱建靈巖寺碑

　　　　天慶二年，釋迦定光二佛的身舍利塔記

金一——大定戊申，孟冬，馬丹陽滿庭芳及歸山操

元八——至元二年三月，濟南孟公神道碑

　　　　至大三年四月，徽州路儒學旨揮

　　　　延祐二年四月，崑山州重建海寧禪寺記

　　　　延祐三年十二月，廣州路銅漏壺題字

　　　　後至元元年中，順大夫竹溫台碑

　　　　後至元元年中，順大夫竹溫台碑

　　　　後至元六年十月，重新粧鑾聖像記

　　　　至正十四年三月，濟南郡宣懿公張宓碑

　　　　至正二十六年正月，開屏縣星石

　　蓋卷帙既多，偶而疏漏，勢使之然，不足怪也。故《續修四庫全書提要》云：「蓋其隨時編定，取多而未已，挂漏之失，斯不免耳。」

1. 《潛研堂全書》乾嘉刊本

2. 《潛研堂全書》道光重修印本

3. 《潛研堂全書》家塾重刊本

（二三）《潛研堂金石文跋尾》六卷、《續》七卷、《再續》六卷、《三續》六卷

是編蒐羅金石文字，始三代迄元，計二千餘種。經跋尾者八百六十餘篇，當日每得二百餘篇，門弟子輒爲轉寫流布，先後共成四集。《年譜》乾隆三十六年辛卯年四十四歲條云：「是歲撰次金石文跋尾六卷成，益都李南澗爲刊板」。〔註63〕續七卷成于乾隆四十六年辛丑，《年譜》五十四歲條云：「是歲鉅野姚學甲爲續刊金石文跋尾七卷」。〔註64〕（按：此爲第二集，後刊三集、四集。首頁標利貞二字別之），乾隆五十三年戊申六十一歲條：「是歲撰次金石文跋尾復得六卷」。〔註65〕嘉慶四年己未，《年譜》七十二歲條云：「嘉慶四年己未七月，校刊金石文跋尾三集成。」〔註66〕《三續》六卷，則成於嘉慶八年癸亥。年譜七十六歲條云：「金石文跋尾四集刊成」。〔註67〕

其《再續》、《三續》兩集，因無「再」字，「三」字，各於卷首行以下：以「利」、「貞」字別之，跋云：「嘉定錢竹汀先生，搜羅金石二千餘種，經跋尾者八百六十，顧當日每得跋尾二百餘通，門弟子輒爲刊布，續成四集，追題爲元、亨、利、貞四編，凡二十五卷，（二集七卷，餘均六卷）〔註68〕跋中考訂經史，辨別小學，旁及天算，引據博瞻，足資佐證。以卷帙繁多，檢閱不便，元常重爲編次。元常云：「竊病其檢閱不便，擬重爲編次，適龍內翰硯仙重刊《潛研堂全書》以廣流傳，元常遂獲案年編正，成二十卷，倣孫氏星衍編古刻叢鈔之例，各篇標題增元、亨、利、貞字，白文於上，以存其舊。〔註69〕

1. 《潛研堂全書》乾嘉刊本
2. 《潛研堂全書》道光重修印本
3. 《潛研堂全書》家塾重刊本
4. 石刻史料叢書乙編本：第十一種編
5. 石刻史料叢書新編本：第二十五冊

（二四）《十駕齋養新錄》二十卷、《餘錄》三卷（〈竹汀府君行述〉作補

〔註63〕《錢辛楣先生年譜》，頁 32。
〔註64〕同上，頁 38。
〔註65〕同上，頁 42。
〔註66〕《竹汀居士年譜續編》，頁 50。
〔註67〕同上，頁 52。
〔註68〕光緒十年家塾刊本四十六冊，胡元常跋。
〔註69〕同上。

遺四卷）

是編皆考證箚記之文，不分門目，而編次先後，則略以類從，曰養新錄者，大昕之祖，嘗取張子厚〈詠芭蕉詩〉：「願學新心養新德，長隨新葉起新知」之句，以名其讀書之堂曰「養新」，大昕因以名是書，以示不忘祖訓也。其成書於嘉慶四年己未，《年譜》七十二歲條云：「公弱冠時，即有述作意，讀書有得，輒爲札記，仿顧氏《日知錄》條例，後著各書，即於其中挹注，又去其涉於詞華者，尚裴然成集，是年重加編定，題曰十駕齋養新錄」，嘉慶八年癸亥十二月始刊《養新錄》手定本凡二十卷。

前三卷皆論經史，四卷、五卷皆論小學，六卷至九卷，皆論史學，十卷論官制，十一卷論地理，十二卷論姓名，十三卷、十四卷論古書，十五卷論金石，十六卷論詞章，十七卷論術數，十八卷論儒術，十九卷、二十卷爲雜考證。《續修四庫全書提要》云：「大旨與顧炎武《日知錄》同，而經世時務之略，概不一及，則與炎武大異。前有自序，蓋大昕自少至老，讀書所得。隨筆記之，以成是編，爲其一生精力所聚，其記誦之博，考核之精，與炎武《日知錄》誠難軒輊」。〔註70〕故書成後，阮元即取以付刊。於嘉慶九年歲次甲子而爲之序，極推許之。其後續有所得，別記一編，分上、中、下三卷，名曰《養新餘錄》，則大昕沒後，其子東塾取遺稿繕錄清本，即依前錄次序，分爲三卷，識後以授梓人者也。東塾曰：「《養新錄》二十卷成書最後，甫脫稿即爲阮中丞芸台先生攜去，醵金開雕，以後續有所得，別記一編，名曰《養新餘錄》，逮甲子多捐館，共得若干條，不肖兄弟，謹藏弆中，未忍輕啟。今夏，適嘉興李許齋太守來書索經典文字攷異……等遺稿，將代謀剞劂，因啟舊笥檢尋，念及養新餘錄未刊，終爲全書缺事，爰取手稿繕錄清本，分爲三卷，以授梓人，嘉慶丙寅多十月。」〔註71〕故《養新錄》於嘉慶九年，阮元取以付刊，《餘錄》則後二年，李許齋爲之刊行。

1. 皇清經解本：（道光九年）《養新錄》三卷，《餘錄》一卷
2. 《潛研堂全書》道光廿年刊本
3. 《潛研堂全書》乾嘉刊本：（嘉慶十年）儀徵阮氏刊，十六年孫師康補葺餘錄
4. 光緒二年，浙江書局刊本：（附竹汀居士年譜，年譜續編一卷）

〔註70〕《續修四庫全書》卷十一，子部，頁 1602。
〔註71〕潛研堂全書家塾重刊本五十五冊，養新餘錄後東塾跋，頁 11。

5. 光緒十年，長沙龍氏家塾刊本
6. 四部備要本
7. 萬有文庫薈要本
8. 國學基本叢書本：（附竹汀居士年譜一卷、年譜續編一卷）

（二五）《三統術衍》三卷、《鈐》一卷

蓋大昕於天算之學，所得甚深，兼中西之長，通古今之奧。於三統四分、授時大衍，皆能深究其本原，是書就漢志所錄劉歆之說，取舊所不注。及注而不詳者，推而明之，復廣采諸家之說，疏通其大義，反覆引申，以暢其旨，於韋招、杜預、孔穎達諸家訓釋經傳之說，皆有以決其牴牾，大昕云：「古曆家言傳於漢者六家，黃帝、顓頊、夏、殷、周、魯是也。劉向作五紀論，論次六家是非，漢末宗仲子以世所傳夏周二術，與藝文志所記不同，更定真夏真周曆，杜預據此數家以考驗春秋。至唐，一行大衍議稱春秋經傳朔晦與周曆合者，多周、齊、晉事，與殷曆、魯曆合者，多宋魯事，宋崇文院檢討劉義叟撰長曆，推漢初朔閏，兼存顓頊、殷三術，則諸書唐宋時猶存，而今竝無之矣。漢太初曆，班志亦不著其術，史記所述甲子篇，迺張壽王所治之殷曆，非太初本法也。古術之可考者，當以三統為首，三統之術，本之太初，又追前世一元五星會牽牛之初，以為太極上元，參之易象，以窮其源，徵之春秋，以求其驗，班孟堅以為推法密要，服子慎、韋宏嗣亦取其說，以解春秋內外傳。顧古今注漢書諸家，于曆術未有詮釋者，隋氏經籍志有亡名氏推漢書律曆志術一卷，舊唐書經籍志有陰景倫漢書律曆志音義一卷，今俱亡傳。予少讀此志，病其難通，此歲初習算術，乃為疏通其大義，竝著算例，釐為三卷，名之曰《三統術衍》，蓋祇就本法論之，其法之密與疏，固不暇論及也。志文間有譌舛，相與商酌校正，則長洲褚君寅亮之助實多云。」〔註72〕

故阮元稱其有功經史甚大，又豈徒闡揚術數而已哉。何國宗稱之，謂今之賈逵不虛也。二十七歲撰《三統曆術》，乾隆十九年甲戌《年譜》二十七歲條云：「是歲移寓橫街，讀《漢書》，撰次《三統曆術》四卷」〔註73〕書中如中月相求術，不知六扐當為七扐，則約分之數不合金水晨夕數，不知東九、西七子母之故，則差分之義不明，五步段目，不知脫誤衍字，則不能句讀，八十一章章首日名，不知縱橫行列之次，則不可循覽，此皆經前人推定，

〔註72〕大昕自序〈三統術衍〉。
〔註73〕《錢辛楣先生年譜》，頁17。

至大昕始發其蒙。阮元云:「其他傳本錯謬,術文簡奧,莫不逐條刊正,逐事闡明,三統大義,蓋至是無遺蘊矣。」〔註74〕至於歸邪於終之說,千載聚訟,大昕則以經証經,謂:「古閏月不書在歲末,如秦後九月之法百四十四年,超辰之術,東漢人已失其傳,大昕則據劉歆本文,決知太初改元太歲,當在丙子,而非丁丑。」〔註75〕尤為獨抒心得,精博絕倫。阮元為之刊行,嘉慶六年,辛酉年七十四歲《年譜》條云:「阮宮保為刊三統術衍」。〔註76〕阮元〈三統術衍序〉云:「嘉慶庚申先生門人元和李尚之寓之幕中,行篋攜有是書,因得暇而讀之,凡昔所積疑扞格難通者,一旦渙若冰釋……其有功於經史甚大,又豈徒揚術數而已哉,由是亟請於先生,壽之梨棗,以廣其傳,刻既竣,先生寓書殷勤,屬元為之序……」〔註77〕李銳〈跋三統術衍〉三卷,鈐一卷云:「右三統術衍,吾師竹汀先生所撰也,憶自辛亥之冬,銳肄業紫陽書院,從先生受算學,先生始教以三角八線,小輪橢圓諸法,復引而進之於古,手書是書見授,而誨之曰:數為六藝之一,由藝以明道,儒者之學也。自世之學者,卑無高論,習於數而不達其理,囿有今而不通乎古,于是儒林之實學,遂下同於方技,雖復運算如飛,下子不誤,又易足貴乎?劉歆三統術為步實最古之書,漢末大儒,若鄭康成輩,咸通其學,是書衍說,詞雖淺近,然循是而習之,一隅三反,則古人古今推步之原流,不難一一會通其故也。銳謹受教,識之不敢忘,十年以來,專力斯學,而材質駑鈍,無所成就,上玷師門,私心恆窈窈自懼。今浙撫阮公洞明象數,一是見書,歎為得未曾有,因廣先生嘉惠來學之心,特開雕于武林節署,以銳於是書仰鑽有素,命以校字之役,既卒業,輒舉先生所以教銳之語,識於簡末……嘉慶辛酉冬十一月」。〔註78〕錢塘〈跋三統術衍〉:「劉子駿作《三統曆》,以說春秋,及班孟堅修《漢書》,資以成〈律曆志〉,而後之注《漢書》者,顧不注曆術,凡顏師古之所采錄服虔以下二十餘家,唯孟康、如淳二人能知陽九百六而已。族父竹汀先生,取舊所不注及注而不詳者,曠然推而明之,其鉤摘隱奧,剖別舛譌:如與子駿面質其然否而論定之者。而韋昭、杜預、孔穎達諸家,訓釋經傳之說,皆有以決其牴牾,蓋自班氏所作志,而後三統之曆傳,而其術不傳矣,得先生追而述之,于數千載之餘,遂可以人人通知曆術

〔註74〕阮元〈三統術衍序〉(見《三統術衍》卷首)。
〔註75〕同上。
〔註76〕《錢辛楣先生年譜》,頁6。
〔註77〕同上。
〔註78〕李銳〈跋三統術衍〉。

而無難，而後之欲明春秋與漢書者，必皆考正于是焉，其爲功豈徒在于子竣而已乎。於虖！何其偉歟！何其偉歟！歲之季夏，先生以奉諱歸里中，予得從容請而習之，先生手是書而歎曰：我已悔作之矣，曩者我之爲此也，爲之寢不能寐者積年，而後克有成，成又二十餘年，未嘗有間及之者，況欲後人之知而好之哉……。記之日，則丙申歲之天正朔且冬至日，名甲戌爲乙未歲之十一月一日。〔註79〕由諸家序跋，知大昕於甲戌年撰《三統術衍》，次年乙亥爲之序。辛酉年阮元爲之刊刻也。

1. 《潛研堂全書》乾嘉刊本
2. 《潛研堂全書》道光二十年重修印本
3. 《潛研堂全書》家塾重刊本

（二六）《風俗通義逸文》一卷（佚文不分卷）

佚文大昕所輯《潛研堂全書》道光重修印本、家塾重刊本均作一卷，然據〈竹汀府君行述〉作二卷，是編爲大昕就《匡謬正俗》、《史記索隱》、《通典》、《通志》、《容齋隨筆》、《初學記》、《太平御覽》、《藝文類聚》、《文選李善注》諸書所引，捃摭而成，均十卷外之所遺也。〔註80〕

乾隆五十四年己酉年譜六十二歲條云：「是春校勘應劭風俗通義，並刺取他書所引逸文補之」。〔註81〕慶曾注云：「是書刻入盧學士文弨羣書拾補中」，〔註82〕其後大昕復從意林、一切經音義續有所獲，《養新錄》云：

> 應氏風俗通義、隋書經籍志稱三十一卷、錄一卷，馬總意林，亦云三十一卷，而新舊唐志俱作三十卷，宋史及晁氏、陳氏書目皆云十卷，則已失其三之二矣，今世所傳，唯元大德刊本，前有行都水監李果序，後載宋嘉定十三年丁黼跋，知其書在南宋時已難得，又言譌舛已甚，得館中本及孔寺丞本，互相參校，始可句讀，今刻之夔子，好古者或得善本，從而增改，是所望云，則其譌謬相承非一日矣」。〔註83〕

《續修四庫全書提要》云：「大昕從群書搜輯逸文，復從意林、一切經音義，續有所獲……觀其全書，用力頗勤，考訂之處，亦多可採，且應書殘佚已久，

〔註79〕錢塘〈跋三統術衍〉。
〔註80〕《續修四庫全書提要》十一，子部一六二五。
〔註81〕《錢辛楣先生年譜》，頁 33。
〔註82〕《錢辛楣先生年譜》慶曾注，頁 33。
〔註83〕《養新錄》卷十四，風俗通義條，頁 731～732。

大昕始爲搜輯，其功不小」。〔註84〕

    1.《潛研堂全書》道光重修印本

    2.《潛研堂全書》家塾重刊本

（二七）《恆言錄》六卷

此書捃摭極廣，凡常言，俗語皆著其所始，或考之於經，或徵之於史，以及諸子百家，靡不旁搜博采，其例，立一標題爲綱，而備引諸書以證明之，全書六卷，凡分十九類：

    卷一：吉語類、人身類、交際類、毀譽類

    卷二：常語類、單字類、疊字類

    卷三：親屬稱謂類

    卷四：仕宦類、選舉類、法禁類、貨財類

    卷五：俗儀類、居處器用類、飲食衣飾類。

    卷六：文翰類、方術類、成語類、俗諺有出類。

屬稿已定，未經刊行，歿後，其仲子東塾舉以俾阮元，因付其子常生校刊之，並與張鑑間加補注，而爲之序。其序云：「家君知其（竹汀）遺稿尚有未梓者，書以詢之，既而先生仲子東塾攜數編至，其疑年錄等書，率皆手蹟編錄，恐尚未經寫定，惟恆言錄首尾完善，家君因以授常生，常生爰偕詁經精舍友人烏程張君鑑，各補注一、二……」。

    1. 文選樓叢書本。

    2.《潛研堂全書》道光廿年重修印本。

    3.《潛研堂全書》家塾重刊本。

    4. 叢書集成初編本，覆文選樓叢書本。

    5. 北京商務印書館排印本。

（二八）《潛研堂文集》五十卷

是集爲大昕所自定，始於賦終以祭文，凡分十四類，冠以小像及贊，段玉裁序稱：「中有所見，隨意抒寫，而皆經史之精液。」〔註85〕卷四—卷十五，爲經史答問，涉及群經者凡七卷，凡所辨証，確當可依。卷十六攷辨。卷十七～十九爲雜著。卷二十～二十一爲記。卷二十二記事。卷二十三～二十六

〔註84〕《續修四庫全書總目提要》十一，子部，頁1626。

〔註85〕〈段玉裁序〉，《文集》頁首。

爲序。卷二十七～三十二爲題跋六卷，以跋史籍者爲最多最精，卷三十三～三十六爲書四卷、卷三十七～四十爲傳四卷。卷四十一爲碑。卷四十二～四十九爲墓誌銘八卷。末卷卷五十爲家傳、行述、祭文。依段玉裁序云：「全書手稿未定，文集尤士林所仰望，今同志梓成，瞿子鏡濤請序於予……嘉慶十一年歲次丙寅九月。」〔註86〕知其刊成於嘉慶十一年。《續修四庫提要》云：「沒後三年刊」，〔註87〕則較段序所云晚一年矣。

綜觀其文集，雖不尙詞華，然足以羽翼經傳，故《續四庫提要》云：「其中庸說、冕衣裳說、古同音假借說、秦州六郡考、嘉靖七子考，皆援據典核、考證精密。其論易先天後天之說、論虞氏之卦爻說、論鄭爻辰之例、論孔壁書增多廿四篇，康成既親見之，何以不爲之注，多所訂證。尤足以補注釋家所未備。其論詩毛傳多轉音，非究貫蒼雅者不能也，其論孟子，決汝漢，排淮泗，而注之江，力闢先儒「以爲記者之誤」之非是。辨太歲太陰之各別。辨衛文公非宣姜子，舍左氏而從漢書古今人表，雖未必盡爲定論，然各尊所聞，亦足見其用意之不苟矣。至其辨古今之音韻，以及考正天文輿地、草木蟲魚，靡不博綜」。〔註88〕

王昶爲志墓，稱其「文法歐陽文忠、曾南豐、歸太僕，從容淵懿，質有其文」，誠非阿好也。

1. 《潛研堂全書》乾嘉刊本。
2. 皇清經解本（潛研堂文集六卷收錄有關經訓之文）第一一六～一一七冊。
3. 涵芬樓本（嘉慶十一年刊本）。
4. 《潛研堂全書》道光二十年重修印本。
5. 《潛研堂全書》家塾重刊本。
6. 國朝文錄本。
7. 四部叢刊初編 第九十七冊。
8. 國學基本叢書本。

（二九）《潛研堂詩集》十卷、《詩續集》十卷

正集爲大昕所手定，自爲之序，刻於乾隆庚寅。其詩集序云：「檢點篋中所作，亦無甚稱意者，故從未敢刻以問世，而江南書肆選刊近人詩，往往濫

〔註86〕〈段玉裁序〉，《文集》，見頁首。
〔註87〕《續修四庫全書提要》十二，集部二七一。
〔註88〕同上。

收拙作……茲取前後所作，鈔爲一集，不敢自以爲是，亦欲存廬山之眞面云爾，庚寅歲（乾隆三十五年，時大昕年四十三）五月丁丑朔。」〔註89〕《續集》則大昕沒後，弟大昭所編，序刻於嘉慶丙寅，《詩續集‧序》云：「以辛卯至甲子詩，屬予暨先生女婿瞿子鏡濤、續鈔成帙，又得十卷……茲所錄皆就遺草，略加排次……非先生手稿，詩雖佳不敢濫采。」〔註90〕

1. 《潛研堂全書》乾嘉刊本。
2. 涵芬樓嘉慶十一年刊本。
3. 《潛研堂全書》道光廿年重修印本。
4. 《潛研堂全書》家塾重刊本。
5. 四部叢刊本（景上海涵芬樓藏嘉慶丙寅刊本）。
6. 國學基本叢書本。

（三十）《詞垣集》四卷

今不見該書，《潛研堂全書》（嘉慶本、道光本、光緒本）均錄其目，但云：「原未刻。」大昕自訂年譜，屢言及作品收入詞垣集，惜今未得見該書。

（三一）《讀易錄》一卷

嚴靈峯編《無求備齋易經集成》（第一三二冊）別出《讀易錄》一卷，有浙江書局刊本。

（三二）《潛研堂答問》十二卷

《販書偶記》云：「無刻書年月，約乾隆間刊。此書版心及每卷首行皆刻潛研堂文集卷等字，則卷數、頁數間俱係墨丁，至其書名見每卷首頁第三行，刻有「答問第數等字」。據此知其係文集卷四至卷十五之答問十二卷，皆經史問答，涉及群經者凡七卷，依序爲易、書、詩、三傳、三禮、論孟五經正義、爾雅、廣雅、說文答問。諸史、算術答問、音韻。

1. 文集本：收於卷四～卷十五。
2. 國學基本叢書本：收於第一、二冊。

（三三）《說文答問》一卷

是編爲大昕〈經史答問〉之一，或析其專論說文者，爲說文答問，凡二十五則，首則掇舉說文稱經與今本異者三百四十餘文，其言曰：「今人視爲隱

〔註89〕〈潛研堂詩集序〉，《詩集》，頁首。
〔註90〕〈詩續集序〉，《詩續集》，頁1。

僻之字，大率經典之正文也，經師之本互有異同，叔重取其合乎古文者，稱經以顯之，其文異而義可通者，雖不著書名，亦兼存以俟後人之抉擇，此許氏所以爲命世通儒，異於專己守殘，黨同門而妒道眞者也。」〔註91〕其餘於《說文》「有」，爲不宜之辭，殺從殳，帚聲，希爲絺之古文。些爲呰之異文，容从宵省，戠與埴同義，獻爲軷之籀文，弔从人持弓會意之義，豐即豊，而薵爲俗字，商參二字連文，許書非以商訓參。大徐新附非鼎臣之本意等，皆能旁徵博引，以證成其說。其後薛傳均爲之作疏証，取大昕說文答問，旁稽群書，予以疏通証明，故《續修四庫全書提要》云：

> 大昕深明通轉假借之意，同時治說文者，江處士聲墨守段大令玉裁，
> 攻其所失，少詹則主引伸其義，錯綜貫串，多前賢所未到……國朝
> 薛傳均有發明錢義者，有補正錢說者，所成疏証，錢氏之書，乃其
> 一孔，而非君學之盛也。〔註92〕

另有培元廣《說文答問疏証》，亦廣大昕之書以補其闕，陳壽祺《說文經字考》，補答問之所未備。

1. 《潛研堂文集》本。
2. 小學類編本，咸豐二年江都李氏半畝園刊本（第一冊）。
3. 清史稿本。
4. 丁氏說文解字詁林本，所用乃李氏小學類編本。
5. 國學基本叢書本，《潛研堂文集》排印本，卷四～卷十五。

《音韻問答》

是編爲大昕〈經史答問〉之一，析其專論音韻者，爲音韻問答，凡十六則，首則言叶韻即古音，次言轉音、雙聲、一字兩讀、四聲之說、古歛今侈之見、輕脣重脣之別、曉匣影喻之不分等，旁稽群書，予以考証。

1. 文集本。
2. 昭代叢書本。
3. 國學基本叢書本：第二冊卷十五。

《算術問答》

是編即潛研堂答問第十四，中有關曆算之部，如據《春秋》十二公紀年考歲星超辰之限，以析浚儀王氏之疑，據鴻烈天文訓辨太陰不同太歲以糾班

〔註91〕林明波《清代許學考》，第三編，專考類，頁127。
〔註92〕《續修四庫全書提要》三，經部，頁1613。

等，掾漢志之誤皆剖剔舛譌，攷訂精覈，成《算術問答》一卷。

1. 文集本：卷十四。
2. 昭代叢書本。
3. 國學基本叢書本：第二冊卷十四。

（三四）《竹汀居士自訂年譜》一卷

清錢大昕自述，其孫慶曾注。六十六歲以後，曾續編也。《年譜》乾隆五十七年壬子年六十五歲條，慶曾注云：「公手定年譜，止於是年，以後十二年，慶曾所敬述也」，卷首有寶山袁翼序，後有慶曾跋云：「恭繕《潛研堂全書》……而公之年譜闕如，不無遺憾。因案先世行述、傳、銘，及所聞於族黨長老者，輯爲一稿。既成，而叔祖石橋先生檢出公《自編年譜》一卷，受而讀之，乃改削前稿，其壬子以前，恭錄原文。而凡散見於詩文集及他書之可以互證者，分記其下。蓋公所不暇詳者，皆後人所不敢略者也。原文所稱人物書籍碑刻之屬，又略加詮注，不知者闕之。文集各篇，作於何時，有可考者，亦分記每年之末，其癸丑以後，謹爲續篇以附焉。」〔註 93〕該譜意主簡實，獨詳於治學著書之年月。慶曾之注，就譜中所引人物古蹟，爲之考証，甚精核，尤詳於家世，《年譜》乾隆四十九年甲辰，年五十七歲條云：「病中自編年譜一卷」，據譜云：大昕年譜編於是年，然家藏本實訖於壬子。慶曾注云：「是後或每年增入，或壬子歲續編，未敢知也」。〔註 94〕

1. 浙江書局刊本。
2. 商務排印本。
3. 廣文書局本（第八冊）。
4. 鼎文筆記廿九種本。

（三五）《竹汀先生日記鈔》三卷（附錢竹汀日記一卷）

錢塘何元錫編，嘉慶十年刊，江藩《漢學師承記》注：「按《潛研堂全書》所載總目中，有《日記》六十卷，註云未刻，而無《日記鈔》，存佚俟考」。〔註95〕慶曾〈竹汀居士年譜跋〉：「錢塘何公元錫又於日記中摘取所見古書金石及書院策文，彙爲一帙，刻之題曰錢氏日記鈔。」〔註 96〕《續文

〔註93〕《竹汀居士年譜續編》，頁 54。
〔註94〕同上，《錢辛楣先生年譜》，頁 40。
〔註95〕江藩《漢學師承記》，記之三，註 6。
〔註96〕《竹汀居士年譜續編》，頁 54。。

獻通考》卷二六九：「卷一記所見古書，多黃丕烈百家一廛物。卷二記所見金石，皆零星小品，見於潛研堂金石跋者甚少。卷三策問，疑主講蘇州紫陽書院課士所擬作，門人何元錫編刻，非大昕手訂本也。」〔註97〕何元錫〈竹汀先生日記鈔跋〉云：「嘉定錢竹汀先生主講吳郡之紫陽書院。四方賢士大夫及諸弟子過從者，殆無虛日，所見故本書籍、金石文字，皆隨手記錄，窮源究委，反復考證。於行款格式、纖悉備載，蓋古人日記之意也。自乾隆戊申，迄嘉慶甲子，凡十六年，元錫昔日過吳，謁先生講塾，得見稿本，今先生往矣，單詞片語，悉可寶貴。今年秋七月，晤先生從子繹於長興縣齋，談及遺書，遂假錄清本以歸，編成三卷，付之梓板，末卷策問為書院課題，皆文集所未載也。」〔註98〕

《竹汀先生日記》，近滂喜齋刊兩卷，式訓堂刊三卷，均摘鑑賞書籍金石之語，今廣文書局，據師大所藏《錢竹汀日記》影印，附《竹汀日記鈔》之後。此乃戊戌年正月至四月，時大昕年五十有一，為紹興守秦石公招游南鎮及蘭亭。道出杭州復游西湖，歸途應兩江高文端公之聘，主鍾山講習，共百十有四日，集中得詩十八首。繆荃孫跋云：「文筆亦極雅潔，無事則記其陰晴，不涉瑣事，日記條例略具一斑矣。」〔註99〕故錢繹云：「此冊是先世父宮詹公日記，戊戌四月朔日於書笥中撿出。」

1. 式訓堂叢書本（作《日記鈔》三卷，第一集，第一函第六冊）。
2. 晉石厂叢書本（作《日記鈔》一卷，第六冊）。
3. 潘祖蔭滂喜齋刻五種本（作《何元錫輯日記鈔》二卷，第三冊）。
4. 校經山房叢書本（作《日記鈔》三卷，第十二冊）。
5. 藕香零拾本（作《錢竹汀日記》一卷，第二十八冊）。
6. 夢華樓刊本。
7. 叢書集成初編本第五十六冊（據式訓堂叢書本排印）。

〔註97〕　江藩《漢學師承記》，記之三，註6。

〔註98〕　〈日記鈔跋〉，《廣文筆記四編》，頁142，。

〔註99〕　又常熟翁同龢得之潘伯寅侍郎所贈日記，其并記光緒三年，歲次丁丑正月，光緒丁未正月江陰繆荃孫跋云：竹汀先生日記，近滂喜齋刊兩卷，式訓堂刊三卷，均摘鑑賞書籍金石之語，海內未見真迹也。此戊戌正月至四月，先生是年五十有一，為紹興守秦石公招游南鎮及蘭亭道出杭州，復游西湖，歸途應兩江高文端公之聘，主鍾山講席，共百十有四日，集中得詩十八首，文筆極雅潔，無事測記陰晴，不涉瑣事，今廣文影印作竹汀日記。附竹汀日記鈔三，卷後。

8. 晉石厂叢書重修本（民國廿三年海虞瞿氏鐵琴銅樓重修）。
   又北平圖書館藏王國維批識清光緒四、五年間，會稽章碩卿刻式訓堂叢書本。
   李慈銘手批清光緒間吳縣潘祖蔭單刻本（案：又有朱燕庭批識）。
   潘祖蔭手批清光緒間吳縣潘祖蔭刻本。
9. 廣文書局本：《日記鈔》三卷，後附《竹汀日記》。
10. 鼎文書局本（近三百年讀書筆記彙編，錢大昕讀書筆記廿九種中）。

《使浙日記》

《年譜》三十八歲條云：「六月，奉命充浙江鄉試副考官，正考官則祭酒曹公秀先也，到浙江入闈後，曹公忽病店，臥病一月，校閱之事，皆一人任之。撤棘後，徧遊西湖諸名勝，各繫以詩。還至吳門，兼程抵家，父母年近七旬，聰明矍鑠，陳氏妹亦歸甯，親朋酌酒稱慶。假滿，星馳入都復命，慶曾注云：公《使浙日記》，揭曉後，訪杭菫浦先生於萬松嶺，謁座主錢文端公於嘉興里第，九月二十五日，抵家，設香案，望闕叩謝天恩，堂上俱健康無恙，舉家歡喜，親友稱羨，以爲盛事。二十七日入城，謁王盧亭、曹檀湑兩先生，十月一日，祀先。二日，掃墓。六日，以假期已滿，自家起行。」據錢譜及慶曾注所云，知係典試浙江，順道省親，並徧游西湖諸名勝所記也，《詩集》卷八，游浙諸詩當係使浙日記之一部份。今《潛研堂全書》及諸家傳注均未著錄，是書未刻，故今亦未見。

（三六）顏氏家訓注補正一卷

大昕云：「《顏氏家訓》七卷，前有序一篇，不題姓名，當是唐人手筆。後有淳熙七年二月沈揆跋，又有攷證一卷，後列朝奉郎權知台州軍州事沈揆，朝請郎通判軍州事管銳，承議郎添差通判軍州事樓鑰，迪功郎州學教授史昌祖同校。又有監刊同校諸人銜，皆以左爲上，蓋台州公庫本也。淳熙中，高宗尚在德壽宮，故卷中構字，皆註太上御名，而闕其文。前序後有墨長記云：廉臺田家印，宋時未有廉訪司，元制乃有之，意者元人取淳熙本印行，閒有修改之葉，則於宋諱不避矣。」〔註100〕大昕於《日記鈔》中所言與此相同。〔註101〕

除於宋本序跋外，每卷皆有所補正，如：於卷一教子第二日：注中應增

〔註100〕《養新錄》卷十四，顏氏家訓條，頁733。
〔註101〕《日記鈔》卷一，頁30。

入「貞陽既踐位，仍授僧辯大司馬，領太子太傅，揚州牧」數句，則大司馬字方有著落。卷二風操第六曰：「此東郡謂建康以陳之郡，如吳郡，會稽之類，若秦漢之東郡，不在梁版圖之內」。又卷三、卷四、卷五、卷七及傳皆一一注補正之。今《潛研堂全書》雖未著錄，《抱經堂叢書》收錄在補遺之後。

1. 抱經堂叢書本。
2. 龍谿精舍叢書本。
3. 叢書集成本（影抱經堂叢書本）。
4. 四部備要本。
5. 國學基本叢書本（一六九一～一六九四冊）。

（三七）《爾雅述義》

趙撝之懷人詩：「東華輭土萬人海，獨有錢郎愛著書，貞石吉金搜討盡，不妨試手注蟲魚。」〔註102〕注謂：「梓楣太史近撰爾雅述義」。今《潛研堂全書》無著錄此目，諸家傳志序文亦未見著錄，當未成書。

（三八）《元詩記事》（無卷數）

潛研堂答問十：「史之蕪陋，未有甚於元史者。」〔註103〕顧甯人謂：「食貨、選舉志，皆案牘之文。」〔註104〕朱錫鬯謂：「列傳既有速不臺矣，而又有雪不臺，既有完者都矣，而又有完者拔都，既有石抹也先矣，而又有石抹阿辛。阿塔赤、忽剌出，兩人既附書於杭忽思直脫兒之傳矣，而又別為列傳，皆乖謬之甚者。」〔註105〕金華烏傷二公（疑指朱濂、王褘），本非史才，所選史官，又皆草澤迂生，不諳掌故。以蒙古語言文字，素所未習，所以動筆即謬。即假以時日，猶不免穢史之譏，況成書之期，又不及一歲乎？如太祖功臣，首推四傑，而赤老溫之傳獨缺。世尚公主者，魯昌趙鄆最著，而鄆國之傳亦缺，塔察兒和禮霍孫，至元之良臣。旭邁傑倒剌沙，泰定之元輔。而史皆失其傳，禮樂兵刑諸志皆缺順帝一朝之事，〈地理志〉載順帝事，僅二條，餘亦缺漏。列傳之重複者，如昂吉兒，已附於也蒲甘卜傳，而又別有昂吉兒傳。重喜已附於塔不己兒傳。南又別有重喜傳。阿朮魯已附於懷都傳，而又別有阿朮魯傳，譚澄已附其父資榮傳，

〔註102〕《雪橋詩話》卷十七，頁3930。
〔註103〕〈答問十，諸史〉，《文集》卷十三，頁183。
〔註104〕同上。
〔註105〕同上。

而又別有譚澄傳。此又朱氏所未及糾者也，其他事跡舛誤，如仁宗莊懿皇后，卒於仁宗朝，未嘗尊爲皇太后。吾也而圍益都，籔木華黎之弟帶孫，非從木華黎。張子良來歸元師察罕，非因阿朮。段直爲深州長官，在太祖朝，非世祖廟，此皆謬戾之顯然。」〔註106〕而發憤補作元史，而江藩《漢學師承記‧錢氏傳》云：「因收羅元人詩文集、小說、筆記、金石碑版，重修元史，後恐有違功令，改爲《元詩記事》。」〔註107〕

《國朝耆獻類徵》又謂：「史之蕪陋，未有甚於元史者……因搜羅元人詩文集、小說筆記、金石碑版、重修元史，後恐有違功令，改爲元詩紀事。」〔註108〕《年譜》六十四歲條慶曾注云：「有元詩紀事若干卷，以槁屬從祖同人及陶鳬杳兩先生編次成書」。江藩《漢學師承記》注：「《元詩紀事》無刻本流傳，《潛研堂全集》中已刻、未刻書目均未著錄，恐已佚。」〔註109〕

（三九）《元史稿》殘本

大昕最不滿意於元史，其論曰：「《元史》纂修，始於明洪武二年，以二月丙寅始，八月癸酉告成，計一百八十八日。其後續修順帝一朝，於洪武三年二月乙丑再開局，七月丁未書成，計一百四十三日。綜前後僅三百三十一日，古今史成之速，未有如《元史》者，而文之陋劣，亦無如《元史》者。蓋史爲傳信之書，時日促迫，則考訂必不審，有草創而無討論，雖班、馬難以見長。況宋王詞華之士、徵辟諸子，皆起自草澤，迂腐而不諳掌故者乎？開國功臣，首稱四傑，而赤老溫無傳，尚主世冑，不過數家，而鄆國亦無傳。丞相見於表者，五十有九人，而立傳者不及其半。太祖諸弟，止傳其一，諸子亦傳其一。太宗以後皇子無一人立傳者。本紀或一事而再書，列傳或一人而兩傳，宰相表有姓無名，諸王表或有封號無人名，此義例之顯然者，且紕繆若此，固無暇論其文之工拙矣。」〔註110〕

故嘗發憤補作元史，惜未能成，即其遺稿亦不可見，《年譜》六十四歲條云：「公少讀諸史，見元史陋略謬鰲，欲重纂一書，又以元人氏族最難考察，創爲一表（補元史氏族表），而後人所撰三史（遼金元）藝文，亦多未盡，更搜輯補

〔註106〕同上，頁184。
〔註107〕江藩《漢學師承記》記之三，頁263。
〔註108〕《國朝耆獻類微類》卷百廿八。
〔註109〕江藩《漢學師承記》、記之三，頁271。
〔註110〕《錢辛楣先生年譜》，頁44。

綴之。其餘紀傳志表，多已脫稿、惜未編定……。」〔註111〕又據《潛研堂詩集》卷六，有〈過許州追悼亡友周西陳刺史〉詩四首，其三云：「讀史縱橫貫弗功，眼光如月破群蒙。如林舊事編成後，更與何人質異同」。〔註112〕羅炳綿《清代學術論集》云：「所謂：和林舊事編成後，就是指《元史》編成後，已沒有人可商討，和林是喀喇和林的簡稱，喀喇和林為元代舊都。此詩又有竹汀自注：「予近改修舊史」。然則竹汀編元史時，常和周西陳商討，於此可見。」〔註113〕又據本詩第一首自注云：「己卯夏，西陳之許州任，過予寓齋話別……。」則大昕改修元史，在乾隆廿四年之後數年間。

島田翰《古文舊書考訪餘錄》云：「元史稿竹汀畢世精力所著。元元本本，可稱一代之信史，所謂文減於前，事倍之者。竹汀身後，外間傳本稀少，其存其佚，蓋如在如亡。全書百卷，蓋缺首至卷二十五。」〔註114〕又劉聲木《萇楚齋續筆》卷四（民國四十九年世界書局影印直介堂叢刊本），「毛嶽生元史稿」條：

姚椿《晚學齋文集》中，〈毛生甫墓誌銘〉言：「生甫嘗病《元史》冗漏，見錢詹事大昕所為殘稿，因加補輯纂錄異冊數十種。未巳，奔走道路，年又限之，卒未克底於成云云。吳縣沈恩孚〈元書后妃公主列傳後跋〉云：「此書舊附休復居文集，後為嘉定黃氏西溪草廬刊本。元和陳梁叔跋云：先生撰元書雖未竟，按與李申耆書中明言諸表皆定，又言成考辨數卷，其書尚存於家，僅以所見后妃公主二傳附文集後云云。其後《元史》改正之稿，先入蔣溥徐氏，繼歸永康應氏。同治初，予外舅楊月如先生曾親見於懷甯汪氏寓所，蓋應氏弗之寶，由書賈挾出傳假者，恐此數十年中亦在蕩落之數。先生家蓄元代書甚夥，其所考辨，或當別有發明，而手定諸表，隱於萬氏歷代史表外踵增一席，度為厭心之作無疑，顧不獲並永其傳滋可慨耳。今其詩文已不多見，予所藏者非足本，而此二傳幸完好，爰錄出編入叢書云云。」〔註115〕

聲木謹案：「自道成以來，錢曉徵宮詹大昕、張石舟明經穆、何願船比部秋濤……喜研遼、金、元三史及西北輿地……各有撰述，傳為一時風會所趨，

〔註111〕《錢辛楣先生年譜》，頁34。
〔註112〕《詩集》卷六，頁93。
〔註113〕〈錢竹汀的校勘學和同時代藏書家〉，羅炳綿《清代學術論集》，頁533。
〔註114〕島田翰〈古文舊書考訪餘錄〉。
〔註115〕劉聲木，《萇楚齋續筆》卷四。

遂成專門絕學。」〔註 116〕按：生甫曾補輯纂錄大昕所爲元史殘稿，大昕詩中亦以元史編成後，而西陳已不能與之商討而遺憾。據慶曾大昕年譜注：「……多已脫稿，惜未編定」，知乃大昕未成書，惜其遺稿今亦不可見。

貳、批校題跋類

1. 《漢書正誤》四卷（校正）：巾箱本。
2. 《新唐書糾繆附錢校補遺》一卷：知不足齋叢書本。
3. 《錢竹汀手校舊鈔本鄭氏遺書》（無卷數），見潘景鄭著硯樓書跋。
4. 《范德機詩集》七卷（觀款），元後至元刊本，國圖九八二。
5. 《皇朝太平治迹統類前集》三十卷（手書題記）鈔本，國圖一七四。
6. 《皇朝編年備要》三十卷（跋語、過錄）精鈔本，國圖一五一。
7. 《後漢書（手跋）北宋刻本》，存十八卷，國圖一一三。
8. 《淳熙三山志》四十二卷（跋、傳錄）明小草齋鈔本，國圖二六二。
9. 《揭文安公文粹》一卷（手書題記）明天順刊本，國圖九八二。
10. 《新唐書糾繆》二十卷（題識，傳錄）明趙開美刊本，師大三。
11. 《新定續志》十卷（手書題記）宋景定間刊本，國圖二六三。
12. 《道園學古錄》五十卷（手書題記）國圖九八一。
13. 《傷寒明理論》三卷、《方論》一卷（觀款），元刊本，國圖四七三。
14. 《嘉禾志》三十二卷（題記、過錄）鈔本，國圖二六四。
15. 《職官分紀（手書題記）鈔本》，存二十三卷，國圖六二二殘。
16. 《嚴州圖經》三卷（手書題記）鈔本，史語所六六。
17. 《困學紀聞》二十卷（批校）清馬氏叢書樓校刊本，國圖五七二。
18. 《皇元聖武親征錄》一卷（批校）清潛研堂抄本，國圖一七六。
19. 《清代樸學孝烈傳》，不分卷（手校）舊鈔本，國圖二一一。
20. 《禮部韻註》五卷（跋·過錄）元至正刊本，國圖八六。
21. 《北山集》四十卷（題識，過錄）影鈔宋乾道淳熙間刊本，國圖九四六。
22. 《句曲外史詩集》二卷《集外詩》一卷（手書題記）汲古閣精鈔本，國圖九八八。

〔註 116〕同上。

23. 《宋太宗皇帝實錄》（手書題跋）宋理宗時館閣寫本，存十二卷國圖一
　　五六。

24. 《吳都文粹》十卷（手書題跋）清鎮洋錢枚手鈔本，國圖一三二六。

25. 《秋林咀華》八卷（題記・過錄）鈔本，國圖六一三。

26. 《三曆撮要》一卷（宋刻本，大昕跋）。

參、大昕參與編纂或商訂類

（一）《五禮通考》

　　《年譜》：「乾隆十九年甲戌，年二十七，無錫秦文恭公（秦蕙田）邀予
商訂《五禮通考》。」〔註117〕注云：「《五禮通考》之作，以徐氏乾學《讀禮
通考》，惟詳凶禮，而《周官大宗伯》所列五禮之目，鮮能尋端竟委，乃因
其體例，蒐羅眾說，以成一書。」〔註118〕按《周官》吉、凶、軍、賓、嘉
之目，撰為二百六十二卷，凡先儒所聚訟者，一一疏其脈絡，破其癥結。上
探古人製作之原，下不違當代之法也。

（二）《熱河志》八十卷

　　《年譜》：「乾隆二十一年丙子，年二十九，尚書休寧汪文端公、侍郎新
建裘文達公、富春董文恪公被旨修熱河志，屬居士與紀曉嵐任編纂之役。」
〔註119〕分天章、巡典、徠遠、行宮、圍場、疆域、建置、沿革、晷度、山
水、學校、藩衛、寺廟、文秩、兵防、職官、宦蹟人物、食貨、物產、古蹟、
故事、外紀、藝文、二十四門，實通志承德府一州四縣，而以熱河名者，地
重體尊，不得冠以府縣之目也。〔註120〕

（三）《地球圖說》

　　商務據《文選樓叢書》排印本，署云：蔣友仁譯，大昕修改，增訂四庫簡
目標注，子部天文算法類著錄本書云：「乾隆初年，欽天監西人蔣友仁呈進地球
圖說，太陽居中不動，地球及各曜繞環東行，與近日西人之說同。高宗命閣學
何國宗與少詹錢大昕繙譯潤色，元和李銳補圖，阮文達公付刊。」〔註121〕又據

〔註117〕《錢辛楣先生年譜》，頁 22。
〔註118〕同上，慶曾注。
〔註119〕同上，頁 21。
〔註120〕《續修四庫全書總目題要》卷六十八，史記，地理類一。
〔註121〕增訂四庫簡明目錄標注（1959 年，上海中華書局本），頁 455。

阮元《疇人傳》卷四十六，〈蔣友仁傳〉云：「蔣友仁，乾隆二、三十年間入中國，進增補坤輿全圖及新製渾天儀，奉旨繙譯圖說，命內閣學士兼禮部侍郎何國宗，右春坊，右贊善兼翰林院檢討錢大昕爲之詳加潤色。」江藩謂天球圖蓋即指此。〔註122〕《竹汀日記鈔》卷一云：「李尚之（銳）借去……西洋人蔣友仁地球圖說草稿，予（大昕自稱）官翰林時所譯潤也」。〔註123〕知大昕曾爲潤色也。

（四）《續文獻通考》（二百五十二卷）

乾隆十二年奉敕撰，元馬端臨《文獻通考》斷自宋甯宗嘉定以前，元以來無能繼作，明王圻始捃拾補綴，爲《續文獻考》二百五十四卷。然體例糅雜，顛舛叢生，至清乾隆間，始特命諸臣，博徵舊籍，彙爲是書，內分二十四門，大抵仍馬氏之原目。《年譜》：「乾隆廿五年庚辰，年三十三……尋充續文獻通攷館纂修官」，〔註124〕大昕曾任文獻通考館纂修官，編纂當係任內之事。

（五）《音韻述微》

《年譜》：「乾隆二十八年癸未，年三十六，錫山秦文恭公奉昭修《音韻述微》，屬居士任編校，所進條例，皆居士具稾。」〔註125〕按：《音韻述微》與《欽定音韻闡微》相表裏，《闡微》重字音，而《述微》兼詳字義，字數亦較《闡微》爲多，凡今義今音，亦皆纂入，以補向來字書所未備云。

（六）《大清一統志》五百卷

《漢學師承記》注：「乾隆二十九年，奉敕撰，是書本於乾隆八年纂輯成書，每省、府、直隸州各分二十一門，共成三百四十二卷，而附以外藩及朝貢諸國，乾二十年，平定伊犁，因加重修，四十年，平定兩金川，又益以附載，書今存。」〔註126〕《年譜》乾隆卅六年辛卯條：「在都門充一統志纂修官」。〔註127〕編纂係其職事也。

（七）《續通志》

〔註122〕江藩《漢學師承記》，記之三，頁208。
〔註123〕《日記鈔》卷一，頁70。
〔註124〕《錢辛楣先生年譜》，頁14。
〔註125〕同上，頁16。
〔註126〕《續修四庫全書總目提要》卷六十八，史部地理類一。
〔註127〕同上，頁21。

《續通志》五百二十七卷，乾隆三十二年敕撰，是書紀傳譜略，仍諸鄭樵《通志》之舊，而略加修正，書今存。《年譜》乾隆卅七年壬辰條：「是春，補翰林院侍讀學士……尋充三通館纂修官。」〔註128〕又慶曾注云：「公手定《通志》凡例，分別子目，增刪皆臻盡善。」〔註129〕

（八）《鄞縣志》三十卷

《年譜》乾隆五十二年丁未年六十歲條：「三月，往甯波府，撰《鄞縣志》三十卷，五月閱而告成。」〔註130〕慶曾注：「是時竹初先生（錢維喬）宰鄞縣，修志，延公為總纂。」〔註131〕〈孝廉范君墓誌銘〉：「予纂鄞志，數就君咨訪。」

（九）《續資治通鑑》

《年譜》嘉慶二年丁巳年七十歲條：「是年為兩湖制軍畢公沅校刊《續資治通鑑》。」又云：「自溫公編輯《通鑑》後，宋元兩朝，雖有薛氏王氏之續，而記載疏漏，月日顛倒，又略於遼金之事，近世徐氏重修，雖優於兩家，所引書籍，猶病漏略，自四庫館開，海內進獻之書，與天府儲藏奇秘圖籍《永樂大典》所載事涉宋元者，前人都未寓目，畢公悉鈔得之，以為此書參考之助，先經邵學士晉涵、嚴侍讀長明、孫觀察星衍、洪編修亮吉，及族祖十蘭先生，佐畢公分纂成書，閱數年又屬公覆勘，增補攷異，未蕆事而畢公卒，以其本歸公子。」〔註132〕

（十）《長興縣志》

與大昭同修，《年譜》嘉慶六年辛酉年七十四歲條：「是年長興令邢公澍，延公及可盧先生總修縣志。」〔註133〕又陳垣、錢竹汀手簡十五函考釋十四函言：「邑志採訪陸續已到，正可刪定此書，了此一事。」〔註134〕八年志成。《年譜》嘉慶八年癸亥云：「冬長興縣志成」。〔註135〕

〔註128〕同上，頁22。
〔註129〕同上，頁22。
〔註130〕同上，頁49。
〔註131〕同上，頁31。
〔註132〕同上，頁49。
〔註133〕同上，頁51。
〔註134〕文物1963，第五期總151號。
〔註135〕《竹汀居士年譜續編》，頁7。

肆、附大昕手稿墨蹟及考釋

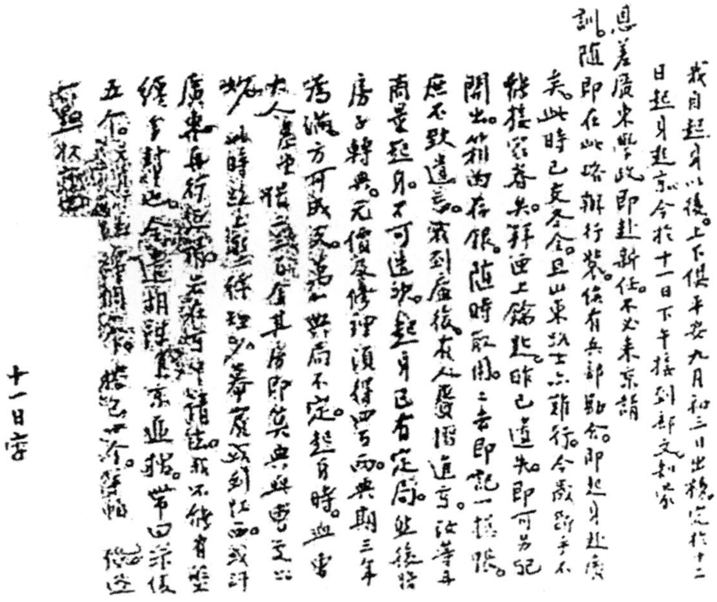

圖1

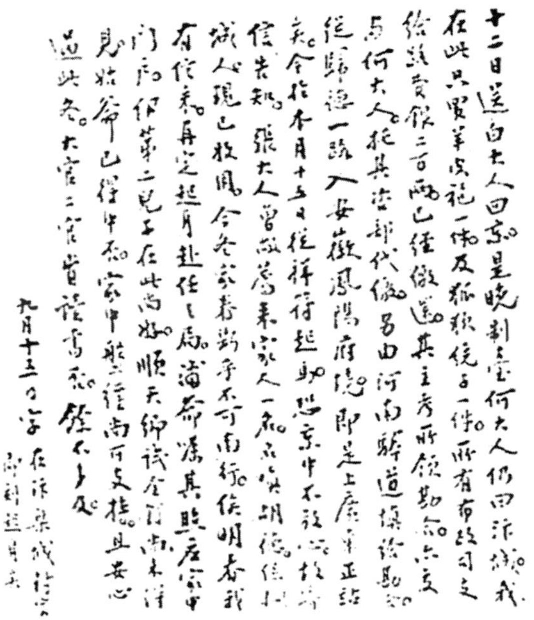

圖2

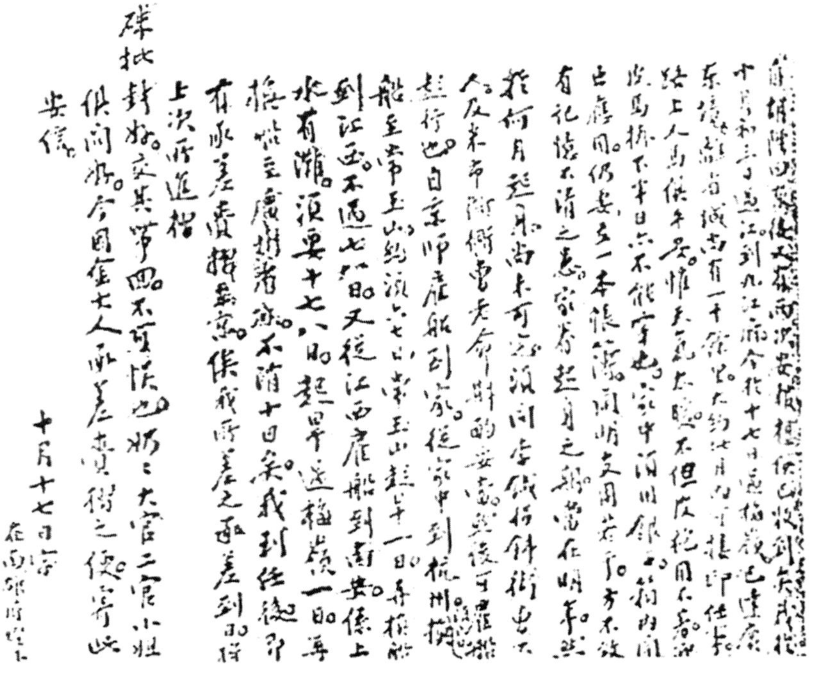

圖 3

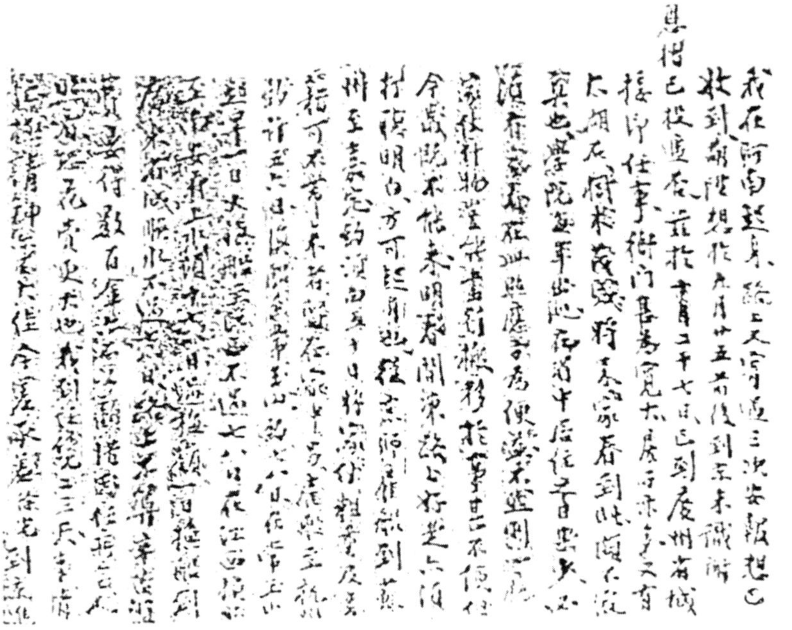

圖 4-1

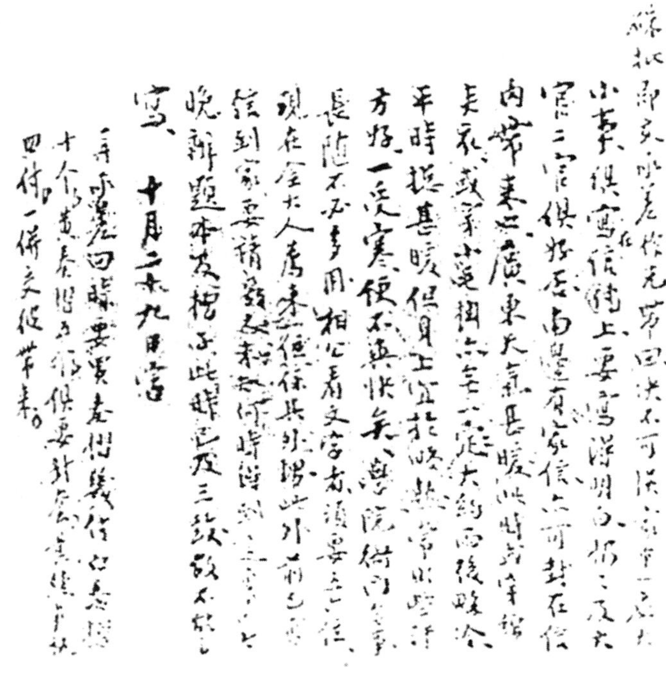

圖 4-2

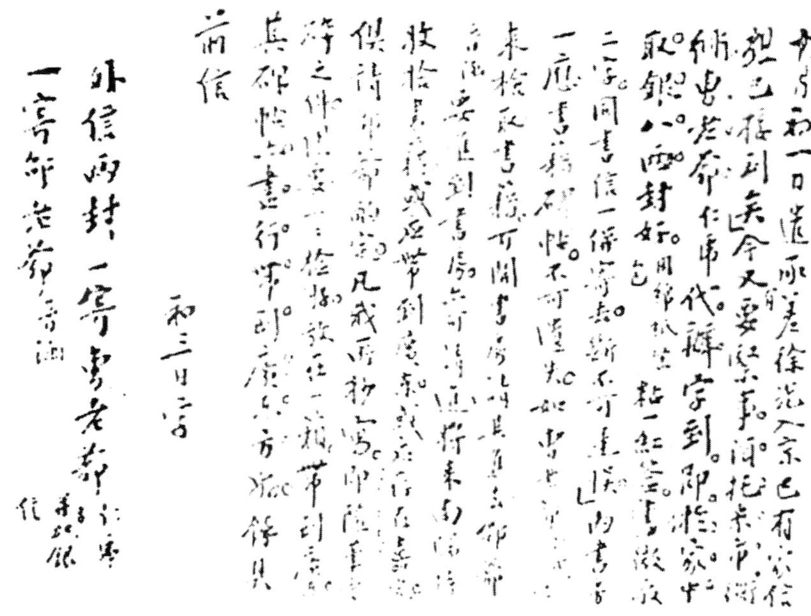

圖 5

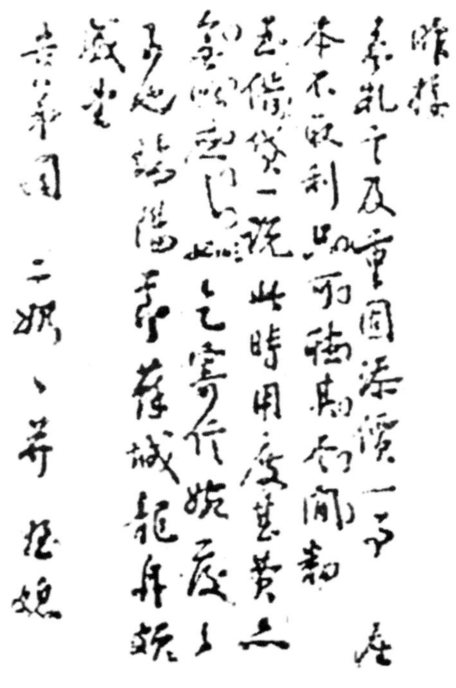

圖 6-1

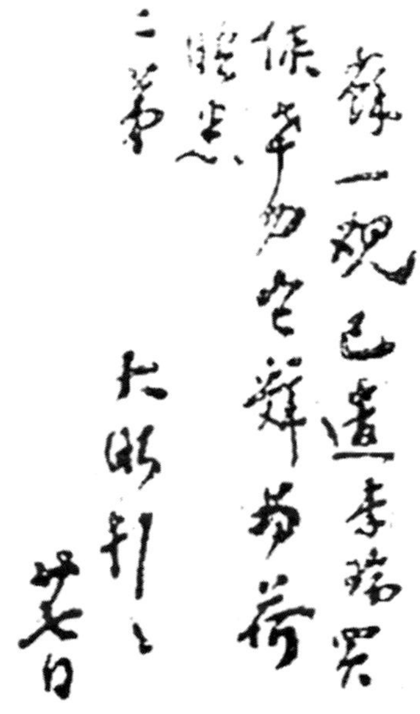

圖 6-2

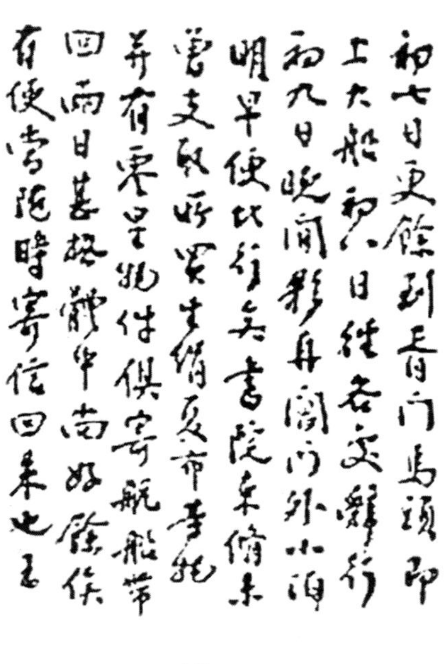

圖 7-1

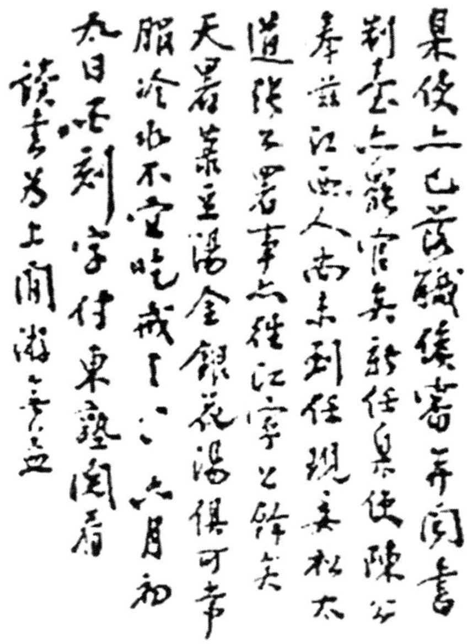

圖 7-2

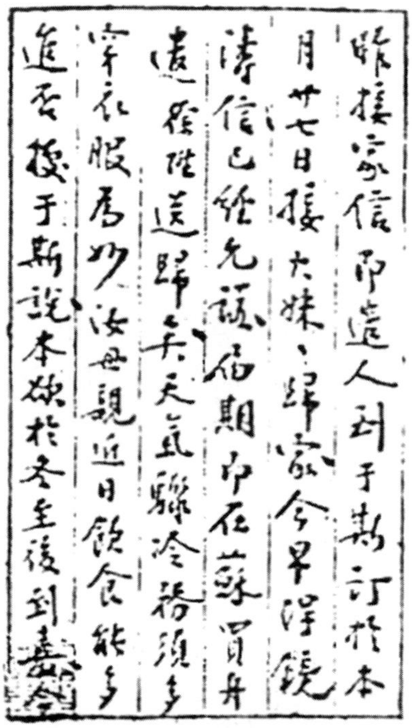

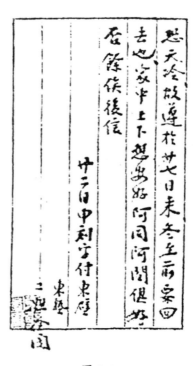

圖 8-1

圖 8-2

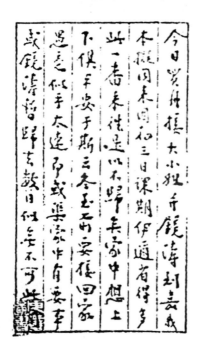

圖 9-1

圖 9-2

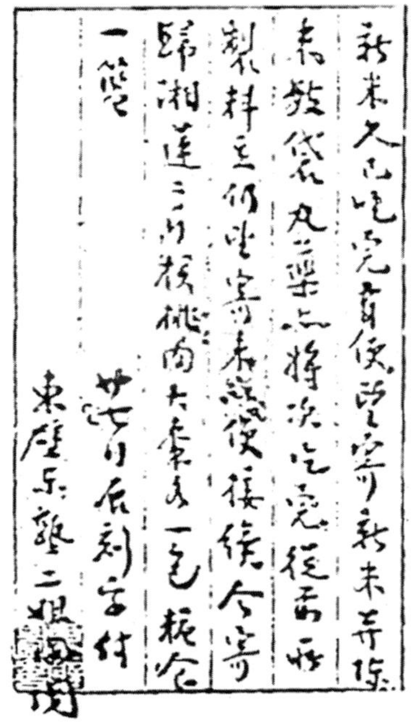

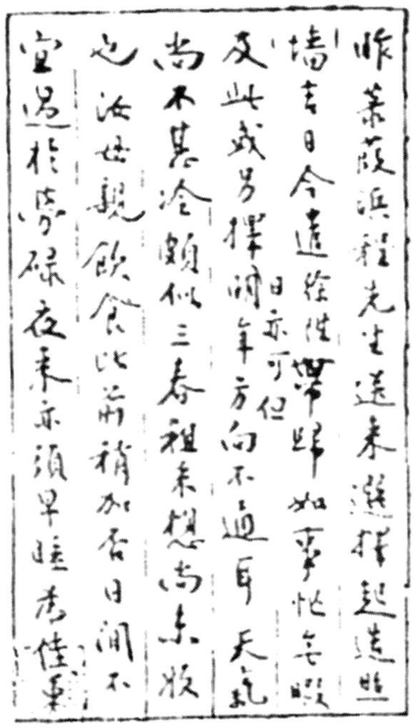

圖 10-1

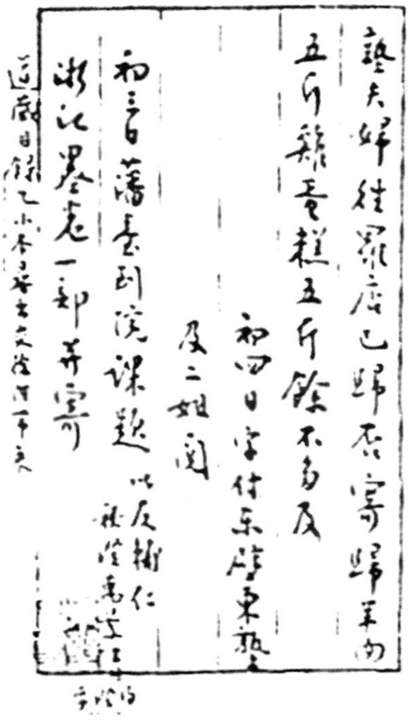

圖 10-2

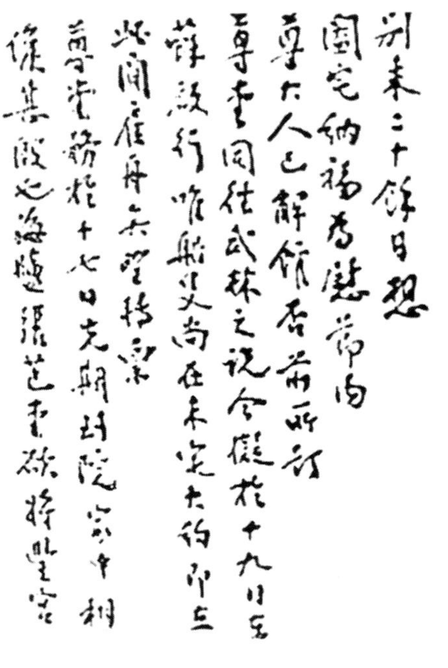

圖 11-1

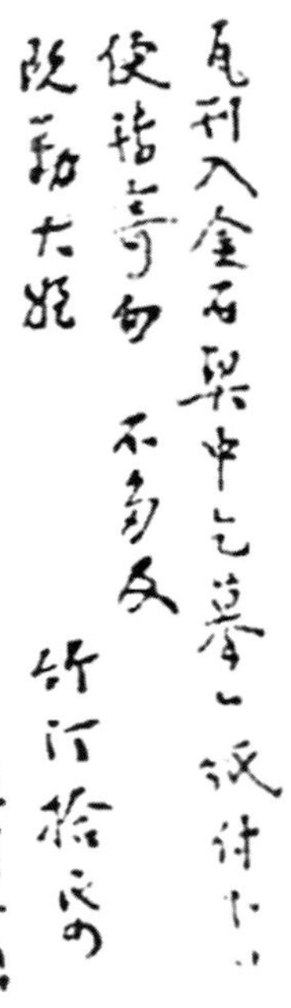

圖 11-2

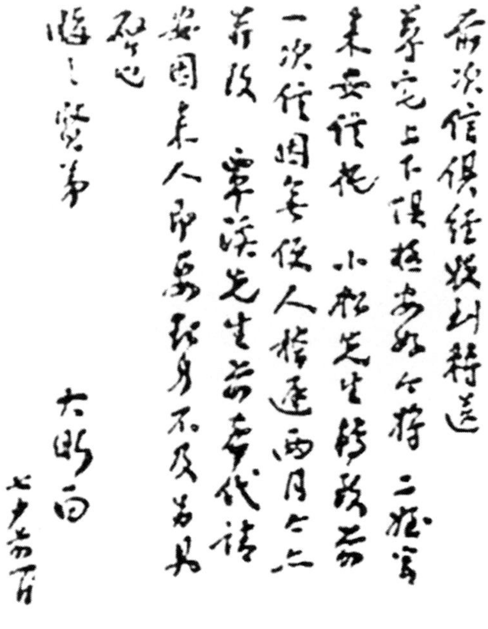

圖 12

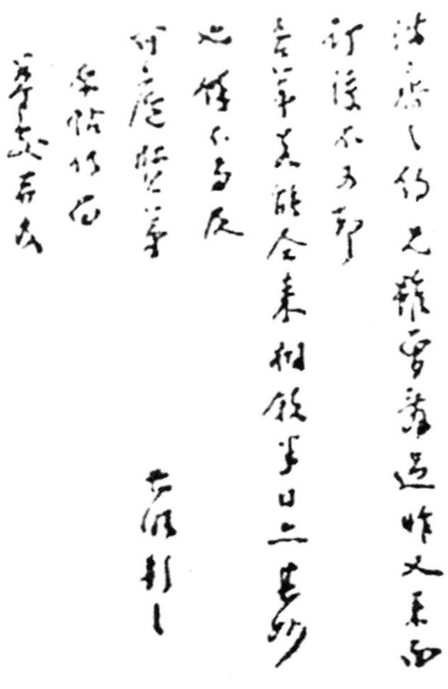

圖 13

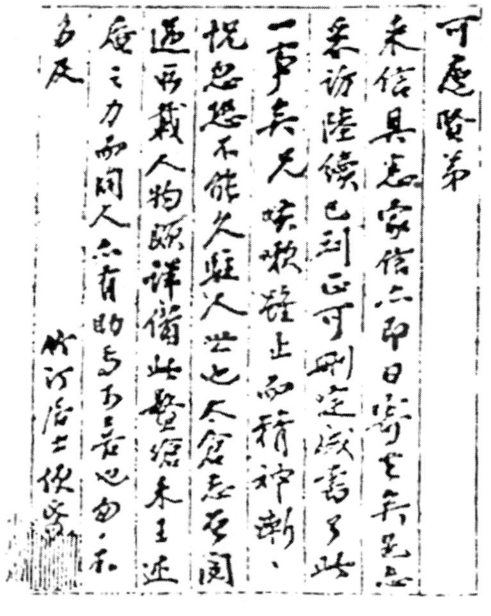

圖 14

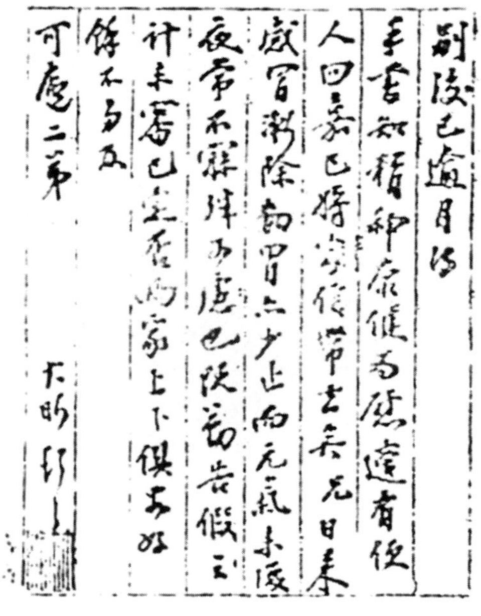

圖 15

大昕手稿墨跡考釋

大昕手稿墨蹟，近人陳垣收藏最富。一九六三年，陳氏有「錢竹汀手簡十五函考釋，附刊竹汀手稿墨跡，」考釋云：「手簡十五函，原裱十四開，尹石公先生自滬寄京，展閱一過，皆竹汀家人、子弟信，其中三開有「東壁圖書」印，當爲竹汀長子東壁所藏」，其手簡但寥寥十五簡，然自乾隆三十九年大昕年四十七至嘉慶八年，年七十六止，綿互凡三十年，中多有月無年，或有日無月，或月日無缺，陳氏之考釋，皆一一注出，今附於下：

第一至第五函凡六開，皆乾隆三十九年，竹汀由河南鄉試正考官轉任廣東學政，九月至十一月寄京家書，信無上下款，皆點句，時妻王夫人已前卒，蓋寄浦夫人者，信中有浦爺，即浦兄弟。奶奶，竹汀母親。大官、二官，即東壁、東塾。小姐即竹汀長女。時東壁九歲、東塾七歲、女二歲，皆浦所出。

第一函之曹慕堂，名學閔，竹汀同年，京官而兼山西幫，當時同人恆倚以爲緩急。第二函之白大人，爲河南鄉試副考官白麟。制臺何大人，爲河南巡撫何煟，曾加總督衜，故稱制臺。姑爺，爲竹汀妹婿陳葯耘曦，見竹汀自編年譜。第三、第四函之金夫人，爲前任廣東學政金士松，第五函之曹仁虎、邵晉涵，均請進內書房，曹爲嘉定同鄉，邵爲浙闈所取得意士，故特許入室。

第六函約可盧攜眷至蘇城觀競渡，可盧竹汀弟大昭，字晦之。乾隆五十四年正月，竹汀初至蘇州，主講紫陽書院，一住十六年，此函當作於五十四年四月。

第七函，付東塾蓋乾隆五十五年六月入京，祝八十壽時作，信中言王臬司已落職，書制臺亦罷官，臬司王士棻，制臺書麟，皆因高郵州傾串冒徵案革職，是年東塾廿三歲，故誡以讀書爲上，閒游無益。

第八、第九函，皆付東壁，東塾。訂廿七日接大妹妹歸家，冬至前要回去，信中並開阿同，阿閏好否。大妹妹即大小姐，乾隆五十六年，年十九，適同縣瞿木夫，木夫名中溶，號鏡濤，見潛研詩續集，七洞庭雜詠詩注，此二信蓋作於五十七年十月，是年十一月初八日冬至，歸甯僅可住十日，故嫌太速。阿同，東壁子，名師慎。阿閏東塾子，名師康，時阿同五歲，阿閏一歲，嘉業堂刻瞿木夫自訂年譜，不載鏡濤舊號，不合，非洞庭雜詠詩注，孰知鏡濤爲誰。

第十函，付東壁、東塾，箋墨與前二札全同，札中所言人事亦相接，蓋同一時作，即乾隆五十七年十一月。二姐竹汀次女，亦浦出。

　　第十一函，寄晦之，托小松轉，並候覃溪。乾隆五十九年阮元繼翁方綱任山東學政，晦之曾佐阮元幕，翁撰復初齋詩卷四十五，甲寅題黃秋盦同知得碑十二圖，有「近與錢家仲，停車意不忘」之句，即在此年，黃易字小松，號秋盦，官山東運河同知。

　　第十二函，與既勤大侄，既勤係晦之長子東垣，札中間「節内尊大人已解館否？前所訂尊堂同往武林之説，令擬在蘇啓行」。當是嘉慶元年，晦之又佐阮元浙江學政幕時作，揅經室四集二，有丙辰題錢可廬明經蕉窗注雅圖，即在此時，札中又言「張芑堂欲將豐宮瓦刊入（金石契）」。張芑堂補刻（金石契），正在嘉慶元年。

　　第十三函，與可廬，札無月日，涉齋瞿塘，瞿中溶父，嘉慶二年八月，涉齋招竹汀為洞庭西山之游（見竹汀年譜），此札當作於是年。

　　第十四函、十五函，皆與可廬，二札無日月，共裱一開，箋墨桐同，蓋同一年作，札中言「邑志採訪陸續已到，正可刪定成書，了此一事」。嘉慶六年，長興令延竹汀、可廬總修縣志，八年志成，此二札當作於是年，即竹汀卒前一年，時屢患病，故札中有消極語，滄來鰲圖，述庵王昶。